国家社科基金西部资助课题部分研究成果
市场竞争中的弱势群体研究系列（学科篇）

社会经济学

（国民财富的代价和选择的研究）

刘润葵 著

中央编译出版社

图书在版编目(CIP)数据

社会经济学—国民财富的代价和选择的研究/刘润葵著.
—北京:中央编译出版社,2009.9
ISBN 978-7-5117-0002-5

I.社… II.刘… III.国民财富－研究－中国 IV.F124.7

中国版本图书馆 CIP 数据核字(2009)第 155265 号

社会经济学—国民财富的代价和选择的研究

出 版 人:	和 龑
作 者:	刘润葵
责任编辑:	曲建文 林 为
出版发行:	中央编译出版社
地 址:	北京西单西斜街 36 号　邮编:100032
电 话:	010－66509360(总编室)　010－66509353(编辑室)
	010－66509364(发行部)　010－66509618(读者服务部)
网 址:	www.cctpbook.com
经 销:	全国新华书店
印 刷:	北京振兴源印务有限公司
开 本:	787 毫米×1092 毫米　1/16
字 数:	306 千字
印 张:	21.25
版 次:	2009 年 9 月第 1 版第 1 次印刷
定 价:	45.00 元

本社常年法律顾问:北京大成律师事务所首席顾问律师　鲁哈达
凡有印装质量问题,本社负责调换,电话:010－66509618

西斯蒙第由于觉察到了这种矛盾(劳资矛盾—引者注)而在政治经济学上开辟了一个时代。

——卡尔·马克思

目录

序言　开创国民财富研究新篇章 ……………………………………… 1

自述　理论勇气　理论素养　理论准备 ………………………………… 1

第一编　社会经济学及其边界划分

第一章　国民财富研究 ………………………………………………… 3

　第一节　国民财富的性质和原因的研究 ……………………………… 3

　第二节　国民财富的增长和办法的研究 ……………………………… 5

　第三节　开展国民财富的代价和选择的研究 ………………………… 16

第二章　社会学评介 …………………………………………………… 20

　第一节　社会科学的"社会"与社会学的"社会" …………………… 20

第二节　社会学的研究内容和研究方法 …………………… 27

　　第三节　社会学学科建设的几个现实问题 …………………… 32

第三章　社会经济学的对象 …………………………………… 36

　　第一节　市场竞争中的弱势群体与社会发展的关系 ………… 36

　　第二节　弱势群体处境转化与社会转化机制的选择 ………… 41

　　第三节　社会经济学的确认依据与学科属性 ………………… 45

第四章　社会经济学的方法 …………………………………… 51

　　第一节　研究方法与分析方法的比较与选择 ………………… 51

　　第二节　方法问题选择上的分歧与认识误区 ………………… 56

　　第三节　社会经济学的研究方法与分析方法 ………………… 58

第五章　社会经济学的历史发展沿革 ………………………… 66

　　第一节　1819 年——资产阶级上升为统治阶级时代的

　　　　　　社会经济学 …………………………………………… 66

　　第二节　1902 年——资本主义进入帝国主义时代的

　　　　　　社会经济学 …………………………………………… 70

　　第三节　21 世纪——和平与发展已成为时代主题的

　　　　　　社会经济学 …………………………………………… 75

第二编　微观机制选择与生产方式类型

第六章　微观经济活动主体与研究偏好 ……………………… 81

　　第一节　家庭研究的着力点是农民家庭 ……………………… 81

　　第二节　个人研究的着力点是工人 …………………………… 85

　　第三节　企业研究的着力点是中小企业 ……………………… 86

第四节　个体工商户是国民财富研究的空白 …………… 90
　　第五节　弱势群体与强势群体的关系 …………………… 91

第七章　微观经济功能定位 ……………………………… 95
　　第一节　物权、产权、劳力权概念及其关系 …………… 95
　　第二节　结构、功能、机制的概念及其信息传递 …… 106
　　第三节　政府、中介、市场活动主体的关系及其调整方向 …… 107

第八章　微观经济运行机制与选择 …………………… 111
　　第一节　自由竞争、垄断竞争与经济波动 …………… 111
　　第二节　市场竞争、市场协同与稳定发展 …………… 114
　　第三节　资本集中、资本集聚与市场机制选择 ……… 121

第九章　生产方式的类型与发展趋势 ………………… 124
　　第一节　生产方式类型与传统划分方法的缺陷 ……… 124
　　第二节　"肥猪理论"的积极作用与消极影响 ………… 126
　　第三节　"邓小平公式"的科学价值与社会意义 ……… 129
　　第四节　生产方式多元化的历史大趋势 ……………… 137

第十章　组合生产方式的存在与发展 ………………… 138
　　第一节　组合生产方式的认识过程 …………………… 138
　　第二节　组合生产方式的形成条件 …………………… 142
　　第三节　组合生产方式的学理分析 …………………… 144
　　第四节　组合生产方式的社会意义 …………………… 147

第三编　宏观经济与金融制度

第十一章　货币职能与持币心理 …… 153

　　第一节　货币与货币能量传递职能 …… 153
　　第二节　持币心理分析 …… 159
　　第三节　金钱拜物教批判 …… 162

第十二章　银行功能演进与定位 …… 170

　　第一节　银行功能重新定位的需求与依据 …… 170
　　第二节　嫌贫爱富与高利贷盘剥的真实性 …… 175
　　第三节　扶真贫、真扶贫与管流量、管流向 …… 178

第十三章　游戏规则的创新与配套 …… 183

　　第一节　小额贷款在中国的困境分析 …… 183
　　第二节　联户担保　分期还款 …… 186
　　第三节　自我管理　自我受益 …… 189
　　第四节　小额信用贷款模式与组合生产方式 …… 191
　　第五节　有借有还的秩序新解与维护 …… 195

第十四章　风险存在与风险分散 …… 199

　　第一节　98％以上高还款率的虚假性与非公平性 …… 199
　　第二节　道德风险的设计与发展趋势 …… 202
　　第三节　经营风险的分摊与比例确定 …… 203
　　第四节　创新风险的使命与完善机制 …… 204
　　第五节　风险分散的可行性与纠错机制 …… 214

第十五章　市场弱势群体金融支持的美日经验借鉴 ……………… 215

第一节　美国金融支持市场弱势群体的基本经验 ………………… 215
第二节　日本金融支持市场弱势群体的基本经验 ………………… 220
第三节　金融支持市场弱势群体国际比较与选择 ………………… 226

第四编　国民经济与政府职能

第十六章　微观经济、宏观经济与国民经济 …………………… 231

第一节　社会经济结构及其分析工具 ……………………………… 231
第二节　社会主义经济结构与改革 ………………………………… 233
第三节　宏观经济归类及其与微观经济、国民经济的关系 ……… 239

第十七章　政府职能及其历史演变趋势 ………………………… 247

第一节　政府职能定位依据 ………………………………………… 247
第二节　政府职能改革内容 ………………………………………… 250
第三节　政府职能演变趋势 ………………………………………… 257

第十八章　国民财富与国民财富分配 …………………………… 262

第一节　维持公平与效率的统一是政府的基本职责 ……………… 262
第二节　确立以马克思再生产理论为基础的税收制度 …………… 266
第三节　树立以社会和谐为目标的财富分配理念 ………………… 273

第十九章　西方社会核心价值评介及其对当代中国的影响 …… 279

第一节　英国社会的核心价值评介 ………………………………… 279

第二节　日本社会的核心价值评介 ················ 284
第三节　美国社会的核心价值评介 ················ 286
第四节　西方核心价值对当代中国的影响 ············ 290

第二十章　经济社会发展综合评价体系 296

第一节　建立符合科学发展观要求的经济社会发展综合评价
　　　　体系的意义 ························ 296
第二节　建立符合科学发展观要求的经济社会发展综合评价
　　　　体系的原则 ························ 298
第三节　建立符合科学发展观要求的经济社会发展综合评价
　　　　体系的机制 ························ 305

主要参考资料 ································ 311

后记 ······································ 313

补记 ······································ 316

序　言

开创国民财富研究新篇章

刘诗白

放在读者面前的这本书《社会经济学（国民财富的代价和选择的研究）》，如果从作者写作的《也谈效率与公平的关系》（《哲学研究》1993.7）一文算起，经历了十五个寒暑。这是一部探索性著作。

1776年，亚当·斯密撰写的《国民财富的性质和原因的研究》一书奠定了他在国民财富研究史上的拓荒人地位。该书论述，国民财富不是上帝或"不用劳力，不用劳心的地主阶级"创造的，而是劳动群众创造的。19世纪以来的新古典经济学在研究国民财富中，背离了亚当·斯密阐述的劳动价值理论，使经济理论走上了马克思称之为庸俗化的道路。资产阶级统治的200多年间，国民财富增长速度只能用几何级数来描述其"奇迹"了，但是，国民财富增长依靠牺牲子孙利益（非可持续发展）、牺牲社会利益（负外部性）、牺牲劳动者利益（血汗工资制）的发展道路已经走到了历史的尽头。2008年爆发的美国与世界金融、经济危机表明,必须调整生产方式,改革制度结构,完善运行机制,选择新的经济社会发展道路。我国的科学发展和和谐社会构建,更需要社会主义市场经济体制的完善。这样,开展"国民财富的代价和选择的研究"就提上了经济科学研究的议事日程。

本书顺应历史潮流,重建社会经济学,开展"国民财富的代价和选择的研究",是一件值得肯定和倡导的事情,特此推荐,是为序。

2008年12月4日于成都光华村

序 言

国民财富研究各门知识体系的关系图

时代主题	18世纪 启蒙与觉醒	19—20世纪 战争与革命	21世纪 和平与发展
生产形式	小生产	大生产	组合生产
研究任务	国民财富的 性质和原因的研究	国民财富的 增长和办法的研究	国民财富的 代价和选择的研究
研究重点	生产关系	生产力	生产方式
研究基地	英国	英国—美国	亚洲(中国)
时代符号	古典经济学	新古典经济学	中国经济学
学科名称	政治经济学	经济学	社会经济学
其他名称	社会主义 政治经济学	庸俗(西方) 经济学	小资产阶级 社会主义
分析方法	劳动价值理论	效用价值理论	均衡价值理论

(本图表见第五章)

自　述

理论勇气　理论素养　理论准备

社会经济学是研究市场竞争中的弱势群体及其转化机制的一门学问。西斯蒙第于1819年出版的《政治经济学新原理》是社会经济学的奠基著作，可诞生之日起就不为社会主流观点所认同。资本主义不认同，社会主义也不认同。社会经济学需要重建。提出"理论勇气、理论素养、理论准备"三个问题，一是说明重建社会经济学，这三个要素不能缺少；二是想借这个机会，对自己的学术生涯来一个简单的疏理。

一、理论勇气

20世纪80年代初，蒋南翔副校长主持中央党校日常工作，提出了党校教育正规化的办学方针。贵州省委党校为适应党校教育正规化的要求，于1982年招收了一个理论研究班，以备师资之用。我是那年招考进的理论研究班,是理论研究班班长。

1982年放寒假前,学校要求学员搞社会调查。我带了5个学员到贵州息烽县调查家庭联产承包责任制经营状况。当时息烽县有个区委书记正在贵州省委党校中青班学习,由他安排我们的食、宿和调查访问对象。调查结束向县委汇报的时候,我提出再到息烽县比较偏远、最穷的乡村调查。县里说,最偏远那个乡没有通公路,到了区里还得走30多里的山路。我说没有关系。县里派了一个文书带路,我们去了两个人。

写到这里,读者或许会奇怪,我为什么这么"钻牛角尖"?这得从我的人生经历说起。1960年,我初中还没有毕业,母亲在饥寒交迫中离开了人世。老师给我们的解释是,老百姓这么困苦,是因为自然灾害和"苏修"逼债。1976年,我大学毕业工作7年了,春节回到四川达县江陵西湖村探望姐姐和兄长。一天清早,我到姐姐家,看见两个外甥从牛圈旁的草堆里面钻出来。我问,你们两个昨天晚上就睡在里面?老大回答:到了冬天,我跟弟弟就一直睡在里面。老二还说:幺舅,睡草窝比睡床上暖和多了。好半天,我无言以对。不由得我又想起在贫病中去世的母亲。中国农民苦难的日子何时才是尽头!现在听说,农民不愁吃、不愁穿了,当然很高兴;可是,我们过去学的理论认为农民是小资产阶级,每时每刻都在自发地产生资本主义,搞承包制是不是搞资本主义呢?劳动人民会不会吃二遍苦、受二茬罪呢?我坚持到偏远的乡村找农民直接了解家庭联产承包责任制经营状况的心情,应该可以理解了。

我们一行到了调查的目的地,既没有找干部座谈,也没有搜集任何统计资料,而是直接住在农民家里,晚上坐在火堆边烤火拉家常。听说来了省城的记者(文书给村里介绍说我们是来采访的记者),当晚到了很多人,大家七嘴八舌闲聊开了。我们自然会朝着调查的主题上引。一位姓徐的大娘倒是快人快语,她说:"记者同志,往年你们这时来,我们都背着背篼到公社领救济粮去了,今年你看,我们周围几家都在杀过年猪。"我问:"现在吃、穿不愁了,还愁什么呢?"徐大娘想都没想就回答:"现在就愁没有钱花。"她的话让周围的人哈哈大笑。

回到党校我执笔写了1.7万字的调研报告并直接寄给了杜润生同志。调研报告有如下基本结论:什么是好政策?什么是科学理论?能让8亿农民吃饱、穿暖的政策就是好政策,能正确反映这个政策实践的理论就是科学理论;任何理论如果与当前政策实践不相符合,就要修正、补充、丰富;如果没有这方面的理论,我们就应该根据新的政策实践创造出新的理论。能让8亿农民吃饱、穿暖的政策给我带来了脱胎换骨的变化。我不再迷信理论了。从事理论研究工作,面对活生生的现实,有现成的理论作参考,当然很好,如果没有现成的理论,或者现成的理论说明不了现实,我们就毫不动摇地创造出新的理论。重建社会经济学就面临这种考验。

农民与城市居民比较,工人与老板比较,个体工商户与商业巨子比较,中小企业主与企业集团的董事们比较,在市场经济条件下的生产和交换过程中,前者处于十分不利的弱势地位是客观事实。1978年改革开放后的中国政府为改变他们的弱势地位,出台了一系列政策,这也是客观事实。农民、工人、个体工商户和中小企业主在改革开放的历史大潮中,解放思想,实事求是,创造出一种介于小生产和大生产之间、既不伤害小生产者和其他劳动者利益又能适应社会化和市场化发展要求的一种全新的生产方式,就是农民专业合作经济组织、职工持股会、个体工商户组合和中小企业集群。这种新的生产方式,对中国经济建设所取得的举世瞩目的辉煌成就,发挥了无可替代的作用,这还是客观事实。可是,反映这个群体利益和要求并为之服务的社会经济学至今仍然没有成为一门独立的学科进入中国主流社会的研究视野。

重建社会经济学需要认可家庭联产承包责任制的勇气和胆识。

二、理论素养

讨论理论素养意在说明重建社会经济学的能力问题。我不是来自书香门第,没有显赫的家世背景;最高学历是大学本科毕业,未曾受过名师的直接指点;出境考察也只是到过香港,与见多识广无缘,唯一的本钱就是喜欢读书,所以,我的理论素养其实就是"读书素养"而已。

1、因好奇而养成的读书习惯

我出身于一个贫苦的农民家庭,10岁从二年级开始读书。所谓好奇是指读书或看报过后,我总喜欢一个人遐想,人家文章怎么写得那么好,不用说没有错别字,就是标点符号也找不出毛病,自己如果能写出这样的文章就好了。读高中正值"中、苏大论战"。"九评苏共中央公开信",播音员气势磅礴的播音水平,严密的逻辑推理,听得真是如醉如痴。读理论书籍的习惯就这样慢慢养成了。

1982年进贵州省委党校之前,所读书籍基本属于马克思主义理论这个范畴。《毛泽东选集》(4卷合订本)不知道看了多少遍,还有就是鲁迅先生的杂文,马、恩、列、斯的著作。夫人不只一次心疼地问我,用又用不上,成天看书把自己弄得那么疲惫,这是何苦呢?的确,当时看书已经没有青少年时的好奇心和冲动了,可是,一天没有看书心里还难受,总感觉还有什么事情没有做。

2、因使命感需要而研读的书

第一,想为改变中国管理落后面貌出力而读书学习。上世纪80

年代初期,我国对外开放的一个重要内容是学习国外先进的管理经验。在胡耀邦同志的支持下,马洪同志组织专家编译出版了"国外经济管理名著丛书"。本人在车间当了两年工人并带了两个徒弟,对我国企业管理比较了解。受当时社会气氛的影响,想为改变中国管理落后面貌出力,我认真研读了34套"丛书"中的11套。读完之后感觉就两条:一是这些书写得真好;二是我们也可以写出这种水平的著作。

管理理论与我们过去接触到的马克思主义理论的思维方式不一样。管理理论涉及控制与反馈、信息与熵、决定论与不确定性等我们过去不熟悉的知识领域。特别是不确定性与量子力学的"测不准原理"遇到的是哲学上的同类问题,就更显陌生了。在这种情况下,只好沉下心来,硬着头皮学习维纳的《控制论》(科学出版社,1963)、艾仕比的《控制论导论》(科学出版社,1965)、贝塔朗菲的《一般系统论》(清华大学出版社,1987)及其他相关著作。接着学习前苏联院士瑞德尼克写的《量子力学史话》(科学出版社,1979)、《爱因斯坦文集》(商务印书馆,1983)及一些讨论文章。随之又通过学习《普利高津与耗散结构论》(陕西科学技术出版社,1982)了解"热力学第二定理",认识"熵"理论是怎么一回事情。以上就是我同中共中央党校艾绍扬教授合作主编《当代经济管理学概论》(中国经济出版社,1988)一书所涉及的理论背景。

第二,想探索经济体制改革深层次问题而重新研究经济理论。通过一段时间的系统学习并结合中国社会主义现代化建设和改革开放的实践经验,思想上形成了以下看法:管理学是在给定条件下,管理者如何把事情做好的理论,不对条件本身进行评判;管理学不涉及深层次问题,经济学必须讨论深层次问题;中国经济改革一直停留在管理体制层次、浅层次、运行机制层次,没有进入经济制度层次、深层次、社会结构层次。政治经济学是我的专业,为了探索经济体制改革深层次问题,又回过头来重新学习和研究经济理论。

《公有制的实现形式及可控性》(《经济学周报》1988,51、52)、《略论商品经济运行机制》(《数量经济与技术经济研究》1990.1)和《结构经济学》(四川科学技术出版社,1994,全国党校马克思主义研究基金科研丛书),表明我的研究方向已经由管理理论转入经济理论了。

3、因挑战而学习西方经济学

挑战就是向传统经济学挑战。传统经济学是指以"私有化"为核心理念的西方经济学和以"国有化"为核心理念的社会主义政治经济学。农民在东、西方经济学的体系中是被征服、被改造的对象,没有社会地位是众所周知的历史事实。工人在传统社会主义政治经济学中的地位似乎不低,但这是假象。传统社会主义政治经济学无论是在计划经济体制下,还是市场经济体制下,只要是以"国有化"为核心理念,工人地位问题就是一个值得探讨的问题。

所谓挑战传统经济学,就是发现、寻找或设计一种制度,经济社会发展能不能不以牺牲农民、工人及其他社会下层群众的利益为代价、为成本。为了实现这个目标,除了深入社会生活实际,及时发现和了解改革开放中的新生事物之外,还必须像对待管理学一样,认真读书、学习,熟悉和了解西方经济学。我们这一代人没有系统学习过西方经济学理论,包括亚当·斯密的《国民财富的性质和原因的研究》和西斯蒙第的《政治经济学新原理》也没有认真研读过,现在只得补课了。学习西方经济学获益匪浅的是下面两部书,一是斯蒂格利茨的《经济学(上、下册)》(中国人民大学出版社,1997),二是熊彼特的《经济分析史(一、二、三卷)》(商务印书馆,1996)。

三、理论准备

坦白地说,开始我并没有重建社会经济学的"野心",这是"逼上梁山"没有办法的事情。上个世纪90年代初期,我国经济社会发展出现了两极分化的趋势,引起社会各方面的关注。特别是"价格双轨制"引发的属于政治腐败的"官倒"现象,更是招致群众极大不满和普遍反对。面对这种情况,一些人试图用"效率优先、兼顾公平"的制度框架使这种不合理、不公道的社会现象理想化和合法化。他们利用黑格尔的"恶是历史发展的动力借以表现出来的形式"的话说:"人们不应幻想:既获取高效率,又不出现任何形式的社会不公。"(王锐生:《效率优先 兼顾公平》,《光明日报》1993.3.8)我不赞成这种主张。我认为"公平与效率的统一是社会前进的前提和保证,不是什么幻想",工人、农民及其他社会下层群众往往为社会发展付出代价,太不公道,就在《哲学研究》1993年7期上发表了《也谈效率与公平的关系》的商榷文章。这就是中国学术理论界1993—1997年关于公平与效率展开大讨论的起因(林娅:《回首十九年:理论交锋》,《中国经济时报》1997.9.12)。后来,"效率优先,兼顾公平"写进了"红头"文件,我深知这是一个时代形成的固有观念,希图改变它,必须从实践和理论两个方面进行艰苦而又漫长的探索。

1996年,看见汤敏先生的文章《孟加拉'乡村银行'的小额信贷扶贫模式》(《改革》1996.4),并得知联合国计划开发署在四川仪陇县农民中推广试验,我终于找到了问题研究的切入点,就立刻到仪陇县实地考察了一个星期并写出了调查报告《小额信贷模式调查》(《经济研究资料》1997.3)。与此同时,城市中小企业融资难也受到社会的普遍关注,我们试图探讨把农村小额贷款的基本经验(原理)运用到城市中来的可能性。我们当时的想法是这样,农民比中小企业的生存环境差多了,小额贷款都可以解决农民融资难问题,这个方法为什么不可以运用到城市中来呢?于是,"小额贷款追踪调查"作为四川2001年软科学重点课题获准立项(《小额贷款追踪调查》,《天府新论》，2002.5)。后来发现中小企业主、个体工商户、工人和农民不但面临一个融资难的共同问题，而且在社会发展过程中所处的不公正地位，历来如此、到处如此，于是我们就从制度、观念和历史变革方面寻找问题的根源。到了党的十六大（2002），一方面是全面建设小康社会新任务的提出，另一方面是《政府工作报告》中使用了"弱势群体"这个概念。当时还有一个情况，中央银行等4家单位出台了《下岗失业人员小额担保贷款管理办法》（2002.12）。一个十分重大的理论思维问题摆在我们面前。从生产和交换的实际活动中看，农民融资难、中小企业主融资难、工人融资难、个体工商户融资难，客观事实摆着，怎么概括和归纳？说成是"弱势群体融资难"，可是，老、弱、病、残、妇女和儿童等也习惯称为社会的弱势群体，但他们需要的是社会救济而不是融资。我们讨论涉及的"弱势群体"应该锁定在生产和交换过程中的市场活动主体，这就是四川省规划课题"市场竞争中的弱势群体融资难问题研究"（2002）申报并获准立项的思考过程（《市场竞争中的弱势群体融资难问题研究》，《西南政法大学学报》2004.4)。中共中央第四代领导集体提出科学发展观之后（2004），使我们清醒地认识到，改变几代人形成的、对这个群体固有的、不符合当代现实实际的传统观念，构建新的制度和运行机制，必须搞基础理论研究，搞学科建设。这就是"国家社科基金西部资助项目"、"市场竞争中的弱势群体研究"（批准号 05XJL001）的思考和立项过程。"市场竞争中的弱势群体研究"课题确立了两项研究任务：一是"确认市场竞争中的弱势群体及其转化机制是社会经济学的研究对象"；二是通过重建社会经济学的研究过程，证明科学发展观是时代潮流和国情需求在观念上的正确反映。

问题的另一面是理论上的探索。

1995年樊刚教授的"'苏联范式'批判"获得经济学理论界的共

识，传统的社会主义经济学理论被抛弃了，西方经济学理论又不能照抄照搬，怎么办？"中国经济学向何处去？"是上个世纪90年代整个经济学界的中心议题（于光远、董辅礽主编：《中国经济学向何处去》，经济科学出版社，1997）。围绕"中国经济学向何处去"议题，撰写了《创建中国经济学难点透视》(《经济学家》1999.3)、《经济科学三次革命与三大教条背景透视》(《政治经济学研究报告(1)》，社会科学文献出版社，2000)、《新的历史条件下马克思劳动价值论研究》(《西南政法大学学报》2002.5)、《中国经济体制改革最后一道难关透视》(《西南政法大学学报》，2003.4)、《社会经济学的研究对象与价值目标》(《远东中文经贸评论》2005.4)等几十篇学术论文，在理论的整个探索过程中，得出了三点认识：

第一，从新古典（马歇尔的《经济学》为标志）开始的西方主流经济学研究主题是资源的有效配置，已经形成了一个牢固的庞大体系。尽管这个知识体系存在着为了财富不惜牺牲子孙利益（非可持续发展）、不惜牺牲社会利益（负外部性）、不惜牺牲劳工利益（血汗工资制）的倾向，但要撼动、改造它没有现实可能性。

第二，市场竞争中的弱势群体（农民、工人、个体工商户和中小企业主）指望在主流经济学的知识体系里面占有一席之地也是不可能的，学科分离势所必然，在所难免，以市场竞争中的弱势群体及其转化机制为对象的社会经济学只能依靠自己的力量，形成据有自身特色的知识体系。

第三，西斯蒙第1819年出版的《政治经济学新原理或论财富同人口的关系》是社会经济学的奠基著作，在马克思主义理论体系中叫"小资产阶级社会主义"。时间过去差不多200年了，社会经济学仍然没有成为一门独立的学科进入主流社会的研究视野。看看偌大一个中国，没有一所社会经济学研究机构，没有一份社会经济学学术刊物,没有一本社会经济学教科书。社会经济学的生存环境就同它的对象——市场竞争中的弱势群体一样,没有社会地位。

我和我的同事经过十五年的艰难探索,已出版《市场竞争中的弱势群体研究(足迹篇)》(经济日报出版社,2007.5)、《中国新的生产方式研究(争鸣篇)》(经济日报出版社,2007.12),《组合生产方式的理论与实践(实证篇)》(已完稿)三本著作。本书("学科篇")的正式出版,表明"市场竞争中的弱势群体研究系列"结束,这是不是新课题研究的开始,就看机会了。

刘润葵

2008.11.5

第一编 社会经济学及其边界划分

核 心 提 示

  18世纪之前，社会主流意识是"普天之下，莫非王土"。人类需要启蒙与觉醒。1776年，亚当·斯密在《国民财富的性质和原因的研究》一书中系统证明，劳动创造了世界。亚当·斯密创立了劳动价值理论并奠定了他在国民财富研究史上的拓荒人地位。历史进入19世纪，战争与革命成为历史主流。为适应资产阶级历史地位变化的需要，新古典经济学承担起"国民财富的增长和办法的研究"任务。其知识体系，马克思称之为庸俗经济学，现在人们习惯称为西方主流经济学。人类进入21世纪，和平与发展成为时代主题。资产阶级统治的200多年间，强者征服、改造弱者的经济社会发展道路走到了历史尽头，2008年美国"次级贷款"引爆的全球金融危机就是标志；中国以人为本的科学发展观，开辟了人类新的经济社会发展道路。这样，开展"国民财富的代价和选择的研究"就提上了国民财富研究的议事日程。

第一章 国民财富研究

1776年,亚当·斯密撰写的《国民财富的性质和原因的研究》一书奠定了他在国民财富研究史上的拓荒人地位。国民财富研究经历了"财富性质论"、"财富增长论"两个历史时期的研究,现在需要开辟国民财富研究新篇章——开展"国民财富的代价和选择的研究"("财富代价论"研究)。

第一节 国民财富的性质和原因的研究

"国民财富的性质和原因的研究"即对生产关系的研究,所形成的理论成果史称古典政治经济学,经历了创立、结束和分化的演化过程。

一、古典政治经济学的创立

古典经济学时代,蒸汽机没有发明,工业革命还没有到来,科学技术与劳动生产力还处于隔绝状态,所以"劳动生产力上最大的增进,以及运用劳动时间所表现的更大的熟练、技巧和判断力,似乎都是分工的结果"。国民财富研究面临的主要矛盾是揭示地主阶级"不用劳力,不用劳心"的本质,破除"普天之下,莫非王土"的旧制度和旧观念,也就是把人们从对自然力的迷信即对天子的迷信中解放出来。资产阶级、无产阶级和"中间等级"（农民、个体工商户和中小企业主）与地主阶级及其整个封建势力的矛盾是社会的主要矛盾，当时的政治经济学反映了资产阶级、无产阶级和"中间等级"的共同利益、愿望和要求。这些就是我们理解古典政治经济学及其分析工具劳动价值理论的历史背景。

二、古典政治经济学的结束

古典政治经济学结束于李嘉图学派。李嘉图是劳动价值理论的完成者，他的新奉献是提出了劳动时间决定价值量理论。当时的英国围绕李嘉图的学说形成了对立的两派。反对派利用陈葡萄酒和新葡萄酒价格不一致的矛盾，否定李嘉图的劳动时间决定价值量理论，因为新、陈葡萄酒劳动时间一样，价格却不同，说明价值量并非由劳动时间决定。李嘉图学派的坚定支持者詹姆斯·穆勒在1821年撰写的《政治经济学纲要》中认为，创造价值的不仅有直接劳动，而且还有积累劳动；劳动是直接劳动，资本是积累劳动；既然劳动创造价值，所以积累劳动也创造价值即资本也创造价值。詹姆斯·穆勒的劳动价值学说面对实际经济生活中的问题，得出了与劳动价值理论反对派相同的结论，古典政治经济学宣告结束。

古典政治经济学的结束，表面看是因为李嘉图学派无法用劳动价值理论解释和说明实际的社会经济现象，其深层次原因还是因为资产阶级取得国家政权之后，面临着新的历史使命，需要新的理论武器。陈葡萄酒和新葡萄酒价格之间的矛盾并不难解释。劳动价值理论说的是价值来源，而价格理论既要说价值来源，还要说价值形成过程和实现过程的条件，说的不是一回事情。价值形成过程的条件，可能是地主占有，也可能是资本家占有，还有可能是劳动者自己拥有。劳动条件不管属于谁，都同劳动一样是价格的构成要件，至于价值实现过程的条件问题即市场供求关系是另外一个领域的研究课题，与劳动价值理论的关系就更远了。理解古典政治经济学结束的深层次原因应当从劳动条件的变化中去寻找。时间进入19世纪，价值形成过程的劳动条件发生了两种历史性变化：一是劳动条件的构成，过去是以自然物品土地为主，现在则是以劳动物品厂房、机器设备等生产资料为主；二是劳动条件的占有者，过去是地主，现在是资本家。资产阶级如果继续讨论价值的来源，不但是没有必要，还会威胁自己的统治地位,他们关心的只会是价值的增值和价值的实现,可这又不是劳动价值理论的研究内容,所以古典政治经济学结束已经是历史的必然了。

三、古典政治经济学的分化

古典政治经济学的分化根源于社会各阶级在国民财富的生产和消费过程中的不同遭遇。资产阶级是统治阶级,国民财富越是丰裕,供他们消费、享受的物品也就越多,面对创造国民财富的生产方式,研究生产力对资产阶级才有意义。无产阶级和资产阶级虽然同是社会化大生产的产物,又一同参与国民财富的创造,处在生产的"中心",但由于生产条件为资本家所独占,他们的消费却"边缘化"了,沿着古典政治经济学开辟的道路,继续开展"国民财富的性质和原因的研究"即研究生产关系成为无产阶级的迫切要求。以农民为主体的"中间等级"(小资产阶级)面对工业革命带来的社会化大生产,生产和消费同时被"边缘化",维护、坚守自己拥有劳动条件又自己参与劳动的生产方式成为小资产阶级的主张。于是国民财富研究就分化为影响至今的三个流派:一是庸俗政治经济学发展而来的现代西方经济学,研究的侧重点是生产力;二是马克思经济理论发展而来的社会主义政治经济学,研究的侧重点是生产关系;三是小资产阶级社会主义发展而来的现代社会经济学,研究的侧重点是生产方式本身。

第二节 国民财富的增长和办法的研究

"国民财富的增长和办法的研究"既是新古典政治经济学的起点,也是新古典经济学的对象。经过100多年的发展,新古典政治经济学经历了一次"突变",就是宏观经济学的产生和形成,现在已经形成了一个庞大的思想体系,早期马克思称之为庸俗政治经济学,现在人们习惯称为西方经济学。

一、新古典政治经济学的诞生及其基本分析工具

新古典政治经济学的形成有个历史过程,代表人物众多,影响最大的是英

国的经济学家马歇尔。他于1890年撰写的《经济学》是新古典政治经济学形成的标志。经济学的对象马歇尔是这样界定的:"经济学是一门研究人类一般生活事务的学问;它研究个人和社会活动中与获取和使用物质福利必需品最密切相关的那一部分。"我们说古典政治经济学分化之后,西方经济学研究的侧重点是生产力,是关于"国民财富的增长和办法的研究"理论,应该说符合实际。为了适应新的对象所需,西方经济学创造了两项新的分析工具,一是边际分析方法;二是均衡价格理论。

1、边际分析方法

边际分析方法就其基本原理来讲比较简单,比方说,原来水稻亩产1000斤,第一年增加1000斤肥料,多产水稻500斤;第二年再增加1000斤(共计2000斤),多产800斤;第三年再增加1000斤(共计3000斤),多产200斤。3年来水稻亩产分别为1500斤、1800斤、1200斤,说明施肥并不是越多越好。这只是问题的一面,是寻找边际产量,施肥多少才合算还受边际成本的约束。这个摸索过程就是边际分析。边际分析方法一般农民也晓得。边际分析方法之所以叫边际革命,是因为学术理论界把这种实践经验经过高等数学处理过后,变成了可以学习、可以操作的具有普遍意义的基本原理。现在,不用说一般农民不懂什么是边际分析方法,众多的知识分子也不懂了。

2、均衡价格理论

理解均衡价格理论,不能把平衡和均衡两个概念混淆起来。平衡所描述的是系统内部要素之间和系统与系统之间的结构状态,成比例,不能畸形,不能扭曲,是平衡的基本要求,而均衡仅仅是对系统内两个相反量的关系描述。所谓市场的均衡状态,就是在技术不变、完全竞争的理想状态下,供给和需求两个相反的量相等,通俗的说法就是一家伙把东西卖完了,也买到了,学术上叫出清。所谓均衡价格就是商品的供求处于均衡,供给价格和需求价格相一致的价格。懂得边际分析方法就懂得均衡价格理论。均衡价格理论是西方经济学理论体系的核心。

二、新古典"市场神话"的破灭和国家干预主义的风行

新古典政治经济学经历了一次"突变"是指"市场神话"的破灭,国家干预主

义的兴起和宏观经济学的形成。

1、新古典"市场神话"破灭的标志

新古典政治经济学制造"市场神话",主观原因是维护资产阶级的统治,否定工人大量失业的制度因素;客观原因是当时还没有信息技术,对市场的不确定性问题束手无策。新古典"市场神话"破灭的标志:(1)1917年苏联社会主义经济模式的建立,"市场神话"变成了"市场罪恶";(2)1929－1933年资本主义经济世界的经济大危机,1936年凯恩斯的《就业利息和货币通论》的出版,"市场神话"变成了"市场缺陷"。

2、国家干预主义的理论渊源

国家直接参与物质生产活动过程资源的社会配置,这就是国家干预主义。恩格斯在《反杜林论》中首次提出:资本家私人所有制与社会化大生产的矛盾,是资本主义制度的基本矛盾。谁能克服这个矛盾呢?当然是国家。正是在这个意义上,恩格斯虽然反对把国有化与社会主义混淆起来,但他还是认为,国家所有制代替资本家私人所有制是历史的进步。所以,对未来社会经济结构的设想,《反杜林论》就明确主张,"无产阶级将取得国家政权,并且首先把生产资料变为国家财产"。凯恩斯1936年出版的《就业利息和货币通论》进一步强调了恩格斯的理论观点,他主张政府扩大机能,直接投资,干预市场,"认为这是唯一一切实办法,可以避免现行经济形态之全部毁灭"。"二战"前后的历史经验,又为国家所有制是社会化大生产必然产物的论断,提供了强有力的佐证。在1929－1933年那场席卷整个资本主义的经济危机面前,不但德、意、日等法西斯国家的国家直接干预,使国民经济快速复苏,就是崇尚自由主义的美国,在罗斯福"新政"的干预下,国民经济也很快好转。至于苏联,不仅仅是挫败法西斯的主力,而且在"二战"后迅速崛起,成为敢于与美国抗衡的超级大国。所以,熊彼特认为,当年(1926)主张自由主义经济政策的哈耶克败在凯恩斯的脚下,是因为哈耶克写的书"枯燥",政治上"逆水行舟",并不完全符合历史事实。

有了理论与实践的相互验证,国家所有制是社会化大生产必然产物的结论,不仅写进了东、西方经济学教科书,而且,社会主义国家还把这种观念上升为国家意志,写进宪法,硬说这是按经济规律办事。国家所有制在意识形态作用下,谁也不能说半个不字了。

3、国家干预主义的两种方式

第一种,国家干预是社会资源配置的补充方式。西方资本主义国家干预是作为社会资源配置的补充方式,其基础理论是凯恩斯的宏观经济理论。凯恩斯宏观经济理论的前提是微观经济活动主体的灵活偏好导致市场需求不足。这个假设前提虽然缺乏科学性,但是,国民财富研究从宏观和微观两个角度观察物质生产活动并相应地考察了不同活动主体的不同功能,这确实有着不可估量的革命意义和实践价值。

第二种,国家干预是社会基本经济制度的体现。以前苏联为首的整个社会主义阵营国家干预是作为社会基本经济制度的体现,其理论基础是"唯生产力论"和"基本矛盾论"。"唯生产力论"否认生产关系的确立是个选择问题,否认人的价值观念即人的利益判断对于确立生产关系的决定性影响,主张"生产力水平决定生产关系性质"的机械唯物主义;而"基本矛盾论"又认为"资本家私人所有制与社会化大生产的矛盾,是资本主义制度的基本矛盾","国家所有制是社会化大生产必然产物"。"唯生产力论"和"基本矛盾论"在反对资本主义剥削制度的历史进程中,曾经起过革命的作用;随着社会实践的发展特别是面临社会主义建设实践的新问题,其非科学性的内在本质暴露无遗,除了误导人们之外已经没有任何积极意义了。

三、现代西方经济学的发展动态与评说

西方资产阶级经济学家有个突出的优点和长处,不墨守成规,与时俱进,他们会根据资产阶级的需要随时调整自己的研究内容和分析方法。所以,现代西方经济学发展进程中出现的新动态,值得我们高度重视,需要认真分析研究。

(一)社会经济运行机制的选择,新凯恩斯主义和新自由主义开始走向融合

老凯恩斯的代表人物萨缪尔森认为,新凯恩斯主义和新自由主义已经开始融合。新凯恩斯主义的代表人物斯蒂格列茨撰写的被西方媒体评价为第四个具有里程碑意义的经济学入门教科书《经济学》,对这种融合趋势进行了具体描述:"大多数新凯恩斯主义者对政府'微调'保持经济达到充分就业而又没有通货膨胀的繁荣的能力,不像凯恩斯主义前辈那样乐观。他们倾向于赞同货币主义者和新古典经济学家的观点,这就是政府干预得太多,政府会得到比它干预

较少时所得到的更坏的后果。"全面了解新凯恩斯主义和新自由主义融合的历史过程,有利于我们正确认识和处理政府与市场的关系。

18世纪,科技落后,生产规模小,社会化程度低,所以亚当·斯密主张"一只看不见的手"自发调节资源的社会配置(1776)。19世纪,工业革命使社会生产力获得空前解放,社会化程度提高,供给与需求均衡的不确定性增大,经济周期频繁发生。恩格斯认为,这是资本主义私有制与社会化生产不相适应矛盾的内在表现(1885);新古典为袒护资本主义制度,否认这个矛盾,认为市场自己能够解决供给与需求不均衡的问题(1890)。20世纪上半叶,1929—1932年那场席卷整个资本主义市场的经济危机,新古典的"市场神话"破产,主张国家直接干预以保持充分就业而又没有通货膨胀的凯恩斯主义诞生了(1936);同一时期的新自由主义的祖师爷哈耶克主要根据前苏联建立起来的高度集中、无视人权的计划经济体制,以《通向奴役之路》为题否定国家直接干预,扛起了反凯恩斯主义的大旗。20世纪60年代,因为美国把凯恩斯主义捧上国学的宝座,凯恩斯主义红极一时。70年代整个资本主义面临滞胀的困扰,一筹莫展的凯恩斯主义又威风扫地;同时,因为信息技术革命使社会各种活动主体(家庭、厂商、银行、政府等)决策指挥系统的物质条件发生了革命性变化,进而使人类认识能力、调控能力的提高出现了质的飞跃,传统的大起大落的经济周期现象可能不再出现,供给和需求的不确定性问题可能被化解,国家直接干预经济活动的理论失去社会实践的支撑;另一方面,经济活动的"负外部性"问题威胁着人类的生存和发展,而且,老的"搭便车"问题没有解决,新的"信息不对称性问题"又让社会伤透了脑筋,这样,家庭、厂商发展必要的抑制和约束被提上议事日程,政府必须从舆论、道德、法律等间接的方式积极参与市场活动,成为人们的共识。这就是新凯恩斯主义和新自由主义融合的历史过程和主要内容。

新凯恩斯主义和新自由主义融合是政府与市场新型关系在观念上的反映,正如邓小平在南方谈话高度概括总结的那样:"计划多一点还是市场多一点,不是社会主义和资本主义的本质区别。计划经济不等于社会主义,资本主义也有计划;市场经济不等于资本主义,社会主义也有市场。计划和市场都是经济手段。"

(二)为适应新凯恩斯主义和新自由主义融合的需要,西方经济学在追求宏

社会经济学

观与微观分析方法的统一

萨缪尔森1948年撰写的《经济学》，被西方媒体誉为第三个具有里程碑意义的经济学入门教科书。按照斯蒂格列茨的说法，萨缪尔森的功绩在于：第一次成功地把凯恩斯主义宏观经济学和传统的微观经济学结合在一起。但是，他认为不应该把宏观和微观当作没有内在关联的两个理论体系，他主张：宏观的变化必须以微观经济学的原理为基础；经济学的理论只有一套，而非两套。于是，斯蒂格列茨就运用供给曲线和需求曲线的所谓"均衡理论"把两个领域的基本原理统一起来了。斯蒂格列茨认为，宏观就是"大"的意思，微观就是"小"的意思；而宏观经济学就是集中于研究经济作为一个整体的行为，如失业率、通货膨胀率、经济增长率和贸易差额，微观经济学就是集中于研究构成整个经济制度的各个单位的行为，如厂商、家庭和个人的行为。他还特别强调说这两种经济观察角度是观察同一事物的两种方法，微观经济学代表由下而上的视角，而宏观经济学则为由上而下的视角。萨缪尔森说了同样的见解，还特别提醒我们记住：宏观经济学是将整个经济运行作为一个整体来进行研究的，考察的是整个国家的产出、就业和价格；相反，微观经济学研究的是单个产品的价格、数量和市场。

作为调控手段，作为社会经济运行机制，新凯恩斯主义和新自由主义融合是历史发展趋势，问题在于具体怎么操作，政府与市场的关系是不是宏观行为主体和微观行为主体之间的关系，能不能规范为"大"和"小"、"上"和"下"之间的关系，问题恐怕就没有那么简单了。

1、宏观观念与微观观念学理基础质疑

单就字面看，把宏观与微观解释为"大"与"小"的关系，或者解释为"上"与"下"的关系，没有问题。但是，马克思在建立剩余价值学说的过程中，再三向我们强调了理论研究必须遵守的学理基础，只有性质相同的事物才能进行量的比较和分析。厂商、家庭看作是微观经济的活动主体，这个没有分歧，问题是把政府作为宏观经济的活动主体，就十分的莫名其妙了。厂商、家庭属于经济系统，政府属于行政系统，这是性质完全不同的两个独立系统，怎么能进行量的比较和分析呢？何处来的"大"与"小"的关系？又何处来的"上"与"下"的关系？

2、宏观目标不是微观目标的简单相加

系统与要素之间的联系贝塔朗菲区分为两种关系。一种是简单的、直观的叠加关系,比如,一袋马铃薯,知道单个马铃薯的重量,加起来就是总重量;另一种是相互依存、相互竞争(斗争)的组合关系,比如,单个劳动者同企业的关系。宏观经济与微观经济应当是第二类组合关系,"组合性特征不能用孤立部分的特征来解释","复合体特征与其要素相比似乎是'新加的'或'突现的'"。对组合关系,艾仕比说得更为生动而具体:某村庄100个男人中有82个是已婚的,那么,0.82对全村男人组成的集合来说是有意义的,但对个人来说就毫无意义了。因为单个人的婚姻状况,要么是已婚的,要么是未婚的,不可能是0.82。显然,0.82是一种系统性质,而不表示单个人的性质。但是,西方宏观经济学目标的设计,因微观存在销售收入、招工计划、裁员行为与进出口活动,于是一一对应,宏观就有GDP增长速度、通胀率、就业率和国际收支平衡等目标,恐怕太简单了吧?一袋马铃薯的重量是单个马铃薯重量的总和,正如恩格斯对杜林的讽刺,"人不吃饭就会饿死",这也算作科学命题?

3、宏观经济目标是比例问题而不是利润问题

马克思《资本论》第二卷第三篇的"社会总资本的再生产和流通",涉及宏观经济目标与微观经济目标的关系。马克思探讨社会总资本运动过程,所运用的两大部类平衡理论,人们可以说出千百条不同意见来,但是,马克思提出问题的角度,学科对象和理论边界的划分,却无懈可击。

第一,微观经济目标,马克思指出"是生产剩余价值",改变为现行东、西方学术理论界都能接受的普遍命题,是利润最大化。

第二,宏观经济目标,是社会总资本的运动。马克思说"社会资本的运动,由社会资本的各个独立部分的运动的总和,即各个单个资本的周转的总和构成","各个单个资本的循环是互相交错的,是互为前提、互为条件的,而且正是在这种交错中形成社会总资本的运动"。我们把马克思的社会总资本运动直接理解为宏观经济目标,符合前面的两个学理规定:一是同质比较,二是组合关系。

第三,宏观经济学对象,马克思指出社会总资本运动"不仅是价值补偿,而且是物质补偿,因而既要受社会产品的价值组成部分相互之间的比例的制约,又要受它们的使用价值,它们的物质形式的制约"。所以,宏观经济学的研究对象应当是补偿问题(实现问题),是比例问题,是结构问题,与微观经济学的研究对象利润最大化问题相比,其研究内容是"新加的"或"突现的"。

从以上的分析我们看到,经济系统内部宏观与微观,结构不同,功能不同,运行机制不同,不可能有统一的分析方法,而厂商、家庭与政府是"井水不犯河水"两个独立系统,统一的分析方法更无从谈起。既然新凯恩斯主义和新自由主义融合是历史发展趋势,怎么又说厂商、家庭与政府是"井水不犯河水"的关系呢?说"融合"是指它们是此种水和彼种水的关系,而不是油和水的关系;说"井水不犯河水"是指它们的成分和形成机理不一样。简单说来,宏观和微观是同一系统的两个不同行为主体之间的关系,而不是性质不同的两个系统之间的关系,比方政府系统,微观是指县人民政府而宏观则是指国务院。

(三)为了维护市场强势群体的既得利益,西方经济学有人在做"经济学帝国主义"梦

1992年诺贝尔经济学奖得主加里·S.贝克尔,为了维护市场强势群体的既得利益,正在做着"经济学帝国主义"的梦。

1、贝克尔的经济理论是为了维护市场强势群体的既得利益

我们说贝克尔的经济理论是为了维护市场强势群体的既得利益,看看他的代表作《人类行为的经济分析》一书中关于"有效歧视"理论的分析结论就一目了然了。歧视问题,国家之间有大国对小国的歧视,有宗主国对殖民地和半殖民地的歧视;种族之间有白人对有色人种的歧视,在中国曾经有汉人对少数民族的歧视;阶级之间有剥削阶级对被剥削阶级的歧视,有少数富人对多数穷人的歧视;男女之间有社会对妇女的歧视;生理状况有健康人对残疾人的歧视;等等。贝克尔的"有效歧视"理论通过高等数学的复杂运算,得出了如下结论:用W代表资本家或富人或白人,用N代表工人或穷人或有色人种;贝克尔说:"虽然W的歧视使N蒙受损失,但是,N的歧视会使N蒙受更大的损失。"两利相权取其重,两害相权取其轻。W对N的歧视是"有效歧视"!按照贝克尔的理论逻辑,W对N的歧视(宗主国对殖民地和半殖民地民的歧视、白人对有色人种的歧视、富人对穷人的歧视等)是"有效歧视",那么,我们还可以进一步证明W对N的剥削是"有效剥削",W对N的压迫是"有效压迫",W对N的强奸是

"有效强奸",如此等等。贝克尔经济理论代表谁的意志,维护谁的利益,应该是一目了然了。

2、贝克尔构造的"经济学帝国主义"是不可能实现的梦

"经济学帝国主义"一词是1930年由拉尔夫·威廉·苏特在经济学讨论中提出的。贝克尔按照以下思路,"将理性选择理论或经济学理论应用于传统上由社会学家、政治学家、历史学家或人类学家处理的问题",把"经济学帝国主义"思想系统化了,他认为,"今天,经济研究的领域业已囊括人类的全部行为及与之有关的全部决定"。贝克尔构造的"经济学帝国主义"是不可能实现的梦,源于以下两个方面的原因:

第一,理性选择理论混淆自然法则与价值判断的界限,到处贩卖"私有制万能论"不可取。理性选择理论包含两个基本点,其一,所有人都是自私自利的;其二,人为了自利的目的,会选择效用最大化的方向行进。据说这是从亚当·斯密的"经济人"假设和"看不见的手"主张推演出来的,故曰"新古典"。可是,熊彼特说这是"胡言乱语"。对自私自利的价值观,亚当·斯密是这样痛斥的:"完全为自己不为他人,这似乎是一切时代为主子者所遵守的可鄙格言。"准确说来,自私自利是奴隶主、地主和资本家及其代言人的天性或格言。"新古典"的理性选择理论运用偷梁换柱手法,把自然法则与价值判断混为一谈,同样无济于事。诚然,自然法则与价值判断有联系,但不是一回事。婴儿需要吃奶,这是自然法则,有奶便是娘是价值判断;马克思说,"人们奋斗所争取的一切,都同他们的利益有关",这是自然法则,自私自利是人的天性,这是价值判断;如此等等。至于理性选择理论的第二个基本点利润最大化原则,这对物质生产领域来说有一定的合理性,超出这个范围,就是我们大家熟知的市场机制"泛化"。理性选择理论的科学性本身就值得怀疑,以它为基石建一座理论大厦就更没有多少价值了。

第二,用一种理论观点"囊括人类的全部行为及与之有关的全部决定",古人没有成功,贝克尔的"经济学帝国主义"也不可能成功。创造一个"无所不包"的科学体系的祖师爷是黑格尔。黑格尔的科学体系虽然破产了,毕竟给后人留下了一笔巨大的遗产,特别是他"把整个自然的、历史的和精神的世界描写为一个过程,即把它描写为处在不断的运动、变化、转变和发展中,并企图揭示这种运动和发展的内在联系",至今还是我们科学探索道路上的一盏明灯。第二个追随者是孔德。孔德创造的企图包括一切社会现象的社会学破产了,但他毕竟创立了社会学这门学科和可以借鉴的实证哲学。贝克尔标榜的"适用于解释全部人类行为"的经济分析方法一文不值,但他提供了我们对科学研究工作进行反思的又一个案例。大师们为什么会犯这种常识性错误?武学中有"走火入魔"一词。"走火入魔"告诉我们,任何人(当然包括大师们)只要对某种事物过分痴迷,必然会闹出违背常识的笑话。世界无限,人的生命和精力有限,人对客观事物的认识和把握,只能从某个时段或某个侧面入手进行研究,谁想挑战这个常识,除了破产不会有第二个出路。

3、贝克尔"经济学帝国主义"梦想破灭给我们的启示

加里·S.贝克尔为了维护社会强势群体的利益,直面现实,勇于挑战传统,寻找理论研究的新起点,开创理论研究的新局面。贝克尔把历史上传统的国民财富研究领域区分为两个时代并给出了否定性评价。一是"基于物质产品的经济学定义十分狭隘和乏味"。为什么?他说:"目前美国物质产品的生产所提供的就业量不到市场就业总量的一半,劳务部门的产值高于物质产品部门的产值。"二是"基于稀缺资源和各种可供选择目标的经济学定义过分笼统"。为什么?他认为:"根据要解决的问题的性质定义经济学,内容包罗之广泛远远超出了市场领域或经济学家要做的事情。""为难之际,便将非市场行为一挥而去。"经济学成为一门科学出路何在?贝克尔认为:"经济学之所以有别于其他社会科学而成为一门学科,关键所在不是它的研究对象,而是它的分析方法。"我们十分赞赏贝克尔的洞察力、危机感和使命感,但是,我们不同意贝克尔对古典政治经济学和新古典政治经济学的否定性评价,尤其不能同意他关于学科划界的轻率结论。首先,说古典政治经济学"基于物质产品的经济学定义十分狭隘和乏味",列出的事实根据不能服人。"目前美国物质产品的生产所提供的就业量不到市场就业总量的一半,劳务部门的产值高于物质产品部门的产值。"这有什么奇怪?马克思阐述剩余价值理论时就指出,随着科学技术日益成为生产力,"直接的体力劳动不再是生产的基础",但这与劳动是价值唯一来源的结论并不矛盾。我们现在不再研究古典政治经济学的劳动价值理论,不是说劳动价值理论"十分狭隘和乏味",而是说这个问题已经研究清楚了,是国民财富研究史的理论基石。其次,说新古典政治经济学"基于稀缺资源和各种可供选择目标的经济学定义过分笼统"。不应该"将非市场行为一挥而去"。我们认为,"将非市场行为一挥而去",这恰恰是新古典政治经济学的科学性所在;"基于稀缺资源和各种可供选择目标"如何配置,这是新古典政治经济学对人类关于国民财富研究课题的新奉献。再次,说学科界限"关键所在不是它的研究对象,而是它的分析方法",贝克尔太轻率了。毛泽东在《矛盾论》一文中指出:"科学研究的区分,就是根据科学对象所具有的特殊的矛盾性。因此,对于某一现象的领域所特有的某一种矛盾的研究,就构成某一门科学的对象。"不同的研究对象形成不同的学科,这是科学常识。可是,贝克尔不这样认为:"我确信,经济学之所以有别于其他社会科学而成为一门学科,关键所在不是它的研究对象,而是它的分析方法。"贝克尔确信的观点如果有事实根据,当然可以向这种属于常识性的学科建设问题提出挑战。

所谓方法无非两种,一是研究方法,诸如辩证法、实证法、归纳法、演绎法等,这种方法是以人的思维为对象所概括出的规律性认识;二是分析方法,诸如经济分析方法、管理分析方法、系统分析方法、物理分析方法、化学分析方法等,这种方法是对研究对象(客体)运行机制的概括和总结。比方物理分析方法,宏观天体世界运动轨迹有序、测得准,微观基本粒子世界运动轨迹无序、测不准,我们只要真正弄清了这种差别及其因果关系,其他学科的研究工作当然可以借鉴物理科学的这种宏观、微观分析方法。再比方贝克尔的自私自利价值偏好的经济分析方法,按照亚当·斯密的说法,"这似乎是一切时代为主子者所遵守的可鄙格言"。这就是说,贝克尔的经济分析方法同样是他对自己研究对象资产阶级价值偏好、行为轨迹的概括和总结。世界上不存在没有学科对象的学科方法,贝克尔"挑战"失败。

四、西方经济学之外的两个流派动态

19—20世纪,国民财富研究的主流是侧重研究生产力的西方资本主义经济学,长达两个世纪的影响,人们就习惯于把国民财富研究理论与经济学理论等同起来了。其实,还有侧重研究生产关系的社会主义政治经济学,侧重研究生产方式的社会经济学即小资产阶级社会主义。

(一)社会主义政治经济学发展动态

马克思认为,古典政治经济学的劳动价值理论包含科学和庸俗两部分内容,《资本论》沿着科学的方向,在劳动价值理论的基础之上创造了剩余价值理论。剩余价值理论是社会主义政治经济学的理论来源,是社会主义政治经济学的理论基石。国家所有制、计划经济体制、按劳分配"三位一体",这既是传统社会主义经济制度的本质特征,也是社会主义政治经济学理论体系的本质特征。20世纪末期,前苏、东欧社会主义阵营解体,中国实行改革开放政策,"三位一体"的社会主义经济制度在实践中受到严重挑战,但"三位一体"理论还是政治经济学的灵魂,至少在中国还是这样。

(二)社会经济学(小资产阶级社会主义)发展动态

1819年,西斯蒙第出版的《政治经济学新原理》是社会经济学(小资产阶级社会主义)诞生的标志。资产阶级革命和工业化运动并没有使广大劳动者获益,反而把他们推进了历史的深渊。西斯蒙第同情劳动人民的不幸遭遇,坚持和维护劳动者自己拥有劳动条件又直接参与劳动的小生产,对于大生产,他主张"一半利润分给出资者而一半利润由参加合作的工人平分"。西斯蒙第期盼和追求的是在社会变革和发展过程中劳动者不受伤害的那样一种生产方式,所以马克思高度评价西斯蒙第"在政治经济学上开辟了一个时代"。在社会变革和发展过程中劳动者不受伤害的那样一种生产方式,这是社会经济学的对象,也是社会经济学的来源。只是由于受历史条件的限制,西斯蒙第在国民财富研究上开辟的这样一个时代不但没能变成现实,反而淹没到福利经济学的体系中去了。

第三节 开展国民财富的代价和选择的研究

21世纪,我们主张开辟国民财富研究新篇章,创造国民财富研究新理论,开展"国民财富的代价和选择的研究",是因为现代社会出现了政治经济学和经济学无法回答的新情况、新问题和新生事物。

一、重新调整人与自然的关系是政治经济学和经济学无法接受的历史事实

政治经济学和经济学关于生产力的经典定义是：人类征服自然、改造自然的能力叫生产力。人类在征服自然、改造自然的过程中，国民财富确实以我们预料不到的速度呈几何级数快速增长，那么在堆集如山的国民财富面前，又付出了什么样的代价呢？森林、矿山被毁，河水、溪流干涸，草原沙漠化，南极、北极冰雪消融，海水上涨，全球气候变暖。一切生命有机体的生存受到严重威胁。人类已经尝到对自然不计代价、不给回报、进行掠夺式开发的苦果，终于明白，自然既不能征服，也不能改造，只能平等交易，创造性地适应自然，友好相待，和谐共处。重新调整人与自然的关系是观念和立场的根本转变，政治经济学和经济学无法接受这个严酷现实，开辟国民财富研究新篇章，创造国民财富研究新理论是历史使然。

二、重新评价"中间等级"是政治经济学和经济学无力承受的历史使命

政治经济学和经济学一致认为，社会化大生产一定代替小生产，资本集聚一定走向资本集中，而"中间等级"（农民、个体工商户和中小企业主）从事的是小生产，所以"中间等级"是落后、保守甚至反动的阶级，被"边缘化"是"中间等级"唯一的前途和命运。"中间等级"成为历史发展的代价和牺牲品。现在，小生产不仅是解决社会就业与再就业的主渠道，而且成为一些国家和地区提高综合实力的主要推动力量，成为创造国民财富的生力军，迫使社会对"中间等级"不得不刮目相看，且公认集中化和分散化是并行不悖的两股历史潮流，资本集中和资本集聚相得益彰，优势互补。显然，重新评价"中间等级"的历史地位和作用是政治经济学和经济学无力承受的历史使命，需要我们开辟国民财富研究新篇章，创造国民财富研究新理论。

三、无产阶级彻底解放是政治经济学和经济学包容不了的理论内容

政治经济学坚持"国有化"，西方经济学主张"私有化"，它们共同的价值偏

好是:以物为本。谁提供物(劳动条件)谁就独霸企业收益的处置权和分配权。工人还是一无所有的无产阶级。中国经济改革一直在"国有化"和"私有化"之间进行艰难选择,"攻坚战"最终功败垂成,其根子在以物为本。

选择以人为本的所有制结构,确认劳动力提供者(管理人员、技术人员和普通工人)在企业中的生产要素、合作者、投资者的"三重身份",变无产阶级为有产阶级,这是政治经济学和经济学包容不了的理论内容,我们必须开辟国民财富研究新篇章,创造国民财富研究新理论。

四、"中间等级"和无产阶级创造的新的生产方式是政治经济学和经济学未曾遇见过的新课题

在改革开放的历史大潮中,中国的"中间等级"和无产阶级解放思想,实事求是,以不丧失独立性为前提,在竞争和协同机制的双重作用下,创造出一种适应市场化和社会化发展要求的新的生产方式。农民创造的是农民专业合作经济组织,个体工商户创造的是个体工商户组合,中小企业主创造的是中小企业集群。这些生产方式就规模和功效而论,是归类为小生产,还是大生产?都不合适。因为这些生产方式既具备大生产的节约创新成本和交易成本的功效,又有小生产管理成本低、适应性强的灵活性特征。再说无产阶级创造的工人具有"三重身份"(生产要素、合作者、投资者)权益的企业,其价值取向或企业性质,是归类为资本家私人所有制,还是归类为国家所有制?都不合适。因为这样的企业,价值创造过程的劳动条件提供者只能获得他所作贡献应该得到的回报,而不能凭借提供劳动条件无偿占有他人的剩余劳动。这里没有剥削,不存在雇佣关系。创造国民财富的这种新的生产方式,我们观察生产力,发现是以组合的方式在与自然进行交换;观察生产关系,发现人与人之间的关系是用组合的方式联系在一起的;所以,我们把此种生产方式定名为组合生产方式。就生产力而言,组合生产方式也实用于大型企业,欧洲的"空客"和美国的"波音"就是以组合方式生产出来的产品。组合生产方式代表着现在也代表着未来。组合生产方式是政治经济学和经济学未曾遇见过的新课题,开辟国民财富研究新篇章、创造国民财富研究新理论是唯一选择。

结 束 语

开展"国民财富的代价和选择的研究",就是开辟国民财富研究的新篇章,创造国民财富研究新理论,就是重建社会经济学。具体体现在:研究的重点既不是国民财富的"性质",也不是国民财富的"增长",而是在两项研究成果的基础之上,侧重研究国民财富的"代价";所谓"选择"就是选择组合生产方式且配置相应的制度安排,一方面是尽可能地降低创造国民财富的代价和成本,另外一方面是补充和完善价值理论。如果说"财富性质论"的价值诉求是贡献与回报对称,"财富增长论"的价值诉求是供给与需求对称,那么"财富代价论"的价值诉求是代价与补偿对称。价值理论的根本诉求是对称诉求。

第二章 社会学评介

社会学评介是想消除一种误会,以为社会经济学就是社会学加经济学,这样就需要评论和介绍什么是社会学。

第一节 社会科学的"社会"与社会学的"社会"

弄清社会科学的"社会"与社会学的"社会"的关系,是社会学领域的"哥德巴赫猜想"。评介社会学,这个"猜想"绕不过去。因为不弄清社会科学的"社会"与社会学的"社会"的关系,就无法明确社会学的研究对象。一门学科的研究对象模糊不清,其科学性就很难保证了。

一、社会学形成一门学科的历史文化背景

1、法国大革命

1789—1794年法国资产阶级领导农民和城市贫民,反抗僧侣和贵族的封建专制统治,经过三次武装起义的生死搏斗,建立起资产阶级政权,并粉碎了欧洲君主国的武装干涉。法国大革命虽然沉重打击了欧洲封建体系,推动了欧洲和拉丁美洲的资产阶级革命和民族解放运动,但是,资产阶级在获得革命成功之

后,城乡贫民的利益却被出卖,新的阶级矛盾又日趋尖锐和白热化了。

2、工业革命

1776年,英国蒸汽机的发明标志工业革命的开始。工业革命导致了广泛的社会与经济的转型。工业的兴起使农民由土地向工厂和制造业大量迁移,引发了城市区域的快速扩张,形成了新的社会关系形式。工业革命把潜伏在社会劳动里的生产力解放出来了,一方面是社会财富的充分涌流,另外一方面却是越来越多的穷人衣食无着,需要社会救助。

3、思想革命

法国的资产阶级革命和英国的工业革命,改变了人们的生活方式和生存方式,也必然带来人们习惯和观念的根本变革。这些变革迫使思想家形成一种对社会和自然的全新的认识和理解,这便是思想革命。对社会学的形成和发展影响最直接的思想革命主要来自三方面:

一是经济思想。经济思想具有化时代意义的变革是以1776年亚当.斯密的《国民经财富的性质和原因的研究》为标志。时代进入19世纪,资产阶级通过反复的革命斗争巩固了自己的统治,经济学的使命发生了变化。为了巩固资产阶级的统治,经济学需要开展"国民经财富的增长和办法的研究";为了把无产阶级从资产阶级的残酷统治下解放出来,经济学又需要继续深入开展"国民经财富的性质和原因的研究"。这种学科使命的分裂必然会在社会学中反映出来。

二是文化思想。文化思想革命指空想社会主义作为一个思想体系的完成,代表人物为法国的圣西门(1760－1825)、傅立叶(1772－1837)和英国的欧文(1771－1858)。在社会矛盾和阶级冲突中,空想社会主义者都同情无产阶级,同情劳动人民,他们尖锐地抨击资本主义制度的各种弊端和祸害,但是,他们看不到无产阶级的历史作用,反对暴力革命和阶级斗争,把希望寄托在统治阶级的仁慈上,幻想由统治者来建立一个理性和永恒正义的王国。

三是哲学思想。哲学思想革命指德国古典哲学,代表人物为康德(1724－1804)、黑格尔(1770－1831)和费尔巴哈(1804－1872)。当时德国的国情与英国和法国的国情不同。德国封建势力还很强大,资本主义还不发达,在政治上还没有形成统一的国家,新兴的德国资产阶级的力量极为软弱,它不敢以革命的方式解决德国社会发展中资本主义和封建主义的矛盾,而企图依附于封建势力来进行自上而下的改良。

德国资产阶级软弱性和两面性必然反映到德国古典哲学中来。资产阶级作为新生的、革命的阶级的时候,唯物主义是它的理论武器,可是,康德哲学的主要特点就是调和唯物主义和唯心主义;封建主义已经是没落、衰亡的制度,可是,黑格尔一系列辩证法命题,既能安抚封建势力,又能使资产阶级看到希望,如"存在就是合理的"、"恶是历史发展的动力借以表现出来的形式"等等;以上帝为灵魂的整个宗教或神学是封建特权制度的护身符,批判、否定宗教或神学的目的是推翻封建特权制度,可是,费尔巴哈批判宗教却不敢触及封建特权制度,而以人本主义自居,宣传"全人类的爱"的新宗教。

二、影响社会学的早期主要历史人物比较

(一)奥古斯特·孔德(1798—1857)

孔德在其六卷本的《实证哲学讲义》(1830—1842)第四卷中,首先使用了社会学这一学术用语,并在30年代和40年代把它系统化了。孔德是公认的社会学的创始人。

孔德的社会学理论,集中表现出来的三大特征,都深深地烙上了当时思想革命的积极成果和消极影响。

1、用"人性宗教"重新组织社会

孔德关注着工业化进程和资产阶级革命后出现的新的不平等及其对社会和谐稳定的威胁,他认为社会需要重建。他提倡建立以社会学为核心的新宗教——"人性宗教"。在他看来,长期的解决方案是建立一种道德共识去规范和控制社会并以此对付新形式的不平等。

孔德关于社会重建的宏伟蓝图虽然从来未能实现,却真实地反映了当时市民对社会相对稳定的期盼,这对我们思考社会学的研究对象及其任务目标有着极大的参考价值。

2、以实证主义为社会学思想旗帜

孔德社会学的研究方法就是实证主义。因为实证主义既不同意唯物主义,也不同意唯心主义,所以一直不为我们所接受。其实,孔德的实证主义与邓小

平的"不搞争论","不管黑猫白猫,抓住耗子就是好猫",没有什么区别,只不过一个是学术语言,一个是政策性语言。产生的社会文化背景也相似,其真理性如何,"实践是检验真理的唯一标准"。

实证主义认为科学只应关注可观察的实体即可以直接通过经验了解的实体。以细致的感官观察为基础,人们可以推断出能够观察到的现象之间的规律。通过理解事件之间的因果关系,科学家就可以预测未来会发生什么情况。社会学的实证主义确信以经验证据为基础的社会的知识生产可以通过观察、比较和实验获得。实证主义与辩证唯物主义的长、短、优、劣,如何比较?我们在这里只能表明,任何一种能称得上真理的主义(思想)都是客观实际在观念上的反映,由于主观和客观的差异是永恒的、绝对的,所以世界上没有十全十美的所谓真理;只要是真理,就应当是一个开放的体系,就存在一个相互借鉴、相互学习的问题,否则就是宗教。

3、把社会看成是一个社会有机体

初期社会学受自然科学、特别是受生物学的影响,与生物有机体相比较,孔德把社会看成是一个社会有机体。社会有机体理论由两方面的内容组成,一是以人体结构为参照系,对社会进行重新构建;二是把综合认识整个社会现象作为目标,把社会学看成是社会科学或社会科学基本学科。这样就产生了两方面的后果。

第一种后果,社会学与生物学相提并论使得社会学理论变得粗制滥造,社会学的综合性造成了内容上的空洞,因而它必然要受到批判。但是,孔德用有机体论为指导重新组织社会应该说是天才的构想。人体结构精美绝伦,以人体结构为参照系构造社会、构造事物,是人类适应环境自觉或不自觉地所遵循的规律。可惜,孔德的天才构想,后来的社会学并没有继承下来,更不用说发扬光大了。

第二种后果,把社会学看成是社会科学或社会科学的基本学科,突出了社会学的地位和作用,鼓舞了人们的热情,推动了社会学的研究。如果说孔德用有机体论为指导重新组织社会是天才构想,那么把社会学看成是综合的包罗万象的所谓社会科学,则是不切实际的幻想。

社会学的悲剧就在于,应该继承的东西扔掉了,不该继承的东西,反而始终摆脱不掉,力图把所有的东西都装进贴有社会学标签的口袋里。这样一来,随着经济学、政治学、管理学等学科的日益繁荣,社会学不得不从口袋里把这些学科"拣"出来,渐渐地社会学成为"捡破烂"学科了。社会学的路越走越窄。

(二)卡尔·马克思(1818—1883)

马克思主义理论内容包括哲学、政治经济学和科学社会主义三个部分,社会学不在其中。但是,由于马克思关于社会运动规律的揭示和解决社会矛盾的方法,及其在社会实践中的广泛而又深刻的影响,无论你持何种立场,马克思都是研究社会学无法回避的重要历史人物。

1、用阶级斗争学说处理社会矛盾

马克思和孔德一样,也关注着工业革命和资产阶级革命后出现的新的不平等现象,但马克思不相信"人性宗教"。马克思认为,新的不平等根源于新的资本主义制度本身,没有剥削、没有压迫,更为公平、合理、人道的新社会,只能通过无产阶级革命才能建立起来。

马克思的观念是在阶级斗争十分尖锐、激烈的历史条件下形成的,一切对现政权采取妥协、改良的理论和办法,都在排斥、否定之列,现在看来需要重新认识。

2、观察社会的历史唯物主义方法

马克思一生有两大发现,其中之一就是历史唯物主义。无论是经济学、政治学、社会学还是别的什么社会科学,历史唯物主义关于生产力与生产关系、经济基础与上层建筑矛盾运动的科学结论,是这些学科打开社会经济结构大门的钥匙,也是这些学科进入社会经济结构内部的唯一通道。结构主义创始人皮亚杰、系统论创始人贝塔朗菲、制度变迁理论创始人诺斯,他们对历史唯物主义推崇备至道理就在这里。

3、人生产是种和内在尺度的统一

马克思关于人生产规律的揭示,既继承了孔德有机论的积极成果,又克服了他的把社会有机论与生物有机论等同起来的粗制滥造的弊端,提出了人类改变、适应世界的具有永久魅力的科学命题。马克思说:"动物只是按照它所属的那个种的尺度和需要来建造,而人却懂得按照任何一个种的尺度来进行生产,并且懂得怎样处处都把内在的尺度运用到对象上去;因此,人也按照美的规律来建造。"

"美的规律"既是讲矛盾的普遍性,同时也是讲矛盾的特殊性。比如,人要生产一张桌子、建造一座房子、组建一个企业、兴办一所学校等等,就必然包括人们普遍认同的桌子、房子、企业、学校所具备的特征,讲的是矛盾的普遍性;但是,人在生产这些东西的时候,同时也倾注了自身的价值偏好和审美情趣,也就是"把内在的尺度运用到对象上去",讲的是矛盾的特殊性。马克思的人生产是种的尺度和内在尺度统一的科学命题与孔德的有机体论相比较,更加符合客观实际了。

(三)马克斯·韦伯(1864—1920)

马克斯·韦伯与马克思相似,其兴趣和关注点也跨越了许多领域,他的著作涵盖了经济学、哲学、比较史学、管理学以及社会学等诸多学科;其学说的着力点是想消除马克思主义在社会生活中日益广泛而又深远的影响,所以对他学说的分析尤其需要我们采取客观、冷静、务实的态度。

1、合理性与社会矛盾的化解

以合理性作为学科理论的学理预设,合理性既是韦伯社会学的中心概念,也是他整个学说的中心概念。韦伯把个人自愿服从的体系视为合理性或合法性体系,从而他对一个体系的认识排除了价值判断。也就是说,合理性并不表现在事实的好坏之分,而是存在于看它是否被人们在信仰上认可,或者说,个人对一种秩序保持了它是一种合法秩序的信念,这就是这个秩序的"正当性"或它之所以存在的合理性。

韦伯反对历史唯物主义观点,他不认为阶级矛盾是社会发展的动力,合理化才是社会发展的根本动力。合理指什么?韦伯将科学、现代技术和科层制的发展总体描述为合理的东西,即依据效率原则,以技术知识为基础建立起来的社会和经济生活组织是合理的东西,社会成员对这种合理东西的认同就是合理性。所以,对于社会的各种矛盾,他反对通过阶级斗争,反对通过暴力革命的方式解决,而是按照合理性要求,制定规范,化解矛盾,从而把社会推向前进。

2、突出个性与矛盾化解方法

韦伯与马克思不同,他不相信外在于或独立于个体的结构。相反,他认为社会的结构是由行动之间复杂的相互影响塑就的。个人有能力自由行动和创造未来。社会学的使命是理解这些行动背后的意义。他坚信人类的动机和理念是变革背后的动因,思想、价值和信念具有推动转变发生的力量。

化解社会矛盾的方法,按照其性质可以区分为两个,一是对抗性矛盾用革命的方法;二是非对抗性矛盾用改良的方法。韦伯排除了革命的方法,只能用改良的方法。所谓改良就是协调个体与整体的关系,韦伯突出个性就在情理之中。

3、"韦伯现象"与社会学命运

所谓"韦伯现象"是指科学史上常见的科学家"生不逢时"现象。韦伯逝世前一年(1919年),得到了慕尼黑大学的受聘通知。他非常希望自己被慕尼黑大学任命为"社会学"教授,但恰恰是这一愿望没有得到满足。与他希望的正好相反,慕尼黑大学甚至在任命书中做出明确规定,韦伯在大学不得讲授社会学的课程。直到他死亡后44年的1964年,在海德堡召开的国际社会学大会,来自世界各国的一些著名社会学家,如哈佛的帕森斯、巴黎的阿隆、伯克利的马尔库塞等人一致认为,韦伯的地位应仅次于马克思、迪尔凯姆之后,是社会学理所当然的"经典作家"。这一态度理所当然地引起了德国学者的震惊和反省。德国的政治家在"二战"后以紧跟美国政策为行动准则,学者也不例外。从此,作为社会学古典理论三大奠基人之一的韦伯被神圣化、英雄化了。

韦伯提出他的社会学理论观点,正是帝国主义忙于战争,征服、瓜分、改造殖民地和半殖民地,世界正处于大动荡、大分化、大改组的时代,没有人理睬他很自然。"二战"后,在国际共产主义运动和民族解放运动的冲击下,帝国主义殖民体系彻底瓦解,和平与发展成为时代的主题,人们开始重视社会学,并回想起对社会学颇有建树的韦伯也很自然。我们可以预见,社会学将会出现一个鼎盛时期。

韦伯"走红",应该感谢马克思,否则他仍在"坐冷板凳"。

三、社会学是社会科学中的一门具体学科

通过上面的分析和介绍,我们可以得出以下三点认识。

第一,社会稳定既是社会学的生存和发展环境,也是社会学的基本功能。马克思的历史唯物主义只是为我们观察社会学提供了一个视角,本身不是社会

学。孔德和韦伯是社会学的开创者。

孔德和韦伯都是在资产阶级获得统治地位之后,社会又需要一个相对稳定的发展时期创立的社会学,所以社会学是为巩固资产阶级的统治地位服务的,但这不等于说社会学就没有科学性,就不能为无产阶级服务。判断一种知识体系(理论)科学性的根本标准是解放、保护和发展生产力。

第二,弄清社会科学的"社会"与社会学的"社会"的关系,应当从弄清个体与复合体的关系入手。单独解释"社会",社会既是人们交互的产物也是人们交互的前提。当其"社会"与"学"或者与"科学"组合在一起的时候,出现了新的含义,体现出的不是"社会"这个要素的含义,而是"复合体"的含义。用贝塔朗菲的话说,"组合性特征不能用孤立部分的特征来解释。因此,复合体的特征与其要素相比似乎是'新加的'或'突现的'"。

第三,社会学是研究人们交互过程的矛盾及其化解机制以期达到和谐交互为目标的一门科学。其基本含义是说,社会是人们交互的产物,没有交互就没有社会;有交互就一定有矛盾,没有矛盾是因为没有交互;矛盾可以化解,不一定非要拼个你死我活;矛盾化解了,人们用和谐的方式进行交互。

用毛泽东的话来表述,社会学也可以这么说,社会学是关于正确处理人民内部矛盾的一门科学。社会学的内涵,交互矛盾、化解机制、和谐交互,三位一体,缺一不可。

第二节　社会学的研究内容和研究方法

任何一门科学的研究内容都是研究对象存在和发展变化过程在研究者观念上的反映,而研究方法则是研究者力图正确、全面反映研究对象本质及其运动过程所选择的各种路径。所以,明确了社会学的研究对象,社会学的研究内容和研究方法就基本确定了。

社会经济学

一、社会学的研究内容

目前社会学的研究内容,尽管有很多精彩的东西,但其思维方法并没有跳出孔德奠定的"捡破烂"模式。我们以[英]安东尼.吉登斯所著《社会学》(第四版,北京大学出版社,2003年)为例,请看该书的目录:"1、什么是社会学;2、文化与社会;3、变化中的世界;4、社会互动与日常生活;5、性别与性;6、身体社会学:健康、疾病与衰老;7、家庭;8、犯罪与越轨行为;9、种族、族群与移民;10、阶级、社会分层与不平等;11、贫苦、福利与社会排斥;12、现代组织;13、工作与经济生活;14、政府与政治;15、大众传媒与传播;16、教育;17、宗教;18、城市与城市空间;19、人口增长与生态危机;20、社会学研究方法;21、社会学中的理论思维。"我们说这个目录是一个"捡破烂"的口袋,或者说是饮食店的一本"豆腐账",应该说符合实际。

社会学的研究对象是人们交互过程的矛盾及其化解机制,按其层次或发展过程,社会学的研究内容可以归为三个大类。

(一)个体交互矛盾与化解

这里的个体就是指人本身。家庭中,户主与家庭成员之间、夫妻之间、老人与子女之间、兄弟姊妹之间等的矛盾与化解方法;学校中,师生之间、学生之间、校长与老师学生之间等的矛盾与化解方法;企业中,老板与员工之间、管理层与被管理层之间、员工与员工之间等的矛盾与化解方法;医院中,院长与医生之间、医生与医生之间、医生与患者之间等的矛盾与化解方法;军队中,官兵之间、兵与兵之间、官与官之间、兵与民之间等的矛盾与化解方法;机关中,部门首长与职员之间、职员与职员之间等的矛盾与化解方法;科研单位,研究人员与研究人员之间、学科带头人与一般研究人员之间、管理人员与研究人员之间等的矛盾与化解方法;等等。

表面看来,所有这些个体之间似乎没有什么内在的因果关系,但是,只要我们深入实际,认真调查研究,客观地而不是主观地、全面地而不是片面地、发展地而不是静止地反映了这些个体之间的矛盾与化解方法,通过比较分析并进行科学的归纳和综合,就一定会发现这些矛盾的共同特征,以及化解矛盾所遵循的一般原则。这些"共同特征"和"一般原则"既应该作为我们认识矛盾和化解矛盾的指导思想,同时还应该在我们重新认识矛盾和化解矛盾的过程中接受检验。

个体交互矛盾与化解应该更多地借助心理学,韦伯对社会学的贡献就在这个范围。

(二)群体交互矛盾与化解

群体交互矛盾即有相关关系的系统在交互过程中的矛盾。邻居之间的矛盾,企业与企业之间的矛盾,医院与医院之间的矛盾,学校与学校之间的矛盾等,这属性质相同的群体(系统)之间的矛盾;经济系统(家庭和企业)与社会其他系统诸如教育、体育、卫生、国防等的矛盾,卫生系统与社会其他系统的矛盾,教育系统与社会其他系统的矛盾,国防系统与社会其他系统的矛盾等,这属性质不同的群体(系统)之间的矛盾;生产力与生产关系之间的矛盾,经济基础与上层建筑之间的矛盾等,这属于不同群体(系统)在社会经济结构中的矛盾

社会学讨论群体交互矛盾与化解机制,阶级矛盾是否应当纳入社会学的研究范畴?阶级矛盾是社会学的前置条件,不是社会学本身的研究内容。这个"前置条件"有两方面的含义,其一,在前面的"韦伯现象"中已经阐明,在阶级矛盾、阶级斗争十分尖锐的社会环境里,社会不需要社会学;其二,在和平环境里,社会学有了生存和发展的机会,阶级矛盾对社会学的要求是研究者站在那一边的问题。比方说,站在剥削阶级或少数统治者的立场上,社会学的化解矛盾往往会与掩盖真相、忍气吞声、转移视线等有意无意地联系在一起;如果站在劳动者或广大社会下层群众的立场上,社会学的化解矛盾其必然要求是公平、公开和公正。我们不主张把阶级矛盾纳入社会学的研究内容,不是说阶级矛盾不重要,而是阶级矛盾太重要了,社会学容纳不了。

群体交互矛盾与化解机制和个体交互矛盾与化解机制不一样。个体交互矛盾是系统内部的矛盾,群体交互矛盾是系统外部的矛盾,这也就是人们通常意义的社会矛盾。群体交互矛盾与个体交互矛盾相比较,复杂性强多了,影响面大多了,所以,其化解机制也就不那么单纯了。比方,经济发展对环境的负面影响,对生态的破坏;银行系统奉行的"嫌贫爱富"经营理念;学校教育和医疗卫生对穷人或社会下层民众的歧视;政府的该管的不管、不该管的却牢牢抓在手中不放的行为错位等等。单纯一个心理因素解释不了,单纯一个物质利益也解

释不了,这些问题涉及到在社会经济结构中,如何对系统功能科学定位,以及如何设计出与之又能耦合的运行机制。

因此,群体交互矛盾与化解机制应更多地借鉴生物有机体论,孔德奠定的社会有机体论可以作为我们认识和把握群体交互矛盾与化解机制的指导思想。

(三)程序交互矛盾与化解

程序的字面解释是事情进行的先后次序,其延伸意义是指存在历史悠久、内部结构稳定、行为轨迹"测得准"的事物。程序交互矛盾具体是指民族与民族之间的矛盾,国家与国家之间的矛盾,农业文明与工业文明、工业文明与信息文明之间的矛盾等。程序交互矛盾与化解机制同前面两种矛盾与化解机制相比较,最突出的特点有三点:

第一,程序交互矛盾文化沉淀十分突出。这里的文化不单指与物质相对应的观念形态的东西,而是泛指生活习惯、社会制度、宗教信仰等一系列行为准则和思维方式。程序交互矛盾文化沉淀十分突出,就是说这种矛盾或者说这种差异既不是单因素决定的,更不是一朝一夕形成的。比方说,民族与民族之间,无论是生活习惯、思维方式,还是宗教信仰都会有矛盾,而这种矛盾的形成一般都有几百年的历史,甚至上千年的历史;国家与国家之间,除了上述矛盾特点之外,还有意识形态、生产方式和基本制度等之间的矛盾。

第二,矛盾化解没有传统意义上的权威。系统内部个体之间的矛盾,化解机制无论怎么变化,必定也必须有一个权威。家庭有一户之主,学校有一校之长,企业、军队等内部就更需要一个权威了。系统与系统之间的矛盾即群体交互矛盾,化解机制也有权威。至于是采取信息沟通、司法调解、行政干预、政府规划、法院判决等,只是矛盾化解方式不同,都需要一个权威。程序交互矛盾的化解机制没有权威,也不能有权威。比方说,农业文明与工业文明、工业文明与信息文明之间的矛盾,化解机制有什么权威?民族与民族之间的矛盾,化解机制有什么权威?国家与国家之间的矛盾,化解机制有什么权威?

有人会说,民族与民族之间的矛盾,化解机制不是还有国家这个权威吗?错。国家机器是阶级矛盾的产物,民族与民族之间的矛盾不属于阶级矛盾,所以国家不能直接干预民族与民族之间的矛盾。这就是现代多民族国家内部存在民族区域自治现象的由来。如此说来,西藏的达赖集团、新疆"东突"和台湾陈水扁之流搞"独立"不就正确了吗？当然不是。他们搞分裂,伤害的是整个中华民族,是阶级斗争学说研究的范畴,社会学回答不了这样的问题。

　　有人又会说,国家与国家之间的矛盾,化解机制不是还有联合国这个权威吗？错。当然,联合国应当有权威,但不是传统意义的权威。如果联合国的权威还是传统意义上的权威,联合国必然成为少数或个别超级大国推行霸权主义的工具。从根本意义上说来,联合国是一个协商机构或协调机构,只是为化解国家与国家之间的矛盾,实现和谐世界提供了一个沟通的平台。就说"欧盟"吧,"欧盟"的权威还是约束在协商一致的原则基础之上的,如果"欧盟"有了军队、法院、监狱等需要服从的权威,"欧盟"的性质和功能就是在向国家转化了,所谓"欧盟"就是"小国变大国"而已。有的社会学家提出的建立一个治理全球的世界性的权威机构,有这个可能,但那一定是在国家消亡之后,现在不可能。

　　民族与民族之间的矛盾,国家与国家之间的矛盾,化解机制只能是和平共处,求同存异,不能有什么权威,至于农业文明与工业文明、工业文明与信息文明之间的矛盾,化解机制有没有权威,这个问题不用讨论了。

　　第三,内容和方法都是全新的研究课题。我们说程序交互矛盾与化解机制其内容和方法都是全新的研究课题,不是说社会学在过去完全没有涉及到这些东西,而是说社会学面对全球化问题,仍然把自己看成是一个"捡破烂"的口袋,区别似乎只在口袋大了一点。比方说,传统社会学要研究犯罪问题和健康问题,现在就增加一个跨国贩毒和艾滋病国际传染;再比方,传统社会学要研究移民问题,现在就增加一个全球移民;还比方,传统社会学解决矛盾的方法有科层制这样的权威机构,现在就寄托于联合国;如此等等。

二、社会学的研究方法

　　按照上述所分析的内容,毫无疑问,社会学研究领域是相当广泛的。在这种情况下,社会学与生物学、人类学、民族学、心理学、经济学的关系就尤其密切了。应当说,这些学科的研究方法和研究成果,社会学都可以借鉴,都可以学,但是,社会学最根本的研究方法还是社会调查。毛泽东说过,没有调查就没有发言权。此话对社会学是至理名言。实际情况也是这样。社会学研究走在前沿的美国,从20世纪20年代开始,社会调查就确定为社会学的最基本的研究方法，如今已经到了没有调查就无从谈论社会学的地步了。

至于社会调查如何综合运用抽样调查法、统计调查法、社会测定法和社会实验法等，这里无法展开讨论。只着重讨论，与其他学科相比，社会调查对社会学为什么显得那么突出、那么重要？社会调查对社会学的极端重要性是由社会学的使命决定了的。社会学的使命不仅仅是揭示人们在交互过程中的矛盾，还要研究人们是如何化解矛盾的。其他许多社会科学也有解决矛盾的使命，比方管理学、经济学等，但这些学科涉及到的问题比较单一，矛盾相对稳定，可预见度大，解决矛盾的方法就没有那么复杂和多变，所以社会调查对学科建设来说，就不是处于生死攸关的地位。社会学不一样，研究内容几乎是所有社会现象都涉及，化解矛盾的方法，在空间上是千奇百怪，在时间上是千变万化，如果不把社会调查放在第一位，真的就无从谈论社会学了。

第三节　社会学学科建设的几个现实问题

和平与发展是当今世界的主流。中国政府对内提出了构建社会主义和谐社会的战略任务，对外则提出了建立和谐世界的新理念。社会学是研究人们交互过程的矛盾及其化解机制以期达到和谐交互为目标的一门科学。所以社会学学科建设在抓住这个难得的历史机遇的时候，同时也需要认真思考以下几个现实问题。

一、警惕"社会学帝国主义"思潮的侵害

[英]安东尼·吉登斯所著《社会学》是这样给社会学定位的："本书的基调是将社会学视为在现代思想文化中扮演着核心的角色以及在社会科学中占据着中心位置的学科。"1987年，美国芝加哥大学著名的社会学教授詹姆斯·S.科尔曼谈到经济学与社会学的关系时说："我认为经济学实际上从根本上显示出了研究领域的狭窄与盲目，未来可能是经济学成为社会学的一个分支。"本文把社会学内部这种不顾学理常识、"名令智昏"的幼稚主张定义为"社会学帝国主

义"思潮。

老百姓中间有句警言,"好了疮疤忘了痛"。这话对大师们也适用。黑格尔试图建立一门包罗万象的科学,孔德则想建立一个包括整个社会的社会学,结果都破产了。现在的一些社会学家不捡"破烂"了,干脆在"破烂"上面贴上社会学的标签,以为这就是在新的历史条件下,继承、丰富和发展了社会学。这是典型的"学术泡沫"。

人们或许想问,难道人类就没有办法创造出一门包罗万象的科学,或者创造出一门"核心角色"、"中心位置"的科学?这是一个常识问题。世界是无限的,人的生命和能力是有限的;所谓科学就是人的主观认识对客观世界的正确反映;有限的主观面对无限的客观,只能就某个时段或某个侧面进行反映;如果真正出现了并得到社会认同的这种所谓科学,只证明了人类还处于蒙昧时代。艺术家们信奉的格言是,"越是民族的才越具有是世界意义",对于学科建设也是这样。研究对象越具体,特殊性越突出,个性越鲜明,才越具有普遍性,其社会意义才越重大。

二、社会学学科建设需要中国化

社会学学科建设需要中国化意味着什么?

1、社会学学科建设中国化需要"瘦身"、"减肥"

所谓社会学学科建设中国化需要"瘦身"、"减肥",就是不要把凡是社会问题都纳入社会学的研究范畴,这个问题与"社会学帝国主义"思潮相关。比如,战争、政治斗争、贩毒、犯罪、健康等虽然是社会问题,但解决的办法不属于矛盾化解机制的研究范畴,就应当忍痛割爱。

2、社会学学科建设中国化需要挖掘和为贵思想

社会学作为一门知识体系不是中国人创立的,但不等于说中国没有系统而又完整的化解社会矛盾的科学方法。实难想象,没有科学的化解社会矛盾的方法,中华民族会有几千年的悠久文明历史?当然,化解社会矛盾的方法中,有封建主义的糟粕,比如"三纲五常"那一套东西;同时也有符合人的天性、有利于人类生存和繁衍的真理,比如"家和万事兴"、"远亲不如近邻"、"满汉一家"等一整套和为贵思想。

3、社会学学科建设中国化需要增添和平崛起内容

信息时代所带来的经济全球化,不仅仅是不同制度、不同国家之间的交互越来越频繁,而且对个体和群体之间的交互影响也十分广泛。比方,不同国籍、不同制度、不同文化背景的个人和企业、文化团体之间的交互,是社会学学科建设面临的新课题。这些问题无论多么复杂和多变,都必须坚持以邻为善、以邻为伴的和平崛起思想,为实现和谐世界这个总目标服务。

三、为和谐社会、和谐世界提供理论支撑

为和谐社会、和谐世界提供理论支撑,需要处理好以下三个问题。

(一)正确认识和处理政策和理论的关系

中国是一个封建传统比较深厚的国家,往往把理论研究为政策服务等同于理论是政策的御用工具,所以理论研究就失去了独立性和个性。理论为政策服务,或者说理论研究为政策提供理论支撑,这本身没有什么问题,关键一点是需要明确,政策和理论都属于精神的东西,都要经受实践的检验。所以,理论为政策服务,不是理论对政策进行无原则的吹捧,更不是颠倒黑白地投其所好,而是从理论与实践相结合的角度,对政策评头品足,说长道短,提升人们全面认识和把握政策的能力和水平。

(二)揭示和谐社会、和谐世界历史趋势

和平、发展、合作成为时代潮流,国内构建和谐社会制度,国际倡导和谐世界理念,应是题中之义。社会学在揭示和谐社会、和谐世界的历史发展趋势的时候,不能否定共产党的"斗争哲学",不能排斥马克思主义的指导意义。哪里有压迫、哪里有剥削,哪里就有反抗,这是天经地义的事情。和谐社会与和谐世界不能建立在被压迫者和被剥削者的逆来顺受、忍气吞声的基础之上。从这个意义上说,没有共产党的"斗争哲学",没有马克思主义,就没有和平与发展时代的到来,也就无从谈论什么和谐社会、和谐世界了。

(三)和谐与矛盾化解机制的阶段性特征

真理总是具体的。任何真理都受时间的限制,我们这里特别强调和谐与矛盾化解机制的阶段性特征,是针对我国当前构建社会主义和谐社会的具体任务而言的。当前我国社会矛盾比较突出的是城乡、区域、经济社会发展很不平衡,

就业、社会保障、收入分配、教育、医疗、住房、安全生产、社会治安等方面关系群众切身利益的问题比较突出,一些领域的腐败现象仍然比较严重等,所以,矛盾化解机制的侧重点是国民收入再分配的调整。这是完全必要的。

但是,我们必须看到,和谐主要地是一个心理认同的问题,与物资财富是否丰裕没有必然的联系。革命战争年代,以"国统区"和"解放区"为例:谁个富裕?"国统区";谁个和谐?"解放区"。看看许多家庭:没有钱时相处和睦,有了钱反而势不两立。当今世界,美国和北欧比较,谁个最富?美国;谁个社会问题较少?北欧。这就是人们常常把公平与效率、公正与财富对立起来的原因,似乎两者不能兼得。问题的实质不是这样。关键是看社会调节"心理认同"的时段把握。

不同时段"心理认同"内容不一样。起点的"心理认同"是机会公平,过程的"心理认同"是事情公开,结果的"心理认同"是分配公正。如果不是这样,民众应该有的机会被社会剥夺,民众应该了解的情况社会不让知道,民众应该得到的东西社会不给予,社会就失去"心理认同"的基础,"拿起筷子吃肉、放下筷子骂娘"的现象就越来越普遍,社会和谐也就无从谈起了。

第三章 社会经济学的对象

社会经济学是研究市场竞争中的弱势群体,及其转化机制的一门学问。所谓市场竞争中的弱势群体,就是在生产和交换过程中处于不利地位的市场活动主体。因此,确认社会经济学的研究对象必须从分析社会经济发展过程和社会经济运行机制两方面入手。

第一节 市场竞争中的弱势群体与社会发展的关系

1776年是个标志年。瓦特发明的催生工业革命的蒸汽机于1776年投入生产,亚当·斯密撰写的为资产阶级革命呐喊助威的《国民财富的性质和原因的研究》于1776年问世,1776年是农业社会和工业社会的界碑。工业社会与信息社会的界限就没有那么明显了,如果以"三论"(信息论、控制论、系统论)为信息社会来临的标志,那么20世纪40年代可以看作是工业社会与信息社会的界碑。反观国民财富研究史是如何反映和揭示市场竞争中的弱势群体在整个社会进化中的生存和发展状态的,我们就能在一定程度上知道社会经济学在当代的使命了。

一、农业社会中的市场竞争中的弱势群体与"国民财富的性质和原因的研究"

农业社会,农耕、养殖是国民财富的主要来源,除此之外,还有冶炼、制造、纺织、印染、航运、商贸等。国民财富的生产工具以手工操作为主,生产能力十分有限。土地是农业社会最基本的生产资料,"普天之下,莫非王土,率土之滨,莫非王臣",国民财富就属于皇室、王公贵族及其社会基础地主阶级,东、西方社会莫不如此。国民财富是谁创造的,应当属于谁,需要科学做出正面肯定的答复,于是政治经济学诞生了。

亚当·斯密是国民财富研究的开创者、奠基人。其实,亚当·斯密的答案十分简单、明了,只是由于资产阶级及其代言人,为了掩盖无偿占有工人阶级剩余劳动的真相,故意把问题搞复杂化了。《国民财富的性质和原因的研究》书名就告诉我们,所谓"性质研究"就是说这个东西是从哪里来的,属于谁,而"原因研究"就是阐明道理,为什么这么说;理论逻辑和实践逻辑都证明"国民财富"是劳动创造的,这样的知识体系就是劳动价值理论。

劳动价值理论代表了市场竞争中的弱势群体的利益、愿望和要求,政治经济学和社会经济学很难分开,工人和资本家虽然有矛盾,但共同点是主要方面。当时的资本家(资产阶级)实际就是中小企业主,一方面他们无偿占有工人的剩余劳动是剥削者,另外一方面他们又是工业战线的司令官,从事的是社会化生产必须的特别重要的管理劳动,他们也受封建制度的压迫和剥削,所以那时候的资本家(资产阶级)不反对劳动价值理论。

二、工业社会中的市场竞争中的弱势群体与"国民财富的增长和办法的研究"

资产阶级"在它的不到一百年的阶级统治中所创造的生产力,比过去一切世代创造的全部生产力还要多,还要大",开创了工业社会一个时代的文明。

第一,人的体力获得解放空前。工业革命用火力、水力、风力、电力、核力等代替人的体力,使人类同自然的关系发生了根本性的变化。农业社会,人类只能听天由命或靠天吃饭;工业社会,生产力就定义为人类征服自然、改造自然的能力了。

第二,生产规模空前。大企业、跨国公司成为工业社会的代名词或象征,现在,能否进入"世界500强",不仅代表着一个企业的实力,也代表着一个国家的实力。排名第一、第二的美国沃尔玛和埃克森美孚,2007年营业收入分别是3.511多亿美元和3.472多亿美元,于是学术领域就多了一个规模经济或规模效应新范畴。

第三,社会化程度空前。马克思说过,社会是人类交互的产物。所谓社会化就是交互关系的复杂化,交互关系复杂化表现在三个方面,一是参与交互的要素众多;二是交互的范围无限扩张;三是交互的时间瞬息万变。经济全球化是社会化发展的必然趋势,也是社会化的集中表现。

资产阶级取得国家政权之后,集中精力发展经济,其代言人和辩护士开展"国民财富的增长和办法的研究",进而创立了效用价值理论,这本身也无可厚非,问题在于,为了掩盖剥削,否认社会矛盾,无视两极分化,就十分的不可取了。面对市场竞争中的弱势群体被"边缘化"的不公道地位和悲惨生活,西斯蒙第站在市场竞争中的弱势群体的立场上,向当时处于主流地位的庸俗经济学即后来的西方经济学提出了挑战,于1819年写出了《政治经济学新原理或论财富同人口的关系》一书,社会经济学问世。马克思基于大生产必然代替小生产的判断,认为在市场竞争中的弱势群体中,只有工人最革命、最先进,代表着未来,创立了无产阶级解放学说,剩余价值理论则是无产阶级解放学说的基础理论。

三、信息社会中的市场竞争中的弱势群体与"国民财富的代价和选择的研究"

信息社会的各种关系既不像农业社会那样简单,也不像工业社会那样复杂,其特征需要从多个角度去认识和把握。

(一)各种生产方式呈现出共存共荣的多姿多彩格局

信息革命是在工业革命解放人的体力的基础之上,进一步解放人的脑力,目的是提升人类的观察能力、协调能力、控制能力和适应能力,因此,大生产有进一步发展的空间,小生产有生存和发展的理由,集中化和分散化互不排斥,互不干扰,通过各种方式的交流,实现优势互补,在这种历史条件下,尽管社会化程度仍然很高,人的交互却相对变得简单、明了,因为信息把交互关系变得透明了。

(二)共享发展成果与共担社会风险的价值观念取向

信息社会共享发展成果与共担社会风险的价值观念取向是人类付出沉重代价后的被迫选择。

首先,重新认识和确立起人与自然的关系。人类敬畏自然、依赖自然不可取,人类征服自然、改造自然更不可取。经过自然力的惩罚和报复,人类终于明白,人是自然的一部分,应该与自然和谐相处,要创造性地适应自然,于是便有了可持续发展战略及可持续发展理论。可持续发展的本质就是当事人要同子孙共享发展成果与共担社会风险。

其次,重新认识和确立起个体与社会的关系。亚当·斯密确曾说过,生产者主观为自己,客观为社会,作者当时提出这样的观点有着鲜明的反对封建主义上层建筑干预新的资本主义经济基础的目的,资产阶级取得国家政权之后,把亚当·斯密的观点教条化,作为他们巧取豪夺的借口,一些生产者坑、蒙、拐、骗、制毒不用说了,就是正常生产所产生的"三废"污染已严重威胁着人类的生存,于是负外部性理论应运而生。负外部性理论就是阐明生产者(个体)要与社会共享发展成果与共担社会风险的研究成果。

最后,重新认识和确立起富人与穷人的关系。富人与穷人之间是一个与人类历史一样悠远的扯不断、理还乱的复杂关系,目前在中国流传下来的又比较流行的看法有三种:一是认为中国穷了几千年,是因为穷人不安分守己,剥夺、侵犯了富人;二是认为一部分人贫穷、一部分人富裕是历史发展的根本动力,所以中国人贫困、潦倒,被迫接受低于道德底线的血汗工资制度,不仅仅是企业的竞争优势,还是国家的竞争优势;三是认为"为富不仁"是亘古不变的箴言,穷人要想过上好日子,必须打倒富人。所谓重新认识和确立起富人与穷人的关系也主要表现在三个方面:一是源于马克思主义日益深入人心和国际共产主义运动的冲击,富人们开始认识到,对穷人敲骨吸髓地剥削,穷凶极恶地掠夺,并不见得就是好办法,有饭大家吃,有钱大家赚,给别人一定生存和发展的空间,自己活得或许还要好些,是曰"双赢";二是世界无产阶级解放运动的多次失败和挫折使穷人及其代言人认识到,把富人和穷人绝对地对立起来并不科学,劳动致富的富人不但应受到社会的尊重和保护,就是因占有劳动条件致富的富人也要具体问题具体分析,不能够一竿子全打倒;三是社会民主进步势力日益强大和信息沟通方便快捷使各国政府越来越公正、独立,富人与穷人矛盾调解人的身份越来越鲜明。

(三)压力竞争与协同奋进并重的社会经济运行机制

任何事物都是矛盾对立统一体,与周围环境的关系,既有排他性(斗争性)的一面,又有相互依存性(同一性)的一面,排他性的一面产生压力,依存性的一面形成凝聚力,因此,竞争机制和协同机制是社会健康、有序发展的不可或缺的运行机制。中国计划经济年代,意识形态只讲斗争性不讲同一性,只讲排他性不讲依存性,经济领域又只讲同一性不讲斗争性,只讲依存性不讲排他性,弄得人与人之间的关系越来越紧张,经济则越来越落后,国民经济到了崩溃的边缘,改革开放拨乱反正,意识形态允许多元化,经济领域引入了市场经济的竞争机制,取得了举世瞩目的辉煌成就,突出的问题是把市场经济的竞争机制极端化和泛化,给社会经济发展埋下了隐患。

市场机制泛化就是把规范市场活动主体行为的各种政策法规用去规范非物质生产领域活动主体的行为,市场机制极端化就是只强调市场经济的压力竞争机制,而不讲市场经济的协同奋进机制,这样,社会就不是向着共同富裕的目标前进,而是向着两极分化的畸形方向发展。2004年,中国共产党第四代领导集体提出以人为本的科学发展观和构建社会主义和谐社会奋斗目标,明确规范了社会各个系统的职能,不仅把市场机制锁定在经济领域,而且通过为农民工讨要工资、建立最低工资制度、建设社会主义新农村等一系列具体政策,彰显了市场机制协同奋进的另一面。

全面考察信息时代的社会经济发展使我们认识到,发展社会生产力需要大企业,但不需要以牺牲农民及中小企业的利益为代价;满足当代人的利益不需要牺牲子孙的利益为代价;发展经济不需要牺牲社会其他系统的利益为代价;部分人先富裕起来不需要牺牲多数人的利益为代价;这就是说,信息时代给我们提供了价值取向重新选择的条件,并形成了配套的社会经济运行机制,因此,物质生产和交换过程的研究重点,既不是开展"国民财富的性质和原因的研究",也不是开展"国民财富的增长和办法的研究",而是开展"国民财富的代价和选择的研究"。"代价"就是研究"谁买单"这样的问题,"选择"就是讨论用"什么方法"才合理。最终确认,国民财富属于人且为人所享受,而不是人剥削人的工具。

第二节 弱势群体处境转化与社会转化机制的选择

第一节的分析阐明,市场竞争中的弱势群体是社会价值取向重新定位的直接受益者。这个群体既代表着现在也代表着将来,研究市场竞争中的弱势群体生存和发展状态及其转化机制是社会发展的需要,是时代赋予我们的光荣使命。现代主流经济学既不研究市场竞争中的弱势群体生存和发展状态,也不研究其转化机制。他们主张优胜劣汰,主张强者征服弱者,改造弱者;社会学是研究矛盾及其化解机制的一门学科,可是,在社会学的思想体系里,市场竞争中的弱势群体与社会保障所要关注的困难群体通称弱势群体,而弱势群体与困难群体并不是一回事情。弱势群体是社会经济学的对象,困难群体是福利经济学的对象。通过对弱势群体和困难群体处境转化的比较分析,不但能进一步明确社会经济学的使命,还能弄清社会经济学与福利经济学的区别和联系,有利于学科的建设。

一、弱势群体与困难群体的区别和联系

弱势群体与困难群体的区别和联系主要表现在:第一,弱势群体具体是指农民、工人、个体工商户和中小企业主,偏重于对象的机会缺失,困难群体具体是指老、弱、病、残以及妇女和儿童,偏重于对象的生理特点或生活状态;第二,

前者一般都有劳动能力,一部分人还有科技能力和管理能力,其中不乏创造性人才,需要的是公平、合理的机会,后者一般都缺乏生存和发展的能力,需要的是社会的救济和关爱;第三,当市场竞争中的弱势群体破产、失业了,就降落为社会保障所要关注的困难群体。所以研究前者目的是为了发现和创建新的经济运行机制,避免前者降落为后者的可能性;研究后者目的是为了完善社会分配救助办法,维护人的生存权。从语义学上也能看出弱势群体和困难群体的区别来,所谓"强势"或"弱势"是描述敌对双方或竞技双方力量变化过程的一种态势,"困难"是超过生活常态所遇的问题或麻烦,两者不能混淆。

二、混淆弱势群体和困难群体界限的困惑

诚然,弱势群体和困难群体的界限并不像我们想象的那样一目了然,更何况弱势群体一旦"败下阵来",就立刻就转化为困难群体了。但是,不区别不行,没有区别就没有政策,不能区别理论就没有逻辑起点。混淆弱势群体和困难群体的界限带给理论上和政策上的最大困惑是关于效率与公平关系的众说纷纭与莫衷一是。

目前的认识和政策处理主要有以下三种:

第一种,现代主流经济学认为,高度发达的生产力是任何社会向前发展的物质基础,效率应当始终如一地放在首位,公平只能兼顾,他们的经典语言是"经济学不讲道德"。

第二种,社会学家们认为,社会财富是供人类享用的,如果绝大多数人不能从发展生产力中获益,那么提高效率就毫无意义,所以他们主张应该把公平放在首位。

第三种,政治家们的操作策略:在社会物质财富匮乏的条件下,他们执行"效率优先 兼顾公平"的政策;可是,"效率优先"政策在实践过程中,两极分化日趋明显,社会矛盾日益尖锐,需要救济的困难群体越来越庞大的时候,政治家们又被迫把公平放在首位,执行"公平优先 兼顾效率"的政策。社会在动荡不安中前行。

我们把弱势群体和困难群体区分开来,对效率与公平关系的认识就不一样了。从困难群体的角度看问题,国民收入中用于消费和社会福利的支出占多大

比例才合适,效率与公平确实存在一个平衡问题,实际操作中出现这个"优先"那个"兼顾"也是情理之中的事情;从弱势群体的角度看问题,效率与公平不是此消彼长的负相关关系,而是相互促进的正相关关系。简言之,困难群体关注的是"蛋糕"切割问题,而弱势群体关注的问题是如何把"蛋糕"做得更大、更香、更甜,不再含有肮脏的血腥味,即"蛋糕"的代价问题。

三、两种社会转化机制的选择

如果从如何化解矛盾、做好转化工作,以实现社会在稳定、和谐中发展的目标,社会学的方法具有普遍的借鉴意义;但是,既然困难群体和弱势群体面临的社会问题不一样,要求和愿望也不一样,所以转化机制只能根据各门学科所确定的目标,具体问题具体分析,灵活运用了。

(一)困难群体转化机制的选择

困难群体是因为受自然、历史、社会的影响或者自身的原因,正常生活遇到了麻烦或问题,需要社会关爱和救济的公民,这种关爱和救济无论是事前、事中还是事后,都属于国民收入再分配的研究领域,以下就是困难群体转化机制包括的主要内容。

1、分寸适当的财政转移支付制度

财政转移支付制度通俗说就是抽肥补瘦,中国已经建立起了正式的财政转移支付制度,我们这里特别强调分寸适当,是因为"抽"多少又"补"多少才合适,这的确是一个很难把握的尺度。财政转移支付不仅涉及方方面面的切身利益,工作难度很大,而且需要在动态中去把握尺度,就难免主观认识跟不上客观变化的实际。

2、覆盖所有公民的社会保障制度

百姓安居乐业,个人消灾去病,这是社会保障制度的基本内容。计划经济年代我们曾把社会保障制度当作社会主义制度的优越性进行宣传,由于路线和方向性的错误,这个"优越性"的实用范围虽然把农村排斥在外,多数城市居民得到的其实也只是一张空头支票。改革开放引进了市场机制,社会保障制度翻开了新的一页,社会舆论和实际政策都已开始把农民纳入社会保障制度的范围了,现在存在的问题是保留计划经济的制度架构,运用市场经济的操作办法,社会保障制度的实施过程结果常常成为少数有权有势利益集团谋取特权的工具,所以要使社会保障制度真正起到社会稳定器的作用,还必须从深化改革入手。

3、提供系统健康完备的公共产品

提供系统、健康、完备的公共产品是政府基本职责所在,困难群体能否平等地享受到公共产品的服务是一个社会进步文明的标志,但在具体操作中需要处理好以下几个关键问题:

第一,享受公共产品服务与"搭便车"问题不能混为一谈。公共产品服务诸如国防保卫、道路行走、普及教育、休闲娱乐、安定环境、适时信息等,都应当由政府无条件向社会提供,西方学者把在物质生产和交换过程中可能存在着的"搭便车"问题硬搬到公共领域,本质是为精英特权辩护,很不可取。

第二,公共产品服务效率问题不能成为政府职能部门谋取私利的借口。公共产品服务效率需要提高,从事公共产品服务的个人有自身的物质利益,这些都没有什么疑问,但还是不能成为政府职能部门谋取私利的借口,因为公共职能部门的效率和个人物质利益是个组织、管理、控制问题,利润最大化是物质生产领域的问题。

第三,提供公共产品服务需要时刻警惕意识形态的庸俗化倾向。意识形态是掌权人物强化的某种观念。政府在提供公共产品服务的过程中,向公民倡导积极向上的某种信念和价值观念,是完全应该做的事情,但是,如果借机为自身评功摆好、树碑立传,要求服务对象感恩戴德,这种意识形态就太可鄙了。

(二)弱势群体转化机制的选择

市场竞争中的弱势群体是在生产和交换过程中处于不利地位的市场活动主体,其转化机制不属于国民收入再分配的研究领域,而是经济社会运行机制的补充、完善和再造。

从行为主体的活动过程看,弱势群体转化机制的选择内容可以概括为,起点机会均等,过程操作公开,结果分配公正;从行为主体的活动范围看,弱势群体在生产和交换领域的转化机制,选择内容大致可以归纳为,彼此适应、相互提高代替征服与反征服、改造与反改造,"优盛劣泰"和共存共荣代替"优胜劣汰"和两极分化,竞争机制与协同机制并重代替竞争机制泛化和竞争机制极端化;从行为主体的活动方式看,公共政策领域的弱势群体转化机制,涉及到的选择内容一般会有,利益主体是一元化还是多元化,市场活动主体的地位即市场份额的取得是靠强权还是靠公平竞争,经济发展目标是倡导做大做强还是倡导做好做优做强,公共权力机构是既做游戏的运动员又做游戏规则的裁判,还是只做游戏规则的裁判不做游戏的运动员;等等。

弱势群体转化机制的选择是本书的主题,会从不同角度进行具体探讨。这里集中理出各种题目只在强调一点,选择的弱势群体转化机制,既然叫机制就应该是一套能转化市场竞争中的弱势群体的新的制度、新的政策和新的游戏规则,而不仅仅是人们饭后茶余的谈资。

第三节 社会经济学的确认依据与学科属性

社会经济学是研究市场竞争中的弱势群体及其转化机制的一门学问。所谓市场竞争中的弱势群体就是在生产和交换过程中处于不利地位的市场活动主体,具体是指农民、工人、个体工商户和中小企业主。这样定位的依据是什么?社会经济学属于什么学科?这是重建社会经济学不能回避的基本理论问题。

一、社会经济学的确认依据

(一)历史思想材料的延续

任何新的学说必须首先从已有的思想材料出发,重建社会经济学也不例外。我们通过学术检索和学术追踪,确认西斯蒙第是社会经济学的创始人,他1819年出版的《政治经济学新原理或论财富同人口的关系》是社会经济学的奠基著作,可诞生之日起就不为社会主流观点所认同。社会经济学的尴尬现实是社会各种力量综合作用的结果,但从学科建设的角度看问题,主要还是自身的原因。

第一,古典社会经济学不应该把研究对象限制在财富的再分配领域。西斯蒙第承认亚当·斯密学说的基础,"劳动是财富的唯一源泉",他始终如一地维护劳动人民的利益,主张"财富正是属于人而且为人所享受的",他为社会经济学奠定了坚实的前提和基础。可是,他把劳动人民在市场竞争中的不利地位和社会不公平待遇看成是社会再分配或社会福利问题,他居然说"从政府的事业来看,人们的物质福利是政治经济学的对象",这就为社会经济学向福利经济学方向发展埋下了伏笔。实际上也是这样,从英国经济学家与改良主义者霍布森开始,社会经济学的要求就被淹没在福利经济学的内容里面了。

福利经济学为社会保障制度的建立和完善提供了理论基础,可它追求不合实际的从"摇篮到坟墓"的福利国家制度,不仅政府财政不堪重负,又助长了市场竞争中的弱势群体的依赖思想,不利于他们自尊、自强、自立。所以从20世纪70年代开始,福利经济学又成为众矢之的,淹没在福利经济学的社会经济学的命运就可想而知了。

第二,古典社会经济学总在给别人"纠错",没有做好自己的事情。社会经济学发展史上的两个最重要代表人物西斯蒙第和霍布森都是从经济学阵营中分离出来的,他们的许多批评意见都被经济学吸纳进去了,社会经济学为什么自己就始终站立不起来呢?管理学成长壮大的经验或许值得社会经济学反思。管理学比社会经济学晚出世整整一百年,可现在管理学的发展势头可以同经济学并驾齐驱了。成功的因素固然是多方面的,而对象明确,分析工具先进,恐怕是其基本的原因。法约尔从管理职能即从主管人员的管理活动角度明确了管理学的研究对象,泰罗从管理方法即从技术角度规定了管理手段的研究内容。一百年来,管理理论工作者就一直沿着"管理科学"和"科学管理"开辟的方向,不断地把管理学向科学高峰推进。

可是,社会经济学从诞生之日起,就一个劲地对经济学评头品足,总在"纠错",总想"力挽狂澜",改造经济学。如此一来,既不能正确评价经济学的功过,也失去了自我。社会经济学应当有自己的确定的研究对象和适合自身对象特点的研究方法,再也不能"越位、错位",种别人的田、荒自己的地了。

第三、古典社会经济学用道德说教代替经济分析,只会使人伤感、叹息,看不到希望、前途和力量。讲道德是所有科学的共性。社会经济学讲道德本身没有什么过错,但是,社会经济学把道德伦理作为自己的对象和基本的分析工具,不但侵犯了道德伦理学的边界,而且使自己朝着宗教教义的方向发展。空洞的说教使人生厌,这恐怕怨不得别人。

(二)反映现实社会的需要

恩格斯在《反杜林论》中说:"为了使社会主义变为科学,就必须首先把它置于现实的基础之上。"置于现实的基础之上是社会经济学的传统,正是基于这一点,马克思高度评价说西斯蒙第"在政治经济学上开辟了一个时代"。换言之,即便科学史上没有社会经济学或"小资产阶级社会主义",我们也要创造这样一种知识体系出来。因为农民、工人、个体工商户和中小企业主在生产和交换过程中遇到的问题或不公平待遇,引起了社会各方面的关注,现实为改变这个群体的弱势地位积累了丰富的原始资料,对这些原始资料进行科学抽象和综合研究,已经有一个客观的现实基础;把这个群体共同面临的生存和发展环境,共同的生产和交换活动,共同的要求和愿望,抽象出来进行综合研究,是理论工作者责无旁贷的使命。

到目前为止,社会经济学内部已经形成了两个流派,一个是古典传统"福利导向"的社会经济学,简称"福利学派";一个是诺贝尔经济学奖获得者贝克尔等人在"经济帝国"思想支配下创建的社会经济学,简称"帝国学派"。我们研究方向的定位是"边缘学派"。"边缘学派"与"福利学派"的区别在于,着力点不是社会财富分配不公,而是发现或设计新的社会运行机制,使我们所关注的社会群体有为社会创造更多财富的公平机会;"边缘学派"与"帝国学派"的区别在于,着力点不是分析解剖妨碍人们"清休"、影响富人们安全的各种社会现象,而是要对形成物欲横流、以强凌弱社会的运行机制进行全面反思。"边缘"包含两层意思:一是讲这门学科的对象市场竞争中的弱势群体在历史的进程中被"边缘化"了;二是讲社会经济学的学科属性,既不是传统意义上的科学,也不是传统意义上的技术,而是属于交叉科学中的边缘科学。

二、社会经济学的学科属性

学科分类问题,毛泽东曾有明确的论断:"什么是知识?自从有阶级的社会存在以来,世界上的知识只有两门,一门叫做生产斗争知识,一门叫做阶级斗争知识。自然科学、社会科学,就是这两门知识的结晶,哲学则是关于自然知识和社会知识的概括和总结。此外还有什么知识呢?没有了。"20世纪60年代,毛泽东又修正了他原来的观点,他认为人类的实践活动"除了生产斗争和阶级斗争之外,还有科学实验"。这说明人的认识需要随着社会实践的发展而改变。学术理论界关于学科属性分类的理论观点,影响比较深远的当首推控制论创始人维纳的见解,他说:"许多年来,罗森勃吕特博士和我共同相信,在科学发展上可以得到最大收获的领域是各种已经建立起来的部门之间的被忽视的无人区。"这个"无人区"生长出来的新的学科群就是后来人们所说的交叉科学。

交叉科学中的具体学科一般又分成为三个大类:一是人类把在观察自然、社会和各种实验(试验)的过程中抽象出来的共有现象所形成的知识体系,比如控制论、信息论和系统论等,人们通称横断科学;二是人类面临一些空前重大的复杂问题,需要综合运用各种专门人才协同攻关,在这个过程中所形成的知识体系人们通称综合科学,比如海洋科学、城市科学和空间科学等;三就是本书所要涉及到的边缘科学了。所谓边缘科学一般是指人类对同一现象从两个侧面观察形成了知识体系后又进行综合分析所形成的新的知识体系。比如,物理学和化学是两门独立的知识体系,当我们的观察进入基本粒子世界的微观领域时,物理现象和化学现象再也分不开了,物理化学的产生就成为必然。其他的诸如生物化学、核社会学、犯罪心理学等均是如此。

社会经济学却是科学和技术之间的"边缘"。科学回答的问题是"是什么"和"为什么",技术回答的问题是"做什么"和"怎么做"。"国民财富的性质和原因的研究"("财富性质论")即政治经济学,应归类为科学;"国民财富的增长和办法的研究"("财富增长论")即西方经济学,应归类为技术。社会经济学以市场竞争中的弱势群体及其转化机制为对象,既要运用科学思维方式,又要运用技术思维方式。因为重新认识和界定市场竞争中的弱势群体的地位和作用,遵循的是确定性的科学思维方式,回答的是"是什么"和"为什么"这样的问题;另外,市场竞争中的弱势群体的转化机制,社会需要进行重新设计和安排,遵循的则是不确定性的技术思维方式,回答的是"做什么"和"怎么做"这样的问题。由此看来,交叉科学从对象到方法既有不同于自然科学和社会科学的特征,又有不同于科学和技术的思维方式,需要我们在比较中去鉴别和把握。

1、人类观察世界从笼统到细分再到综合是认识深化的表现

科学细分是伴随工业革命和专业分工而出现的,本身来说是生产力高度发达、社会向前发展的表现,问题在于,人类对事物运动过程的某个侧面或者某个时段的认识常常误以为是事物本身,科学细分的积极作用就走向了问题的反面,需要我们回过头来对事物进行再认识,这是其一;其二,综合分析不是回到过去那种粗放的、笼统的认识上面去,而是运用新的知识对我们面临的新的问题做出新的说明与概括。哲学上的否定之否定规律能表达这个认识过程。

2、人类观察世界的综合分析不是学科知识的简单拼凑相加

交叉科学中无论是横断科学,综合科学,还是边缘科学,知识体系都不是原有学科知识的拼凑或简单相加,它有自己明确的对象,有从自身对象出发而形成的逻辑体系。交叉科学不是餐桌上的大拼盘。比如社会经济学,既不是经济学,也不是社会学,更不是经济学加社会学,是一个全新的对象和全新的知识体系。

3、人类观察世界的综合分析不是研究分析方法的胡乱堆砌

从终极意义上说,任何一门知识体系都是供人类运用的方法,只是由于阶级斗争和意识形态的尖锐对立,方法被僵化和教条化了,导致各种方法之间彼此不能沟通,人反而为方法所驱使。随着解放思想、实事求是思想路线的日益深入人心,学科之间的壁垒打破了,对方法的迷信解除了。现在的困惑是,对新事物、新学科、新方法不感兴趣的理论研究人员,或者把辩证唯物主义或者把实证哲学当守护神去坚持和信奉;对新事物、新学科、新方法感兴趣的理论研究人员,往往又弄不清事物、学科、方法之间的内在联系,所以在他们学科研究方法的表述里,既像杂货铺,又像"破烂王"的垃圾场,各种方法乱七八糟地堆放在一块,面对新生事物研究来研究去,得出的却是旧结论!比如,多种所有制同时并存的结构格局,一种理论观点为了证明老板获取收益的正当合理性,研究出的结论是,按劳分配和按生产要素分配相结合的分配制度是社会主义市场经济的基本制度;另外一种理论观点解释所有制结构格局的原因是因为生产力水平的多层次性决定多种所有制结构同时并存。如果第一种观点成立的话,工人拿工资(按劳分配),老板得利润,资本主义市场经济早就这样做了,我们冠上"社会主义"一词又有什么意义呢?如果第二种观点成立的话,那就是说发展非国有经济是权宜之计,将来还得国家所有制一统天下,说来说去是计划经济的命根子不能丢。

革命战争年代,毛泽东在《关心群众生活,注意工作方法》一文中,把"任务"比喻为"过河",工作方法比喻为"桥"或"船",这个比喻具有普遍性的科学意义。市场竞争中的弱势群体及其转化机制是社会经济学的对象,社会经济学的"任务"是证明市场竞争中的弱势群体既代表着现在也代表着将来,在历史的进程中再也不能"边缘"化了,一切研究方法都是"桥"或"船"。旧的"桥"或"船"能利用则利用,不能利用则必须建造新的"桥"或"船",否则社会经济学的"任务"就无法完成,所以第四章就集中讨论社会经济学的方法。

第四章　社会经济学的方法

《现代汉语词典》对方法的解释是"指关于解决思想、说话、行为等问题的门路、程序等",如工作方法和思想方法。本书所说的方法是解决理论问题的"门路、程序",特指研究方法和分析方法。

第一节　研究方法与分析方法的比较与选择

建立一门学科或补充、完善、发展一门学科,科学、合理的研究方法与分析方法都不可缺少,但是,我们必须了解和认清研究方法和分析方法的区别和联系,在选择时方能运用自如。

一、研究方法的分类与特征

研究方法是理论研究人员认识、改变、适应世界的总的看法,与世界观和哲学是同一个层次的范畴,到目前为止,研究方法大致分成三类:一是唯物主义;二是唯心主义;三是实证哲学。

1、研究方法有着很深的意识形态烙印

中国古代唯物主义与唯心主义的分歧表现为无神论与有神论的对立。那时科学技术不发达,生产力十分落后,反动阶级往往会利用人们无法辨别的神鬼故事维护自己的统治,最集中最典型的表现就是皇帝是"天子","天子"是代表上天到人间履行职责的儿子。所以唯心主义常常成为反动派维护自己利益的工具,而承认现实、承认矛盾的唯物主义则成为一切革命阶级手中的武器。

资产阶级领导的工业革命极大地解放了生产力,以神鬼故事为外壳的唯心主义肯定行不通了,资产阶级的两重属性决定了它在唯物主义和唯心主义之间的两难选择窘境。科学与民主是资产阶级反对封建主义的两面大旗,正视现实、正视矛盾是科学与民主的核心价值所在,同时,正视现实,缓解矛盾,也有利于资产阶级的统治,但是,要资产阶级做一个彻底的唯物主义者,承认他们无偿占有无产阶级的全部剩余劳动的客观事实,这根本是不可能的事情,于是,回避唯物主义和唯心主义的区别,不管是存在是第一性还是思维是第一性的实证哲学诞生了。

2、研究方法是开放的发展的思想体系

我们说研究方法是开放的发展的思想体系,就必须把研究方法同意识形态区分开来。意识形态是掌权人物强化了的某种观念,研究方法是一种观念,研究方法有着很深的意识形态烙印但不等于说研究方法就是意识形态。儒学是一种观念,历代封建统治者把儒学抬到了至高无上的吓人高度,封孔子为"大成至圣先师文宣王",所以中国民主革命的启蒙运动就是"打倒孔家店"。现在我们又倡导研究、学习孔子儒学,承继孔子儒学传统,这说明某种方法与运用方法的人或社会集团不能等同起来。

研究方法是开放的发展的思想体系,这个判断,既包括唯物主义,也包括唯心主义和实证哲学。熟悉马克思主义的学者很多人只相信辩证唯物主义,排斥唯心主义和实证哲学,"海归派"或"新生代"又只相信实证哲学,辩证唯物主义似乎又不值一提,应该说这都是一种片面性。中国特殊历史条件下,理论研究则应注意排斥唯心主义和实证哲学的片面性。列宁就曾经指出过,历史上是唯心主义把认识论向前推进了而不是唯物主义。我们自己也有这种经历和教训。在"文化大革命"中,辩证唯物主义和历史唯物主义喊得最响,举得最高,然而却是我们思想认识最混乱的时期,也是辩证唯物主义和历史唯物主义受伤害最深的时期,所以任何研究方法都不能取唯我独尊的态度。

3、研究方法不能穷尽客观世界的局限性

研究方法不能穷尽客观世界的局限性,这个特性表达的意思是世界上没有包罗万象的知识体系,也没有什么放之四海而皆准的普遍真理。研究方法(哲学)都是人类特定时代观察和处理问题的"门路、程序"在观念上的反映,而这种观念必然是由特定的范畴和特定的思维习惯构成,所以任何一种研究方法(哲学)都不可能穷尽客观世界的运动规律。比如,古典力学的研究方法(哲学)是决定论,量子力学的研究方法(哲学)是不确定性,虽同是物理科学,而研究方法(哲学)却不能相互代替,因为古典力学和量子力学的范畴和思维习惯根本就是两回事。

二、分析方法的分类与特征

世界上有多少学科就有多少分析方法,物理学的宏观与微观,化学的分化与综合,生物学的整体与部分,逻辑学的演绎与归纳,控制论的信息与"熵",中医学的反馈与矫正,经济学的物质利益与量本利分析,心理学的暗示与疏导,美学的种的尺度与内在尺度,社会学的调查研究与矛盾化解,政治学的斗争与联合,管理学的协调与激励,等等。我们根据分析方法的特征对分析方法进行大致的分类。

1、决定论与不确定性

决定论是指我们知道或能测得、观察到客观事物运动的方向和速度即客观事物的运动轨迹。比如,春雨惊春清谷天,夏满芒夏暑相连,秋处露秋寒霜降,冬雪雪冬小大寒,这首包括二十四个节气的节气歌,就是根据地球绕太阳公转一周的轨道位置,以及地球自转轴和公转轨道斜交成的角度而划分的。二十四个节气,也就是表示地球在公转轨道上二十四个不同的位置。与此相反的自然现象就是"测不准",哲学上的抽象叫不确定性或叫随机性。除了自然界,人类社会也大量存在哲学上所描述的"决定论与不确定性"现象。比如,历史唯物主义揭示出的生产力决定生产关系、生产关系的总和构成社会的经济基础、经济基础决定上层建筑的社会经济结构,就是典型的决定论,但相互之间的作用与反作用关系又带着极大的不确定性。再比如,行为科学或管理科学的激励理论,马斯洛的层次需求是确定的,但是,作为个人或群体,什么时间、什么地点、有哪个层次的需求,则是不确定的。

2、抽象思维与现象描述

抽象思维与现象描述同上面所介绍的决定论与不确定性有联系但不是一回事情。决定论与不确定性是指客观事物运动规律在人们主观认识上所形成的对世界的看法,而抽象思维与现象描述则是人们揭示客观事物运动规律的思维工具,所以两对范畴有联系但不是一回事情。比如,电子在原子核外面做着无序运动,掌握无序运动状况就要运用现象描述方法,弄清无序运动原因则要运用抽象思维;认识社会经济现象也是这样,了解文明社会两极分化的深度要用现象描述方法,揭示背后的深层原因则需要运用抽象思维。

3、逻辑思维与形象思维

科学讲逻辑思维,艺术讲形象思维,这两种思维方式,两种观察分析问题的方法,我们可以从矛盾特殊性与普遍性的关系中看到两者的特征。艺术的格言是"越是民族的越具有世界意义",突出的是矛盾的特殊性和个性,所以创新既是艺术魅力所在,也是艺术的原动力;科学解释的东西越多越有价值,突出的是矛盾的普遍性和共性,所以追求无限和不朽是科学家的梦。

三、研究与分析方法的选择

我们把研究方法分成唯物主义、唯心主义和实证哲学三类,而把分析方法也划分为决定论与不确定性、抽象思维与现象描述、逻辑思维与形象思维三个大类,这样分类出于两方面的原因:一是我们的认识水平,对研究方法和分析方法的了解大概就这个样子;二是方便社会经济学对研究方法和分析方法的选择。

1、选择继承与发展相结合,放弃"过时论"

一段时期,人们喜欢用"过时"来表达对某种方法或理论的否定。比如,量子力学向决定论提出了严重挑战,"决定论过时了"。马克思主义不适合社会主义市场经济,"剩余价值理论过时了",劳动价值理论需要"拓展",等等。

"过时论"涉及的具体方法或理论观点是否有道理,暂时不予置评,我们只是认为,作为方法"过时论"不可取。教条主义用前人精神财富束缚后人的思想和行动,我们要否定的是教条主义方法不是前人精神财富本身。"过时论"所否定的恰恰是前人精神财富,在"过时论"旗帜的掩盖下,丢掉的往往是前人极为宝贵的精神财富和社会的核心价值观念,所以教条主义和"过时论"两种方法都不可取。

前人精神财富反映的社会问题如果现在还存在,前人精神财富对我们的思想和行为有指导意义,就应该采取继承的方法;如果出现了前人没有遇见的新情况和新问题,需要我们自己去概括和总结,则应采取丰富或发展的方法。选择继承与发展相结合的方法,可以避免很多不必要的负效应。

2、选择单维型思维与多维型思维相结合,放弃"拼凑论"

决定论的思维方式是单维型思维,而不确定性的思维方式是多维型思维,单维型思维与多维型思维相结合不是知识的拼凑与叠加。什么是"拼凑论",得用事例来说明。20世纪80年代,我国高等学校有一本被广泛使用的管理学教材,书的"总论"部分把管理学的研究对象定位于生产力、生产关系和上层建筑,"管理内容"部分写的是工业经济、农业经济和商业经济等学科知识;"管理职能"部分介绍的是西方管理学中关于计划、组织和控制等基本知识;"管理方法"部分介绍的则是投入产出法、运筹学等经济数学知识,这就是"拼凑论"的标本。前苏联莫斯科大学管理理论权威波波夫一有一段十分辛辣的批评,有利于我们克服学科建设道路上急于求成的浮躁心理。他说:"可见,独立的管理理论的可能性和必要性问题,不像这门学科的某些狂热的崇拜者想象的那样简单。正是由于在这些问题上有些混乱,所以一开始技术勉勉强强地对管理理论加以论证,而后势必在管理理论的内容上出现混乱现象。而假托'管理学'之名所呈现的却是那么五光十色,以致都说不清端上桌的这些菜肴叫什么名字,经过几番这种大倒胃口尝试,读者就宁肯去找较熟悉的东西打交道了。"随后他又说:"管理理论是应当要创立起来的,但不是靠牺牲其他教科书,而是靠形成自己的对象。"他的这些观点对新兴学科建设有很强的借鉴意义。

3、选择客观尺度与价值尺度的统一,放弃"物本论"

任何精神产品都是人的主观对客观的能动反映,这个能动性是指人在按照种的尺度(事物客观性)和内在尺度(价值判断和审美情趣)进行生产,所以任何精神产品都有偏好和倾向性。偏好和倾向性有属于全人类的人性,有阶级性,有个人的爱好或偏见等等,那只是偏好和倾向性的形式问题而不是有无问题。

"物本论"只承认精神产品的真理性(客观性或种的尺度),不承认精神产品的偏好和倾向性(善和美或价值判断和审美情趣),如"真理只有客观性没有阶级性"、"经济学只研究资源的有效配置不讲道德",就是典型的"物本论"观点。我们主张放弃"物本论",因为"物本论"不符合精神产品实际。

第二节 方法问题选择上的分歧与认识误区

理论界学派林立,观点纷呈,这是好事情。有分歧,有争论,这有利于理论的发展和创新。理论工作者作为个体来讲则应该有选择,有取舍,力求少走弯路,避免踏入认识误区。

一、意识形态划界,不分是非曲直

俗话说,偏见比无知离真理更远。理论界的很多分歧源于意识形态偏见,分不清是非曲直,选择的方法是保持距离。比如,据国际先驱导报2007年6月19日报道,在美国国会大厦东北约800米三条街交汇中间的一块三角地上,竖立着一座青铜雕像,上面刻的雕像名称是"共产政权受害者纪念碑"。纪念碑落成当天(2007.6.12)布什总统致辞时说:"像共产主义者一样,袭击我国的恐怖分子和激进分子是一种残忍的意识形态的追随者。这种意识形态蔑视自由、镇压持不同意见者、有扩张野心、追逐极权主义目标。像共产主义者一样,我们的新敌人认为,为了激进主义观念,可以杀害无辜者。"再比如,1984年6月,邓小平在"一个国家,两种制度"的谈话中指出:"到一九九七年还有十三年,从现在起要逐步解决好过渡时期问题。在过渡时期中,一是不要出现大的波动、大的曲折,保持香港繁荣和稳定;二是要创造条件,使香港人能顺利地接管政府。"很多人不赞成"保持香港繁荣和稳定"的提法,他们说香港是英国政府在管理,是资本主义制度,有什么繁荣和稳定可言!

上面两例,一例是把共产主义者与社会邪恶势力等同起来,过去有土匪就叫"共匪",现在叫"恐怖分子";一例是把资本主义制度与腐朽、没落、衰败等同起来,自然谈不上什么繁荣和稳定了。像这种不看事实真相只按意识形态标准评判是非的分析方法,只会把不明事理和真相的人引向歧路,十分不可取,所以保持距离是比较明智的选择。

二、先入为主守旧,不解推陈出新

先入为主这种方法的表现形式我们还是用一个具体案例说明。2004年中央政府颁布了对种粮农民直接补贴人民币116亿元的惠民政策。2005年中共中央1号文件提出,2005年要继续对种粮农民直接补贴,同时实行中央财政对产粮大县奖励政策。为了了解"粮食直补"政策执行情况及其影响,从2006年起我们连续两年到四川隆昌县、四川荣径县、四川雅安雨城区,对部分农户、村、乡、县的干部进行走访、座谈,同时还看了学术理论界的不少评论和分析文章,现在做个简单归纳:一是农民的普遍反映,这个政策好!农民说,"党和政府终于直接关心到农民身上了",他们认为:"农业税免了,国家还倒补贴,我们不把田(粮)种好,对不起国家,对不起自己。"二是基层干部的反映,多数基层干部对"粮食直补"政策持保留意见。无论是个别交流还是开会座谈,多数基层干部说:"撒胡椒面式的补贴方式起不了多大作用,许多农民钱到手就去买酒喝、割肉吃了。"他们认为"钱集中起来可以办很多大事,比如修路、开公司"。三是理论研究的反映,理论研究对"粮食直补"政策的反映与多数基层干部的反映大同小异。只是角度不同。他们认为"实行'粮食直补'政策主要是为了调动广大农民的种粮积极性,确保粮食种植规模和产出水平",所以他们把"撒胡椒面"式的发放方式定性为"一场'下毛毛雨'分钱的小恩惠"。这个案例先入为主的"先"是什么东西呢?第一个"先"指传统工业化道路形成的观念,大生产比小生产效率高,小生产必然被大生产所代替;第二个"先"指大生产的投资经营主体,若不是政府就应该是国际跨国公司的老板。有了这两个"先"并为"主",其他社会经济发展思路就很难接受了。"粮食直补"政策不成熟确定无疑,这是一切新生事物的"通病",有不同反映也十分正常。相比较而言,还是农民的反映比较接近"粮食直补"政策的精神实质。

首先,"粮食直补"政策属于国民收入再分配的范畴,是一种政策导向,不是投资行为,与集中财力办大事、发挥规模经济效应完全是两回事情。

其次，国内消费需求上不来特别是国内农村消费需求上不来，这已经成为国民经济持续、健康发展的瓶颈，所以农民钱到手买酒喝、割肉吃，不仅仅是他们的自由别人无权干涉，而且符合社会经济发展需要。

其三，也是最重要的，"粮食直补"政策这点"小恩惠"也就是农民说的"党和政府终于直接关心到农民身上了"，是新型工业化道路的价值诉求和集中体现。历史上的现代化建设、工业化道路是从农民兜里往外掏钱，现在的现代化建设、工业化道路不仅不要农民从兜里往外掏钱，国家反而要往农民兜里装钱，其社会意义和深远影响是怎么评估都不过分的！

第三节 社会经济学的研究方法与分析方法

解放思想、实事求是是社会经济学的研究方法，均衡价值理论是社会经济学的分析方法。

一、解放思想、实事求是解读

解放思想、实事求是是邓小平理论的精髓，是中国共产党的指导思想。解放思想、实事求是解读仅仅是从社会经济学学科建设所使用研究方法的视角，表明我们的认识。

(一)从哲学层次或研究方法层次，解放思想、实事求是解读为武术的最高境界"无招胜有招"

金庸小说中武学大师追求的最高境界是"无招胜有招"，社会经济学的哲学思想或研究方法不从属于任何一种哲学思潮或研究方法，包括唯物辩证法和实证哲学在内。因此，我们把解放思想、实事求是解读为"无招胜有招"。唯物辩证法和实证哲学都强调实践是检验真理的唯一标准，这一条社会经济学深信不疑，作为一种思想体系，社会经济学不能照搬。"哲学是时代精神的精华"，哲学作为一个完整的思想体系不能在各个时代相互套用。我们就以唯物辩证法和实证哲学两种哲学思想为例进行具体分析。唯物辩证法是马克思和恩格斯创立的还是工人哲学家老狄茨根创立的这无关紧要,关键是看唯物辩证法对世界的系统看法:世界是普遍联系的统一整体,一切事物有其共同的发展规律,客观世界的发展规律决定主观世界的发展规律;一切事物无不包含矛盾,矛盾普遍存在,而又各不相同,矛盾双方又统一又斗争,推动事物不断发展变化;事物的发展表现为从量变到质变又从质变到量变的过程,还表现为肯定、否定、否定之否定的螺旋形上升和波浪式前进。这套观念,在科学时代进行定性分析判断事物性质回答是什么和为什么的时候,无疑是正确的,但在技术时代进行定量分析,描述事物运行轨迹回答做什么和怎么做的时候,则不确切了。比如,现在日常生活经常面对的系统功能与要素功能的关系,用质变量变规律就说不清楚了。至于说"客观世界的发展规律决定主观世界的发展规律",这只是在爱因斯坦提出的"对研究对象做出与观察者无关的解释"命题前提下才是正确的,即从认识论或反映论的角度看问题,"客观世界的发展规律决定主观世界的发展规律"论断才是正确的,在人民群众创造历史的思考前提下就另当别论了,因为客观世界是主观世界按照美的规律(种的尺度和内在尺度)生产出来的。实证哲学的创始人是孔德,其缺陷是把个别与一般混淆起来,前面多处涉及,这里不讨论了。

社会经济学面临双重使命,一是阐明市场竞争中的弱势群体在社会经济结构中的地位和作用,必须运用辩证唯物主义的研究方法,二是研究市场竞争中的弱势群体的转化机制,则要运用实证主义哲学的研究方法。所以我们不能把社会经济学的研究方法归类为特定时代的哲学思维模式,"无招胜有招"只是类比,科学表述则是解放思想、实事求是。

(二)从社会经济发展模式层次或学科层次,解放思想、实事求是解读为邓小平的"摸论"

建设中国特色社会主义是前无古人的开创性伟业,"摸着石头过河"是邓小平确立的探索中国特色社会主义道路的基本方法,也可以把"摸着石头过河"解释为解放思想、实事求是思想路线的具体应用,是"实践、认识、再实践、再认识"辩证唯物主义认识论的生动形象表述,其科学性毋庸置疑。

重建社会经济学也是前无古人的开创性伟业,面临的问题与探索中国特色社会主义道路面临的问题基本一致。中国从事的社会主义现代化建设事业,一是不能照搬英、美各国所走过的旧工业化道路,二是不能照搬前苏联的社会主义模式,只能根据中国还处在社会主义初级阶段的实际,按照"摸着石头过河"的办法选择适合自身特点的社会主义现代化建设道路。市场竞争中的弱势群体中的小资产阶级(农民、个体工商户和中小企业主),无论是在西方经济学体系里面还是在社会主义经济学体系里面,都被定性为保守、落后甚至反动的阶级。工人阶级在社会主义经济学体系中似乎地位不低,可在全民所有制的掩盖下他们仍然是一无所有的无产阶级。社会主义市场经济体制条件下,生产条件所有者发生了变化,有可能是政府机构,有可能是私人,而工人阶级作为一个整体还是一无所有的无产阶级。人类历史进化到了21世纪,无论是小资产阶级还是从小资产阶级中降落下来的无产阶级,在社会经济结构中他们没有得到应该获得的地位,在社会经济发展过程中他们没有得到应该获得的机会。他们作为人类进步的代价和成本的历史事实没有根本改变,更有甚者是不少人成为现代文明的牺牲品。以市场竞争中的弱势群体及其转化机制为对象的社会经济学,既不寄希望于西方经济学,也不寄希望于社会主义政治经济学,唯一的选择是按照"摸着石头过河"的办法重建社会经济学。

(三)从实践层次或个人经验层次,解放思想、实事求是解读为邓小平的"猫论"

1962年,为克服困难,争取财政经济状况的根本好转,邓小平提出了他的著名"猫论"。原话是这样:"生产关系究竟以什么形式为最好,恐怕要采取这样一种态度,就是哪种形式在哪个地方能够比较容易比较快地恢复和发展农业生产,就采取哪种形式;群众愿意采取哪种形式,就应该采取哪种形式,不合法的使它合法起来。这都是些初步意见,还没有作最后决定,以后可能不算数。刘伯承同志经常讲一句四川话:'黄猫、黑猫,只要捉住老鼠就是好猫。'这是说的打仗。我们之所以能够打败蒋介石,就是不讲老规矩,不按老路子打,一切看情况,打赢算数。现在要恢复农业生产,也要看情况,建设在生产关系上不能完全采取一种固定不变的形式,看用哪种形式能够调动群众的积极性就采用哪种形式。""猫论"是关于目的与手段的形象表述。解放和发展生产力是目的,建立什么样的生产关系,设计什么样的上层建筑,都是手段。"文化大革命"以意识形态为标准,对邓小平的"猫论"进行了长达10年的反复批判。十一届三中全会后,针对意识形态偏见,1980年邓小平再次重申了他的观点:"社会主义经济政策对不对,归根到底要看生产力是否发展,人民收入是否增加。这是压倒一切的标准。空讲社会主义不行,人民不相信。"2007年十七大报告坚持并发展了邓小平的理论观点,指出:"要坚持把改善人民生活作为正确处理改革发展稳定关系的结合点,使改革始终得到人民拥护和支持。"改善人民生活是目的,改革、发展、稳定都是手段。

社会经济学从实践层次或个人经验层次,把解放思想、实事求是解读为邓小平的"猫论",就是把改变市场竞争中的弱势群体地位作为目的,转化机制作为手段。凡是不利于市场竞争中的弱势群体生存和发展的传统观念、社会制度和学术思潮都要进行再认识,凡是有利于市场竞争中的弱势群体生存和发展的思想、理论和办法,都要学习,都要吸取。

二、均衡价值理论内涵与诉求

均衡价值理论是从市场竞争中的弱势群体的角度综合运用各种研究方法和分析方法的结果,同时又将是面对各种研究方法和分析方法进行取舍的基本尺度。均衡价值理论的均衡一词与马歇尔均衡价格理论中的均衡一词没有区别。均衡或不均衡是指两个相反量之间的一种关系,如供给与需求、贡献与回报,等等。均衡价值理论作为一种观察社会经济生活的分析方法,其内涵和诉求只能在与劳动价值理论、剩余价值理论和效用价值理论的比较中去确认了。

(一)均衡价值理论与劳动价值理论的关系

劳动价值理论是关于商品的价值由劳动创造和决定的理论,由英国古典经济学家创立,其代表人物是亚当·斯密。对劳动价值理论的评价历来采取的都是科学部分和庸俗部分的两分法,亚当·斯密说,"劳动是衡量一切商品交换价值的真实尺度",命题是科学的,而他在"第六章 论商品价格的组成部分"中说,"工资、利润和地租,是一切收入和一切可交换价值的三个根本源泉",这个命题就是庸俗的,理由就是"交换价值"这一范畴前后包含的内容不一样。

均衡价值理论认为亚当·斯密的两个命题并不矛盾。工资、利润和地租的真实来源还是劳动。亚当·斯密明确指出,资本家的利润并不是资本家劳动所得,是"对那劳动垫付工资并提供材料"即提供劳动条件所得,而地租则完全是地主凭借特权取得的,属于"不劳而获"收入。至于利润和地租是否应当付出,多大的比例才算合理,这是另外一个范畴的问题。亚当·斯密主张提高劳动工资,主张"劳动报酬优厚",以解决贫富不均、两极分化的社会问题。均衡价值理论认为,社会财富既然是劳动创造的,劳动者的收入来源不仅仅是工资收入,还应当有参与企业收益处置和分配的权利,并有对企业扩大生产规模或技术改造的投资机会所获得的收入。这就是区别。

(二)均衡价值理论与剩余价值理论的关系

马克思一生有两大发现并建立起了相应的知识体系,一是历史唯物主义,二是剩余价值理论。马克思与亚当·斯密所处时代不同,承担的历史使命也不一样,所遭受的命运当然不一样了。亚当·斯密处在农业社会和工业社会交替的时代,其历史使命是把人们从"普天之下,莫非王土"的迷信中解放出来。资产阶级当时还是革命阶级,直接参与了国民财富的创造。亚当·斯密没有把批判的矛头更多地对准资产阶级,所以西方经济学家虽然否定劳动价值理论,却对亚当·斯密没有说三道四。马克思处在工业社会的早期且资产阶级已经取得统治地位的时代,其历史使命是把人们从"资本家养活工人"的迷信中解放出来。马克思的剩余价值理论和亚当·斯密的劳动价值理论没有什么本质区别,马克思只不过用了更加准确的语言、更加严密的逻辑证明国民财富既不是上帝恩赐的,也不是资本创造的。一句话,国民财富不是"物"演变出来的,而是"人"的劳动创造的。马克思把批判的矛头对准凭借"物"而无偿占有"人"的剩余劳动的阶级,这就犯了大忌,所以,不仅西方经济学家,还有中国的主流经济学家都不喜欢马克思就在情理之中了。

剩余价值理论的科学性无可置疑,怎么应用则另当别论。马克思反对凭借"物"而无偿占有他"人"剩余劳动的资本家私人所有制,主张"在协作和对土地及靠劳动本身生产的生产资料的共同占有的基础上,重新建立个人所有制"。恩格斯在《反杜林论》一书中认为:"资本主义生产方式日益把大多数居民变为无产者,同时就造成一种在死亡的威胁下不得不去完成这个变革的力量。这种生产方式迫使人们日益把巨大的社会化的生产资料变为国家财产,同时它本身就指明完成这个变革的道路。无产阶级将取得国家政权,并且首先把生产资料变为国家财产。"前苏联及整个社会主义国家无一例外地"把生产资料变为国家财产",并把国家所有制作为社会主义的象征,推崇到神圣不可侵犯的至高无上的位置上。可是,经过差不多一个世纪的验证,社会化生产不一定采取国家所有制的形式,国家所有制与公有制不能混淆,国家所有制也不是社会主义经济制度的象征,国家所有制的性质和社会功能需要重新认识。

均衡价值理论对马克思剩余价值理论取继承和发展的态度。所谓继承就是坚持工人有参与企业收益处置和分配的权利,所谓发展就是说在相当长的一个历史时期内,还必须承认劳动条件提供者参与企业收益处置和分配的正当性和合理性。至于国家所有制,仅仅是现代政府调控社会经济生活的手段和工具,所以政府进入市场直接参与资源的社会配置,应该有充分的科学论证和严格的审批程序。

(三)均衡价值理论与效用价值理论的关系

在分析介绍效用价值理论之前,我们首先要批判某些效用价值理论崇拜者的思想方法。他们指责劳动价值理论没有办法操作,比如个别劳动时间如何"平均"成为社会必要劳动时间的问题,复杂劳动与简单劳动的"折算"问题;还说马克思以"通过自发的市场过程完成"太简单了,等等。他们把人们观察问题的一种方法同工程、财务上计算公式混同起来了。众所周知,均衡价格理论的核心概念是出清,可是,谁看见过市场出清?市场又怎能不可能出现出清的状态?但是,这并不妨碍均衡价格理论是分析市场供求状况的有用工具并成为西方经济学的基础理论。这就是说,我们评价一种知识体系的时候,应当弄清是在什么历史条件下解决什么问题而形成的,要从总体上把握,从方法上借鉴,而不能随心所欲,各取所需,更不能无中生有,吹毛求疵。

崇拜劳动价值理论或剩余价值理论的某些经济学家对效用价值理论有着相似的片面性。劳动价值理论是为资产阶级的翻身和解放提供理论支撑,剩余价值理论是为无产阶级的翻身和解放提供理论支撑,这没有什么疑问。现在我们提出一个十分简单明了的问题,资产阶级和无产阶级分别在不同的国家成为统治阶级之后,是不是需要为巩固政权提供新的理论支撑?坦率地说,资产阶级的经济学家做得不错,很快建立起了适应资产阶级统治需要的知识体系,而无产阶级的经济学家却墨守成规,把剩余价值理论当教条去信奉和实践,是我们认真反思的时候了。效用价值理论的基础理论"戈森定理"有三条:(1)欲望或效用递减定理,即随着物品占有量的增加,人的欲望或物品的效用是递减的。

(2)边际效用相等定理,即在物品有限条件下,为使人的欲望得到最大限度满足,务必将这些物品在各种欲望之间作适当分配,使人的各种欲望被满足的程度相等。(3)在原有欲望已被满足的条件下,要取得更多享乐量,只有发现新享乐或扩充旧享乐。翻译成普通老百姓能懂的话就是:物品有用能满足人的需要才有价值;资源有限(稀缺),要最大限度满足人的需要,必须对资源进行有效配置;新的需要或更大的需要,必须向生产的深度和广度进军。在无产阶级已经取得统治地位的前提下,"戈森定理"对整个人类社会或者是对无产阶级究竟有什么危害呢?

均衡价值理论对效用价值理论采取批判与继承的态度。所谓批判是批判效用价值理论对劳动价值理论采取的"过河拆桥"的实用主义态度,所谓继承是继承他们根据新的实践不断地提出新理论的学风。我们把物品满足人的需要处理为研究价值实现,这样就与社会主义生产目的统一起来了。满足人民日益增长的物质文化需要是社会主义生产的根本目的,但在市场经济条件下,物质文化产品不管是资本家生产的还是工人生产的,不管花费的是简单劳动还是复杂劳动,也不管物品凝结着多少人类一般劳动在内,如果不能满足市场的需要,卖不出去,确实就一文不值。看看农民卖不出去只好烂在地里的冬瓜,看看漫山遍野没人收购的红橙橙的橘子,就知道研究价值实现是多么重要了。按照马克思的分析,私人劳动或个别劳动转化为社会劳动是质的飞跃,是一个人的主观认识能否符合客观实际的问题,不姓"资"也不姓"社"。所以,开展国民财富的研究,如果我们把重点从研究价值来源转向研究价值实现,就可以求大同存小异,搁置分歧,同西方经济学家研究共同感兴趣的问题了。

(四)均衡价值理论的内涵与诉求

社会经济学确认西斯蒙第的创始人地位,就是确认西斯蒙第的立场和出发点。西斯蒙第既代表小资产阶级(农民、个体工商户和中小企业主)的利益、愿望和要求,也代表无产阶级(工人)的利益、愿望和要求。他认为小资产阶级在历史的进程中不应该被边缘化,不应该成为社会发展的牺牲品,工人应当"在他献出自己血汗的企业中得到一份权利和一份财产",应当"一半利润分给出资者而一半利润由参加合作的工人平分"。由于种种历史原因,西斯蒙第的愿望落空了,小资产阶级和无产阶级作为经济社会发展的代价和牺牲品的命运始终没有改变。现在,社会对小资产阶级和无产阶级做出补偿的条件和时机成熟了。代价与补偿基本对称就是均衡价值理论的内涵与诉求。

对称是种美,是一切有机体内在规律的外部表现,人造事物尤其是这样。马克思说:"人也按照美的规律来建造。"价值理论的根本诉求是对称诉求。劳动价值理论诉求是贡献与回报对称,多劳多得,不劳动者不得食,贡献与回报的非对称加剧带来两极分化;效用价值理论诉求是生产与消费对称,需求与供给对称,生产与消费的非对称加剧形成经济危机;均衡价值理论诉求是代价与补偿对称,代价与补偿的非对称加剧将造成社会危机。历史反复证明,非对称发展是畸形发展,不是经济社会发展的常态或健康态。畸形发展不能作为一种价值目标去追求。

开展"国民财富的性质和原因的研究"产生了分析方法劳动价值理论,开展"国民财富的增长和办法的研究"产生了分析方法效用价值理论,开展"国民财富的代价和选择的研究"自然就产生了分析方法均衡价值理论;国民财富研究学说史,经历了研究生产关系(政治经济学)和研究生产力(经济学)时代,现在进入了研究生产方式(社会经济学)时代。让我们伸开双臂,迎接新时代的到来!

第五章 社会经济学的历史发展沿革

西蒙德·德·西斯蒙第是社会经济学的始祖,他 1819 年出版的《政治经济学新原理或论财富同人口的关系》一书是社会经济学的奠基著作。讨论社会经济学的历史发展沿革就从这里开始。

第一节 1819 年——资产阶级上升为统治阶级时代的社会经济学

一、西蒙德·德·西斯蒙第生活的年代及生平简介

西斯蒙第(1773—1842)是社会经济学创始人即"小资产阶级社会主义"创始人。他出生于瑞士的法语居民居住区,属于法国学者的行列,所以又说他是法国古典政治经济学的完成者。

西斯蒙第来到这个世界和离开这个世界时,这个世界一直都充满了革命暴动和武装斗争,他经历了美国独立战争、法国革命和拿破仑战争。由于法国革命(1789—1794)后一些暴乱事件的频频发生,西斯蒙第不得不中断在里昂丝绸店的学徒生涯,去英国避难。西斯蒙第在英国了解了政治经济学。当他返回到

第一编　社会经济学及其边界划分

日内瓦时,却发现家庭财产被扣押,21岁的年轻人第一次尝到了牢狱的滋味。他们家的一个亲密朋友,财产被查封,人也被革命军枪毙了。在持续不断的革命暴动中,两个党派都关押过西斯蒙第。值得注意的是,西斯蒙第所处的那个动乱时期,也就是我们现在所称的工业革命时期,社会产生了一种完全不同于亚当·斯密所说的"主观为自己、客观为社会"的生产目标和经济形式,即主观为自己、客观也为自己和经济危机的频繁产生。

诚然,"资产阶级在它的不到一百年的阶级统治中所创造的生产力,比过去一切世代创造的全部生产力还要多,还要大"。可是,巨大的生产力并没有使整个社会居民从中获益。更为严重的是,新型工业社会在经历了1816—1822年、1825—1831年和1839—1842年的经济危机之后,工人、农民和其他社会下层群众的生活更加艰难,前途更加渺茫。工人游行示威、和平反抗,资产阶级政府一点也不怜惜他们手中的子弹。1819年8月在曼彻斯特,军队朝着5~8万前来游行示威的人群开火,枪杀8人,打伤400人。但是,经济学界的领军人物大卫·李嘉图、托马斯·马尔萨斯、詹姆斯·穆勒等却提不出任何有远见的见解或政策以改善工业化所带来的弊端。相反,他们认为对贫困人口的关怀将刺激人口增长。因此在对《救济法》的讨论中,一些人说这干扰了自由,违反了政治经济学原理。政治经济学的终极原理就是资本积累和经济增长,而经济周期和失业等一系列问题最好由自我调控的市场机制解决。就是在这种社会经济背景下,西斯蒙第进入了政治经济学领域,并提出了另外一种观察社会经济生活的理论与方法。正是西斯蒙第对社会不公正现象坚决、毫不妥协的激烈反映,引起了两个世纪以来政治经济学内部各派的巨大反响。

1803年西斯蒙第出版了他的第一本书《关于商业财富》。据作者讲,他写作此书的目的是向法国人介绍亚当·斯密的基本原理,以及如何在实际生活中运用这一原理。随后他花了10年时间研究意大利共和国历史,完成了十六卷的作品《意大利共和国史》(1815)。也正是在1815年,西斯蒙第被邀请为负有声望的《布鲁斯特·艾丁伯格百科全书》写一篇关于政治经济学的文章。编辑部要求作者根据自己的思路以简洁明了的方法论述。这样,西斯蒙第决定"自我奋斗",根据自己的记忆和对经济生活的观察来写。随着理论研究的向纵深发展,西斯蒙第不但越来越坚信自己对亚当·斯密的修改是重要和正确的,而且向当时所谓"为生产而生产"的主流经济学派提出了挑战,开始对"物质财富越增加,群众的贫苦越严重,生产各种财富的阶级越接近一无所有的贫苦境地"的资本主义生产新现象进行揭示。西斯蒙第终于"在政治经济学上开辟了一个时代"。

西斯蒙第晚年因患胃癌于1842年6月25日逝世。他去世时并不幸福,因为他关注的工人、农民及其他社会下层群众悲惨的状况依然如故。他最后的日记表达了这种痛苦:

我呼吁,关心照顾你的正在受伤害的、正在被压榨的可怜的人们,因为这些人甚至不知道他们所受的痛苦来自何处,但是你们依然从躺在路上的这些依旧憔悴的、残缺不全的身体上压过。

我大声呼喊,可没有人听我的;我大声呼喊,可是势不可挡的汽车依旧向前碾过,产生许多新的牺牲品。

二、西蒙德·德·西斯蒙第学说的开创意义及影响

西斯蒙第学说问世,无论是法国还是英国,都没有人感兴趣。但他坚信"事实更为顽强和更具有反叛性"。他对他的追随者说:"即使认为如果没有被听过就可以驳斥的话,事实也不会少表现自己的生命力。事实常在被忽视之处出现,无论政府设计得多么精巧,事实也会用它全身的力量压倒它,它们会在作者庆贺自己胜利、批驳所有对手时压倒和抛弃该理论。"西斯蒙第学说就是用事实说话的学说,他的信念还有现实意义。

1、"在政治经济学上开辟了一个时代"

西斯蒙第"在政治经济学上开辟了一个时代",这是马克思对西斯蒙第学说的评价。怎么理解"开辟了一个时代"?亚当·斯密创立政治经济学说时,资产阶级还没有取得统治地位,所以亚当·斯密的"国家不要干预"、"元首不要干预"的政策主张带有明显的反封建的革命意义。不成想,这成为西方经济学不可动摇的教义,成为他们无视社会经济生活各种矛盾的借口。以大卫·李嘉图为代表的主流经济学派虽然意识到工资与利润对立,利润与地租对立,但他们认为这是不可更改的自然现象。西斯蒙第为了维护劳动人民的利益,毫不犹豫地指责资本主义的发展,抨击后果严重的自由竞争,并提出了一系列有利于劳

动人民休养生息的改革主张。正是从这个意义上说,西斯蒙第"在政治经济学上开辟了一个时代"。

2、奠定了社会经济学前提和理论基础

社会经济学的前提是人比物质更重要。"人比物质更重要"思想所要揭示的是在物掩盖下的人剥削人关系。资产阶级学者为了掩饰人剥削人的不公平制度,一直主张经济学只开展经济增长及其办法的研究,用中国某些主流经济学家的话说,"只要抓总量增加。不必管分配。""经济学不讲道德。"西斯蒙第认为"财富正是属于人而且为人所享受的",他还强调,"提防不看事实的思想普遍发展,特别提防不考虑创造财富的人的痛苦、认为财富就是大家利益的谬论"。

社会经济学的理论基础,一是劳动价值论;二是通过改革实现目标。社会经济学的研究对象是市场竞争中的弱势群体及其转化机制。市场竞争中的弱势群体具体是指农民、工人、个体工商户和中小企业主,社会经济学以劳动价值论作为基础理论是顺理成章的事情;所谓转化机制就是在现有条件下、自上而下地寻求改变现状的办法,并有计划、分步骤地实施,所以属于改革的范畴。西斯蒙第赞成亚当·斯密的劳动价值论,说"劳动是财富的唯一源泉",另外一方面他又声称,"我们几乎始终呼吁亚当·斯密所摈弃的政府干预"。

3、完整、天才、科学的产权理论构想

西斯蒙第提出了完整、天才、科学的产权理论构想。我们用"完整、天才、科学"几个词修饰、形容和描述西斯蒙第的产权理论,是因为当代一些人把产权理论践踏得不知道是什么东西了。西斯蒙第的产权理论是一个包括物权、产权(经营权、劳心权和劳力权)实现形式及其相互关系在内的完整思想体系。当代坚持"国有化"的产权理论学派把产权改革搞成对"物"的调整和重组,目标是实现物权主体多元化;而坚持"私有化"的产权理论学派把产权改革搞成对"精英"(经营权和劳心权)的补偿,目标是和物权主体分享收益。西斯蒙第主张的劳力权即工人应该"在他献出自己血汗的企业中得到一份权利和一份财产"则被他们搞"忘记"了。

三、西蒙德·德·西斯蒙第学说的历史局限性分析

西蒙德·德·西斯蒙第学说的局限性是整个政治经济学说的局限性。历史进入19世纪,政治经济学分裂了。一是为资本主义辩护的庸俗政治经济学即后来的新古典经济学;二是反映无产阶级利益和愿望的马克思主义经济理论;三是反映"中间等级"利益和愿望的小资产阶级政治经济学。庸俗政治经济学的阶级局限性不分析了。马克思主义经济学家对西斯蒙第学说两面性是这样分析的:"小资产阶级政治经济学的历史功绩,在于它最早揭露了资产阶级经济学为资本主义辩护的虚伪性,揭露了资本主义的矛盾。但小资产阶级经济学家不了解资本主义大生产代替小生产的必然性和历史进步作用,把小生产理想化,企图按小生产的规范改造资本主义社会,因而只是一种空想,与历史发展背道而驰。"这段分析客观、忠实地转述了《共产党宣言》的理论观点。当时看来可能是正确的,现在来看"资本主义大生产代替小生产的必然性"的判断就值得怀疑了。

根据新的历史条件,小资产阶级政治经济学(小资产阶级社会主义)恐怕需要重新评价了。

第二节 1902年——资本主义进入帝国主义时代的社会经济学

一、约翰·A.霍布森生活的年代及生平简介

约翰·A.霍布森(1858—1940)有幸在马歇尔学派称霸的全盛时期使自己成为大异教徒并且一直活到这种身份成为光荣标志的时期。我们以1902年作为资本主义进入帝国主义的社会经济学的时代划分标志,因为这一年约翰·A.霍布森出版了在学术理论界认为是经典的《帝国主义之研究》一书。

约翰·A.霍布森出生于英格兰中部地区的一个中等规模工业城镇的中等

社会阶层家庭,父亲是一家报社的编辑和合伙人。他年轻时在牛津学习古典文学,学成后回家帮助父亲办报。他的经济学理论完全是依靠自学获得的,在认识上就出现这样一种的尖锐对立:他能理解受过训练的经济学家不肯去理解的问题,却又始终理解不了受过训练的经济学家认为理所当然的问题(熊彼特语)。他进入经济学领域是"被迫"而不是主动的。1883—1894年英国遭遇经济衰退,一个有23名成员(包括两位经济学家)的皇家委员会在1886年提交的报告中称,经济衰退是因为英国的经济对手制定的不公平的关税政策导致生产过剩,是国内市场供过于求的主犯。霍布森在A.F.马默里这位伦敦商人和登山家的说服和鼓动下,两人联手写出了《工业生理学》(1889)一书。该书认为"储蓄过度应为贸易不良时期的失业负责任"。从此,霍布森在长达50多年里致力于社会经济学的研究,与西斯蒙第不同的地方在于,西斯蒙第侧重微观,霍布森侧重宏观。

霍布森一生著作颇丰,除了50多部专著之外,还发表了100多篇文章。他虽然受到了主流经济学家们的不公正待遇,但其社会影响是相当大的。在英国,他被视为工党的"教父";在美国,社会学的创始人约翰·雷恩信奉霍布森的学说,并协助创立了社会经济学会,创办刊物《社会经济学评论》。霍布森对社会经济学的形成和确立做出了不可磨灭的历史贡献。

二、约翰·A.霍布森学说的异端特征及影响

霍布森的学说没有被经济学主流派所认同,但他还是应该十分欣慰的,因为一个接一个国家相继出台了关于工作时间和使用童工的法律规定,积极控制失业和采纳意外保险,并实施医疗保健制度等一系列措施,还对最低工资制度给予了更多的关注。霍布森的学说为什么不能被经济学主流派所接受,我们只能从比较分析中去了解了。

(一)专业视角和孤立视角、开放视角的复杂关系

以新古典(庸俗经济学)的"经济人"假设、均衡价格理论和边际分析为基础建立起来的现代西方经济学,是经济学人必须掌握的专业知识。但是,我们必须懂得,任何一门知识体系只给我们提供了一种了解事物、分析问题的方法,并不是事物本身。就说"经济人"假设,至少有两条没有获得学界认同:一是假定

人都是自私自利的;二是这个假定本身,哪有与社会能割裂开来的什么"经济人"?其实,这只不过是对人的"物质"属性的一种抽象。

霍布森用社会的观点或者说用开放的观点观察经济生活,紧贴现实社会生活实际,同情劳苦大众,所以他的作品充满生气,积极进取。问题在于,科学研究不能始终停留在"游击战阶段"。对于现代经济学的认识,从"游击战"开始是十分正常的,在掌握大量证据的基础之上,就必须从专业或者是从学说史的角度做出判断:如果这门学科主流是好的或是可以接受的,就根据实际情况补充、修改、发展和完善;如果这门学科主流不好或根本就不能接受,就另起炉灶。比方现代西方经济学,其本质是资本家利益在观念上的反映,中国的经济理论就不能照抄照搬现代西方经济学,必须另起炉灶;如果这门学科对象本身无法涵盖所观察的社会经济生活,就建立新的学科。后面两种情况就需要"运动战"和"攻坚战"了。

霍布森的理论研究没有"运动战"和"攻坚战"的内容,缺乏专业视角;现代西方经济学有专业视角,可他们在有效配置社会资源、增加国民财富的圈子里把自己封闭起来了。从事基础理论研究,这两方面的教训都需要认真记取。

(二)价值偏好和数学方向、道德方向的复杂关系

经济关系也就是每个人的切身物质利益关系,学者研究经济理论会有自己的价值偏好,是再正常不过的事情了。现代西方经济学为了掩盖替资本家辩护的价值取向,标榜自己的不偏不倚的纯粹科学研究,其必然前景是经济学的数学化方向。霍布森否定了事实可与价值相分离的论断,批判了经济理论研究中的过分抽象化和数量化倾向。他认为,"应该这样"是不能与"是怎样"分开的;相反,二者紧密相关。他进而得出结论,伦理从未"入侵"经济问题,经济事务本身就具有伦理性和经济性。"应该这样"和伦理性问题是不能用数量方法来表达的。

霍布森承认经济事务中的伦理性本身没有错,不用说社会科学要讲伦理性,就是自然科学同样也要讲伦理性。但是,霍布森用伦理作为自己基本的分析工具,使经济学向着道德化的方向发展,却是根本错误的。诚然,"应该这样"是不能与"是怎样"分开的,但是,我们在做出"是怎样"的判断时,绝对不能受"应该这样"的干扰和扭曲,否则就无真理可言。马克思创立剩余价值理论,价

值偏好是十分明确的,可是,马克思在问题的整个分析过程却没有主观的价值偏好,而是按照公平的等价交换的原则计算出来的。这样得出的"是怎样"的科学结论才具有经得起历史检验的永久魅力,至于说"应该这样"是个选择问题,两者的界限不能混淆。

霍布森批判不讲道德、往数学化方向发展的现代西方经济学是完全正确的,但是,经济学的基本原理或基本结论却不是从道德原理中推演出来的,所以经济学的道德化方向也不可取。数学化和道德化均不可取。

(三)宏观调控和市场神话、政府干预的复杂关系

把反映供给与需求关系的萨伊定律绝对化就是"市场神话"。霍布森反对"市场神话",主张政府干预,这是霍布森得到凯恩斯认同的基本原因。现在看来,"市场神话"不可取,把宏观调控与政府干预等同起来也不可取,但是,在信息论、控制论和系统论没有创立之前,这些复杂关系很难理清,就是理清了,也没有办法解决。

三、约翰·A.霍布森遭遇与社会经济学命运

从学科建设角度讲,约翰·A.霍布森是个悲剧人物,他奋斗拼搏了一生,撰写的东西也不少,可是,他既没有获得经济学主流派的认同,社会经济学也没有通过他的手而建立起来,这些教训需要认真总结。

1、理论歧路——种别人田,废自己地

霍布森在理论战线上打拼了50多年,第一个教训就是他种别人田,废自己地。我们在第三章已经说了,他同西斯蒙第一样,对经济学一个劲地评头品足,总在"纠错",总想"力挽狂澜",改造经济学。如此一来,既不能正确评价经济学的功过,也失去了自我。

马克思也对庸俗政治经济学进行了无情的批判,但马克思没有荒废自己的地。马克思一生有两大发现,一是剩余价值理论,二是历史唯物主义。我们设想一下,如果马克思也是一味地批判别人,自己没有沉下心来写出《资本论》,创造出自己独立的观察世界的思想体系,马克思会有两大发现?马克思在科学史上能获得那样崇高的地位?

2、挑战对手——知己知彼,百战不殆

列宁在评介马克思学说的时候,曾说马克思通晓人类全部知识财富,这当然有些夸张。马克思通晓德国古典哲学、英国古典政治经济学和法国空想社会主义学说,这是确定无疑的。所以,无论马克思学说的敌人,还是马克思学说的朋友,都承认马克思学说的历史厚重感和迷人心智的完美逻辑,自然不能说前无古人后无来者,无懈可击的评价符合实际。

霍布森比古典经济学家或者说比马克思他们幸运,他见证和经历了资本主义进入帝国主义的历史阶段。他在《帝国主义之研究》一书中,采取了与帝国主义辩护士完全不同的立场,揭示了帝国主义一些重要的本质特征,以及帝国主义在殖民地和半殖民地犯下的种种罪恶。可是,由于经济理论知识的欠缺,看不到经济全球化或国际分工的历史必然性,他不懂得,我们反对和否定的东西是经济全球化或国际分工过程中的剥削和掠夺行为,而不反对和否定经济全球化或国际分工本身。所以,霍布森否认"帝国主义的不可避免性",他主张通过提高居民的消费能力避免错误的帝国主义政策!

3、学科建设——方位多角,对象一个

方位多角,对象一个,这是学科建设的常识和基本功。贝克尔构造的"经济学帝国主义"之所以破产,运用的却是"方位唯一,对象多元"方法。霍布森的研究方法虽然表现得不是这么极端,但基本思路是一样的。霍布森分析问题的基本方法是社会的伦理道德,给人的感觉就是,既不能说他的道理不对,恍惚又觉得他没有说到点子上。马克思的学说运用了哲学、社会学、政治经济学、法学等的知识和方法,从现在的眼光来看,还运用了结构主义、系统论等的知识和方法。可是,马克思学说的对象只有一个,那就是无产阶级的解放运动。读马克思的书,给人鞭辟入里或入木三分的感觉,恐怕道理就在这里。

第三节 21世纪——和平与发展已成为时代主题的社会经济学

一、21世纪时代主题与社会经济学

社会经济学从历史的后台走到了历史的前台,是因为时代主题变了。19—20世纪是资产阶级领导的工业社会。工业社会里,人与自然的关系,征服自然、改造自然是生产力的内涵;人与人的关系,征服农民、改造农民是生产关系的内容,无产阶级是征服农民、改造农民的结果;国家与国家的关系,征服殖民地和半殖民地、改造殖民地和半殖民地是基本的国际关系。中国就曾是半殖民地、半封建国家。哪里有征服,哪里就有反征服;哪里有改造,哪里就有反改造;哪里有压迫,哪里就有反抗。战争与革命是征服、改造的反动,战争与革命是征服、改造的结果。市场竞争中的弱势群体(小资产阶级和无产阶级)为了生存向主流社会抗争,反映市场竞争中的弱势群体(小资产阶级和无产阶级)利益、愿望和要求的社会经济学,不为主流社会所认同是再正常不过的事情了。

21世纪,和平与发展已成为时代主题。征服、改造一整套旧观念和旧制度被迫放进了历史博物馆。彼此适应、相互提高日益成为人与自然之间、人与人之间、国家与国家之间进行交往的一种新型关系,彼此适应、相互提高带来了生产方式多元化、利益主题多元化、价值观念多元化、文化多元化。多元化是和平与发展时代主题的标志和象征。实现市场竞争中的弱势群体(小资产阶级和无产阶级)体面劳动,建立公正公平的和谐社会,是时代的共同呼声。重建社会经济学是历史使命,也是历史机遇。

二、中国崛起与社会经济学

国际上有一种评论,说21世纪是中国世纪。这种评论是否夸大?究竟是出于何种动机?我们无从考证。中国崛起是确定无疑的事实。中华民族自立

于世界民族之林,这是中国人民几代人的梦。开初向西方列强学习富民强国之路,后来发现不对,用毛泽东的话说,"老师总欺侮学生",改"以俄为师"。"以俄为师"中国人民站起来了,可现代化建设却是越学越穷,用匈牙利著名经济学家科尔内的话说,越学国民财富越"短缺",此路还是不通。邓小平终于发现:"我们的现代化建设,必须从中国的实际出发。无论是革命还是建设,都要注意学习和借鉴外国经验。但是,照抄照搬别国经验、别国模式,从来不能得到成功。这方面我们有过不少教训。把马克思主义的普遍真理同我国的具体实际结合起来,走自己的道路,建设有中国特色的社会主义,这就是我们总结长期历史经验得出的基本结论。"在中国特色社会主义伟大旗帜指引下,中国人民在站起来的基础上又富裕起来了。从国民财富研究的角度怎么给予科学的解释和说明?

用"国民财富的性质和原因的研究"知识体系政治经济学解释和说明中国的崛起,能说明一定问题,比方中国为什么能在社会稳定中获得发展,但是不能说明改革开放前和改革开放后的巨大历史变化;用"国民财富的增长和办法的研究"知识体系西方经济学解释和说明中国的崛起,也能说明一定问题,比方选择市场机制作为配置社会资源的基本手段,但是不能说明中国崛起为什么没有向着两极分化的畸形方向发展;如果用传统社会主义政治经济学"苏联范式"理论框架解释和说明中国的崛起,什么问题都说明不了,只有倒退,倒退却是没有出路的。所以,开辟国民财富研究新篇章,创造国民财富研究新理论,既是中国经济理论工作者的历史使命,也是中国经济理论工作者的骄傲。我们在"国民财富研究"一文中已经阐明,开展"国民财富的代价和选择的研究"就是开辟国民财富研究新篇章,创造国民财富研究新理论,就是重建社会经济学,具体体现在:研究的重点既不是国民财富的"性质",也不是国民财富的"增长",而是在两项研究成果的基础之上,侧重研究国民财富的"代价";所谓"选择"就是选择组合生产方式且配置相应的制度安排,一方面是尽可能地降低创造国民财富的代价和成本,另外一方面是使参与创造国民财富的市场行为主体,贡献与回报保持对称,基本均衡。

三、中国经济学与社会经济学

1997年,面对祖国的崛起,中国经济理论界在领军人物于光远、董辅礽的主持下,展开了"中国经济学向何处去"的大讨论。理论观点主要有四种:一是主张中国经济学集中研究转轨问题,所谓转轨是指中国经济体制改革从计划经济体制转向市场经济体制。二是主张中国经济学集中研究过渡问题,所谓过渡是指中国还处在社会主义初级阶段即生产力很不发达的阶段,要由农业社会向工业社会过渡。三是主张中国经济学直接借鉴西方经济学,他们认为"不必在西方经济学以外建立一个连概念体系都不一样的中国经济学,这是不能想象的"。四是主张用"拿来主义"对待西方经济学,同第三种主张大同小异,他们还认为"中国经济学说法通都不通",理论怎么能用地域冠名呢?中国经济学的准确含义应该是西方经济学的中国化。

本书赞成于光远的解题,"我们来这里讨论的是时代性问题"。社会形态由农业社会向工业社会过渡是中国社会发展面临的重大问题,也是广大发展中国家面临的重大问题;经济体制由计划经济转向市场经济是中国改革面临的重大问题,也是原社会主义阵容改革面临的重大问题;要不要"在西方经济学以外建立一个连概念体系都不一样的中国经济学"的问题,实际是说人类发展是否继续沿着资产阶级开辟的道路,为了当代人的享乐不惜牺牲子孙的利益?为了资本家的享乐不惜牺牲工人、农民的利益?为了少数社会精英的享乐不惜牺牲社会大众的利益?为了本国利益不惜牺牲别国利益?由美国铸就和引爆的全球金融危机给出的答案是明确的。我们必须建立一个与西方经济学"连概念体系都不一样的中国经济学"!中国经济学象征着国民财富研究大本营的转移。18世纪国民财富研究的大本营在英国,叫英国古典经济学;19-20世纪国民财富研究的大本营由英国转移到了美国,叫新古典经济学;21世纪国民财富研究的大本营转移到了中国,叫中国经济学。这就是中国经济学的含义。

理论研究大本营的这种转移既是时代要求,也是人类不懈追求更高更新文明的结果。中国开创前无古代人的经济社会发展道路并获得巨大成功,其典型意义和示范效应不言而喻;同时,中国是古代文明的发祥地,曾经对人类文明、进步做出了杰出贡献,否定之否定历史轨迹已充分表明,为追求真(科学)、善(人道)、美(和谐)有机统一的崭新文明,中国人民无论付出多么巨大的民族牺牲,仍将义无反顾地持续探索,而以暴发户为唯一参照系的资本主义畸形文明恐怕要画上一个句号了。理论研究大本营向亚洲中国转移的趋势不可逆转。

中国经济学面对的问题就是社会经济学面对的问题。中国经济学与社会经济学的关系，跟英国古典政治经济学与政治经济学、英美西方新古典政治经济学与经济学的关系一样，一个是国民财富知识体系的时代符号，一个是国民财富知识体系的学科名称。中国经济学、社会经济学同整个国民财富知识体系的关系如下：

国民财富研究各门知识体系的关系图

时代主题	18世纪 启蒙与觉醒	19—20世纪 战争与革命	21世纪 和平与发展
生产形式	小生产	大生产	组合生产
研究任务	国民财富的 性质和原因的研究	国民财富的 增长和办法的研究	国民财富的 代价和选择的研究
研究重点	生产关系	生产力	生产方式
研究基地	英国	英国—美国	亚洲(中国)
时代符号	古典经济学	新古典经济学	中国经济学
学科名称	政治经济学	经济学	社会经济学
其他名称	社会主义 政治经济学	庸俗(西方) 经济学	小资产阶级 社会主义
分析方法	劳动价值理论	效用价值理论	均衡价值理论

第二编 微观机制选择与生产方式类型

核 心 提 示

古典经济学和新古典经济学，社会主义政治经济学和西方主流经济学，既有共同的认识基础，也有共同的价值偏好。

它们共同的认识基础是：大生产必然代替小生产，资本集聚必然走向资本集中，只有大生产才节约创新成本和交易成本，这就是规模经济范畴的形成过程和基本内容。所以他们说，城乡统筹发展战略和社会主义新农村建设，"动机是好的，却给农民帮了倒忙，延缓了工业化进程"。社会经济学发现，信息时代，新的交通和通讯工具与工业时代比较，已经发生了质的飞跃和变革。特别是信息技术的个性化特征，缓解了市场的不确定性，大生产和小生产已经成为两股并行不悖的历史潮流。这正是书中所说组合生产方式出现的历史前提，也是范围经济范畴的形成过程和基本内容。科学发展观不仅仅追求道德高尚，不仅仅追求社会公平，同时也强调资源的有效配置，坚持效率原则。因此，城乡统筹发展战略和社会主义新农村建设的科学性毋庸置疑。

它们共同的价值偏好是：坚持"以物为本"，谁（资本家或政府机构）提供"物"（劳动条件）谁就独占收益的处置权和分配权。中国经济改革一直在"国有化"和"私有化"之间进行艰难选择，"攻坚战"最终功败垂成，选择"抓大放小"，其根子在"以物为本"。社会经济学价值偏好选择"以人为本"，反对"国有化"和"私有化"，但不反对私有制；企业内部结构，私有制企业不强调确认工人的"三重身份"，政府投资的企业必须确认工人的"三重身份"。

第二编　微观机制选择与生产方式类型

第六章　微观经济活动主体与研究偏好

西方微观经济学研究对象界定为家庭、个人和企业,我们没有歧义。但是,研究的侧重面和着力点,则受观察者价值偏好和审美情趣的制约。

第一节　家庭研究的着力点是农民家庭

一、家庭的类型

家庭分类,我们按照人们的生活习惯,列出农民家庭、工人家庭、干部家庭、知识分子家庭和企业主家庭等五个大类,作为比较分析和选择研究的依据。其他家庭比如军人家庭、个体工商户家庭等,不是不重要不值得研究,而是研究这个问题时不需要涉及。

农民家庭。王一,现年67岁,妻子66岁,家住四川北部山区,生有一女三男。女儿同女婿在重庆市打工;大儿子初中毕业后到北京市一家家具厂打工,现在已经升为公司的管理人员,夫妻两人均在该企业上班;二儿子是师范大专毕业生,夫妻两人在一个中等城市教书;三儿子初中毕业后参军入伍,退役后夫妻两人在广西南宁市打工。王一老两口承接了子女的承包土地，以种粮为主，养了两头猪，还与别人合伙养了一头耕牛。也承包了山林。自从1958年"大炼钢铁"山林被毁之后，山林就一直没能恢复原貌，现在山上生长的主要是灌木。大儿子的女儿已经读初中了，跟着爷爷奶奶生活。

工人家庭。王二，现年60岁，军工企业上班，退休时是6级磨工；老伴58岁，没有职业，同媳妇一起开了一家小饭馆，以卖面食为主；儿子技校毕业，在同一家企业上班，现在是车间主任了；女儿大学毕业，和女婿一起在北京一家科研单位工作；孙子在小学五年级读书。

干部家庭。王三，现年65岁，妻子63岁，夫妻两人均已退休。王三退休时职务是巡视员（正厅级），妻子退休时职务是正处级干部，生有一儿一女。儿子大学毕业作为公派留学生到美国读书，现在已经取得"绿卡"，夫妻两在美国定居了；女儿是电大专科毕业生，与一个大企业主结婚，本来要同丈夫一起定居德国，后因丈夫出车祸不幸身亡，只得回国，经营丈夫留下的属于她那部分遗产，有一女儿跟随外公外婆生活。

知识分子家庭。王四，现年65岁，妻子63岁，夫妻两人均已退休。王四退休前系某研究机构的研究员，妻子系某高校的副教授，生了两个儿子。大儿子大学本科计算机专业毕业，应聘于中国银行，妻子在一家房地产公司销售部上班；小儿子大专毕业在中国移动上班，妻子做服装生意。两个儿子都有房子，已经与父母分开独立生活。

企业主家庭。王五，现年58岁，妻子53岁，王五是某氮肥厂的董事长，妻子是该厂的财务总监。1994年之前，该氮肥厂是县属国有企业，有800多名职工，王五是厂长。1995年工厂开始改制，按照"抓大放小"的改革精神，氮肥厂虽是该县的第一利税大户，经济效益不错，仍在必改之列。改制时经评估有净产800多万，职工拿现金购买国有资产将近500万，剩下的300万国有资产，由王五用企业固定资产作抵押向银行贷款买下了；平均计算下来，单个职工所持企业股份与王五所持企业股份之比是1:500，王五是当然的董事长了。生有一儿一女，儿子分管人力资源部，媳妇是合计，女儿在英国读博士，未婚。

二、家庭研究偏好

1、西方经济学对家庭研究的偏好

斯蒂格利茨撰写的《经济学》(中国人民大学出版社,1997)一书,被西方媒体誉为第四个具有里程碑意义的经济学入门教科书,他在上册"劳动供给决策"一章的第四节涉及了家庭研究问题。他在"家庭决策和长期劳动供给"的讨论中认为:"今天的出生率对下一代的工人数量有着强有力的影响。经济因素对要不要孩子的决策有着巨大作用这一点似乎是难以置信的,但是,有力的证据表明,它们确实有这种作用。"

西方经济学仅仅把家庭看作是一个劳动力的供给单位,这符合他们的价值偏好。马克思再生产理论也认为,社会物质生产过程包括两个方面:一是国民财富的生产和再生产;二是人自身的生产和再生产。家庭的确是劳动力生产和再生产的基本单位。西方经济学侧重研究生产力,研究资源的有效配置,对家庭的研究也只能约束在生产要素的范围了。

2、政治经济学对家庭研究的偏好

政治经济学的对象是研究生产关系,所以家庭在政治经济学体系中的位置十分微妙。家庭是一种生产关系,但古典经济学认为家庭这种生产关系不适应社会化大生产发展要求,应该解体,成为单纯的生产要素生产单位。社会主义政治经济学的基础理论是国家所有制、计划经济、按劳分配"三位一体"公式,家庭既不是独立的生产关系,也不是劳动力的供给单位,因为一个家庭是生产一个还是两个,是国家说了算,生产出来如何配置,也是国家统一安排。所以,家庭在政治经济学体系中只是一个有血缘关系的群居单位。

3、社会经济学对家庭研究的偏好

社会经济学偏好对农民家庭的考察和研究。为什么?

第一,社会经济学始终认为,农业社会向工业社会过渡,不应该也没有必要破坏农民家庭的完整性,不应该也没有必要以牺牲农民的利益为代价,于情于理,社会经济学都会把农民家庭的生存和发展状况作为自己的研究对象。

第二,农民家庭与其他家庭不一样,农民家庭集劳动条件和劳动力为一体,既是直接创造国民财富的生产单位,又是劳动力的生产单位,与工人家庭、干部家庭、知识分子家庭等相比较,虽然每个家庭对创造国民财富都有贡献,但农民家庭不一样,是直接的生产单位。

企业主家庭虽然也拥有劳动条件,但与农民家庭不一样。从社会发展角度观察,企业主家庭属于企业的研究范畴,从经济改革角度观察,企业主家庭属于城市经济改革的范畴。企业主王五家庭的变迁是城市国有中小企业改革的缩影。

第三,20世纪末期的中国改革,农民家庭联产承包责任制是突破口,总结中国崛起的历史经验,很显然离不开对农民家庭的分析和考察。

三、研究农民家庭的社会意义

1、农民家庭变迁模式是识别新旧工业化道路的标志

农业社会向工业社会过渡,城市化是工业化的载体,农民身份转换是客观存在,所以农民家庭变迁模式就成为识别新旧工业化道路的标志。到目前为止,农民家庭变迁有三种模式。

第一种"圈地模式"。"圈地模式"是用暴力把农民从圈了的土地上赶走,并迫使无家可归的农民到城市贫民窟,为工业发展提供产业后备军,经过一个世纪或两个世纪的发展,贫民窟得以消化。

第二种"二元模式"。所谓"二元模式"就是以户籍制度为杠杆,用高考制度、义务兵役制度和"民工潮"把农村的人才、强劳动力和能人转化为城市居民,留下老、弱、病、残、妇女和儿童在农村,农民王一家庭的现状就是"二元模式"的缩影。"二元模式"是种特权模式,是比"圈地模式"更不可取的一条工业化发展道路。

第三种"农民市民模式"。2007年6月,经中华人民共和国国务院批准,国家发展和改革委员会下发《国家发展改革委关于批准重庆市和成都市设立全国统筹城乡综合配套改革试验区的通知》(发改经体〔2007〕1248号)。我们把这种工业化道路叫做"农民市民模式"。"农民市民模式"简单说来是这样,市场活动主体所从事的职业与传统意义上的农民没有什么区别,还是种粮食、种蔬菜、种水果、搞养殖、弄编织等,可是,生存环境、市场发展机会、社会保障安排、政府公共服务等,则逐步与城市居民一样,享受同等待遇。

2、农民家庭变迁模式是研究社会问题的标准样本

旧的工业化发展道路巧立名目,运用各种手段迫使农民家庭破产、解体,这是各种社会问题的深层次根源。现在已经引起社会广泛关注的"空巢"问题和"留守儿童"问题不用说了,就说"群体事件"、暴力抗法事件,偷盗、抢劫、性犯罪等刑事案件,都与农民家庭破产、解体有着直接和间接的关联。平心而论,工业革命把农村的人才、能人、强劳动力弄到城市里去了,剩下的老年人可以安于现状,可未来的日子还长且文化又不高的青年男女,恐怕心境就不一样了。社会发展失去公平和正义,铤而走险的人必然越来越多。

3、农民家庭变迁模式是解剖"三农问题"的切入点

所谓"三农问题"就是农民太贫穷、农村太落后、农业太脆弱,"三农问题"是旧工业化道路结出的苦果。劳动价值理论或者剩余价值理论解释不清楚"三农问题",效用价值理论更解释不清楚"三农问题"。说一千,道一万,人们应该正视一个历史事实和弄清一个浅显道路,农民家庭是国民财富的直接生产单位。在正常情况下,没有来自自然的和社会的破坏和干扰,能在简单再生产和扩大再生产状态下生存和发展。人类进入工业社会的200多年的时间里,农民家庭一直是在萎缩再生产状态下生存和发展。这种状态,肯定不是来自自然的破坏和干扰,而是来自社会的破坏和干扰。因为自然的干扰和破坏时断时续,只有社会的干扰和破坏才连绵不绝。

第二节　个人研究的着力点是工人

个人研究的着力点是工人,这句话的含义只能在比较中才能说清楚。传统政治经济学和经济学也研究工人,但在这两个思想体系中的工人是作为抽象的个人出现在我们面前,与学校的教师、医院的大夫、政府的公务员没有什么区别,都是靠工资吃饭,不同点只有两点表面现象:一是领取工资的单位不同。传统政治经济学体系中的工人到政府那里领工资,经济学体系中的工人到资本家那里领工资;二是工资支出的统计口径不同。工人工资开支属于国民收入初次

分配的研究范畴,教师、大夫、公务员等的工资开支属于国民收入再分配的研究范畴。所以,传统政治经济学和经济学体系中的工人问题研究,只好照抄照搬管理科学的理论内容了。

　　社会经济学体系中的工人,作为自然物质工人是企业的生产要素,工资是维持简单再生产和扩大再生产的必要支出,就这一点来说,社会经济学与传统政治经济学、经济学没有什么区别;作为社会活动主体工人是企业的合作者,与企业主的区别在于,企业主提供劳动条件,是物力资本所有者,工人提供劳动力,是人力资本所有者,所以企业主在企业中拥有的权利,工人也应该完全拥有;作为资本属性工人是企业的投资者,企业扩大生产规模或者技术改造,工人同企业主一样,向银行贷款投资,它是工人通向富裕之路的机会。"个人研究的着力点是工人"命题的具体含义,就是确认工人在企业中的"三重身份",并建立、健全工人"三重身份"权利实现的保障机制。

第三节　企业研究的着力点是中小企业

　　社会经济学不着重研究大型企业,不是因为大型企业不重要,而是因为经济社会发展出现的新情况、新问题和新变化,用抽象的企业理论或者从大型企业的视角,解释不了这些问题。

　　1、确立新的发展理念,需要侧重研究中小企业

　　就学术理论界的实际情况看,大型企业已经有其他学科在研究,且研究的时期很长久了。资本家私人所有制大型企业是西方经济学关注的重点对象,国家所有制大型企业是传统政治经济学关注的重点对象。传统政治经济学和经济学有时也关注中小企业,但关注的是中小企业的未来而不是现在。传统政治经济学和经济学的固有观念是,中小企业活动比较集中的区域即资本集聚,必然走向资本集中,所以做大做强是传统政治经济学和经济学研究经济社会发展的共同目标。

　　社会经济学不这样认为。资本集聚不一定走向资本集中。企业发展目标是做好、做优、做强,不一定做大,大和小要顺其自然,不可强求。大不等于强。企业家史玉柱当年在珠海做企业,上至中央领导,下至基层干部,都鼓励他做大做强,投巨资要在珠海建一个标志性建筑,结果破产了。再看中国的国有企业,为了做大做强,快速进入世界500强,不择手段,上市疯狂圈钱,不但造就了一大批"ST股",而且兴风作浪,给中国脆弱的股市制造了一场又一场"股灾"。这样的例子太多太多。做大做强的经济发展目标受的严重挑战。社会经济学着力研究中小企业目的之一就是要确立另外一种发展理念。

2、矫正歧视性的市场准入制度,需要侧重研究中小企业

中国中小企业的性质,我们曾经先后到四川省乐山五通桥区、四川省雅安荥经县和雨城区、四川省内江隆昌县等地调查研究,基本属于私人企业即所谓民营企业。形成过程来自两个路径,一是依靠自身积累发展起来的,二是国有中小企业改革演变而来的。至于成长过程中涉及到的"原罪"和"官商勾结"问题,属于另外一个范畴的研究内容,这里暂时不涉及,只讨论歧视性的市场准入制度问题。

20世纪90年代,中国的"红头"文件明确规定市场的准入原则,"外资可以进入的市场领域,民营(私人)资本原则上也可以进入"。中国人能否进入市场要看外国人的脸色行事。这种"民族缺失症"恐怕要追溯到晚清时候了。现在的市场门槛,政府资本如入无人之境,民间资本在外资能进的前提下"原则上也可以进"。"民族缺失症"表症不一样,病灶却相同,就是所谓的中国缺资本、缺技术、缺人才。以"三缺"为借口,低价转让土地、减免税收、办事不讲程序,向对手让利。政府资本可以进入的市场领域,中小企业(私人资本)不让进;沾了境外资本的光可以进入的市场领域,中小企业(私人资本)又享受不到境外资本的优惠政策。这样的制度环境,中小企业(私人资本)怎么可能做到正常生存、健康发展?

更有趣的事情还在于,为了替政府资本和国际垄断资本独霸市场辩护,中国经济理论界的某些"左"派经济学家居然乞灵于"种族理论"。"种族理论"指的是美籍日本人弗朗西斯·福山1995年著的《信任——社会美德与创造经济繁荣》一书所宣扬。为了说明现代经济发达的动因,福山在书中依据一个国家的人民内部相互信任程度的高低,区别了两类国家、两类文化:一种以德国和日本为代表,其社会内部具有高度的相互信任,没有亲属关系的人们能够相互信任、相互合作,这样的国家就很容易从民间自发地发展起巨型的企业和生产上的广泛分工,因而在 20 世纪成为经济实力最强的国家;另一种则以中国文化为代表,在这种文化中信任度低,人们普遍不信任与自己没有亲属关系的人,因而民间的私营部门很难发展起强有力的巨型企业,这种国家在发展现代的工业化经济上势必落后。明眼人一看就知道,这是二战时期法西斯和军国主义制造的"优等民族"、"劣等民族"谬论的翻版。可是某些"左"派经济学家居然随声附和,福山的这一整套学说"确实对经济发展的历史作出了极为令人信服的解释"。随之,他们广征博引证明中国人的文化心态就是"人们对没有亲属关系的人不真诚、不信任、不自愿合作的文化心态",是"劣等民族"。这样的民族、这样的人民出路是什么呢?有的人就认为,要么"劣等民族"充当"优等民族"的殖民地,要么由国家出面把"劣等民族"的人民统治起来,除此之外没有别的出路。

中国落后、被动挨打,或者中国发展现代经济,主要原因或主要矛盾是缺资本、缺技术、缺人才。撇开动机不谈,这也是一个认识误区。过去、现在和将来都会证明,中国的主要问题,不是缺资本、缺技术、缺人才,中国缺的是科学民主、公开透明、公正公平的制度安排。就境外资本而言,对中国政府让利政策感兴趣的恰恰是那些资本不多、技术不新、才能不高的捞一把就走的投资"游击队",而资本、技术、人才雄厚、善打阵地战的"大兵团",期盼的则是一个科学民主、公开透明、公正公平的市场制度。完善社会主义市场制度,当然要同国际游戏规则接轨,美国是世界上市场经济最发达、市场经济游戏规则最完备的国家,可美国从来是把"民族游戏规则"放在第一位、国际游戏规则放在第二的。我们当然不能向美国学习,但我们也不能顺序颠倒过来,把"民族游戏规则"放在第二位。制定科学民主、公开透明、公正公平的市场经济"民族游戏规则",中小企业的利益、愿望和要求是最基本的参照系。社会经济学就是适应这种要求,主张企业研究的着力点是中小企业。

3、抛弃嫌贫爱富的金融制度,需要侧重研究中小企业

抛弃嫌贫爱富的金融制度是指银行只向富人贷款,不向穷人贷款,具体表现为贷款方要么有财产做抵押,要么有第三方作担保,否则不能贷款。抛弃嫌贫爱富的金融制度,为什么侧重研究中小企业?我们分析研究 2006 年度诺贝尔和平奖之后再来讨论这个问题。

据诺贝尔奖官方网站消息,2006年10月13日当地时间上午11时(北京时间17时),瑞典皇家科学院诺贝尔奖委员会宣布将2006年度诺贝尔和平奖授予孟加拉银行家穆罕默德·尤纳斯及其创立的格拉明银行。诺贝尔和平奖应该授予什么人?按规定,诺贝尔和平奖是表彰那些"为了发展两国之间的友好关系、为了消除或减少军队数量,以及为了维护或促进和平做了最多或最好的工作"的人。那么穆罕默德·尤纳斯又是做的什么工作呢?1976年,穆罕默德·尤里斯搞了一个"如果能提供给贫困户一些贷款,他们能否组织生产自救?"的研究课题。课题试验大约经历了7年时间,于1983年9月正式成立了只给穷人提供贷款的小额信贷银行。到获奖为止,孟加拉小额信贷银行已经发展成为总资产超过10亿美元的全国性大银行,创造了其他商业银行望尘莫及的贷款回收率高达97%的佳绩。孟加拉小额信贷扶贫的成功经验,受到联合国开发计划署的高度重视和充分肯定,并作为向发展中国家发放扶贫贷款的首选方式。穆罕默德·尤里斯是在向传统的金融制度和金融理念挑战。小额信用贷款是金融史上的一次深刻革命。如果真要授什么奖,应该授予穆罕默德·尤里斯诺贝尔经济学奖或者诺贝尔金融学奖,而不是一个不伦不类的诺贝尔和平奖。分析评论2006年度诺贝尔和平奖意在表明,金融制度嫌贫爱富理念根深蒂固,很难改变。

1995年中国开始在农村贫苦农民中试验小额信用贷款,我们从1996年开始对小额信用贷款进行追踪调查。随着调查的向纵深发展,我们发现市场活动主体不仅存在一个农民融资难,还有工人融资难、个体工商户融资难、中小企业融资难;这些市场活动主体融资难问题,不仅中国存在,全世界都存在,于是我们在2002年以"市场竞争中的弱势群体融资难问题研究"为题申报四川省哲学社会科学规划课题并获准立项。我们认为,1694年英国伦敦创办的第一家股份制银行,它的贴现率一开始就规定为4.5—6%,宣告了带有封建割据色彩的高利贷金融制度的结束,是现代银行制度诞生的标志。现代银行制度诞生是金融史上的第一次深刻革命,推动了资本主义经济的发展,是创造现代工业文明的强有力杠杆。穆罕默德·尤里斯创立的小额信用贷款制度是金融史上的第二次深刻革命,必将成为科学发展观的重要内容,成为构造和谐社会、和谐世界的驱动力。因此,我们将在"宏观经济与银行功能定位"一编中对金融史上的两次革命进行深入的比较研究,探索新的金融理念和新的金融制度。

现在可以回答开头提出的问题了。大型企业是金融制度嫌贫爱富理念的受益者,感受不到旧制度和旧观念的不公平、不合理性,而中小企业是旧制度和旧观念的直接受害者,有切肤之痛,感受不一样,要求当然不一样了。社会经济学把中小企业作为企业研究的着力点,有助于剖析不公平、不合理的金融制度和金融理念。

第四节　个体工商户是国民财富研究的空白

2007年9月18日,国家工商管理总局发布的数字表明:1999年全国有个体工商户3160万户,到2006年6月底下降为2505.7万户,个体工商户减少约650万户,平均每年减少87万户。专家认为,严苛的规制、沉重的税费负担、缺位的创业服务等是个体工商户缩水的根源;国家工商总局局长周伯华认为,收费不是主要原因,走上合作经营、合股经营、公司经营道路是个体工商户缩水的根源。我们这里暂不参与个体工商户缩水根源的讨论,只想通过一个案例提出一个问题,个体工商户在现代社会化生产和交换过程中,除了大家熟知的有利于民生就业和方便群众生活之外,还有什么重大作用?

2007年9月,本人应邀到浙江师范大学讲学,同时到浙江义乌调查了解社会经济学关注的个体工商户和中小企业主的生存和发展状况。我们参观考察了三个公司,一个袜子生产工厂、一个饮料吸管生产工厂和一个饰品生产工厂,还参观考察了中国小商品城集团股份有限公司。中国小商品城集团股份有限公司是上市公司,饰品生产工厂的董事长告诉我们,他们已经上报了材料,公司准备上市。三个工厂的发家史大同小异。当初都是个体商贩,积累一定资本之后,开始自己制造、自己销售,其形式就是前门开店,后门办厂,他们集个体手工业者和个体商贩于一身。显然,这种生产方式效率低,缺乏竞争力,不适应社会化生产发展要求。浙江省义乌市政府这只"看得的手"发挥了作用,建造中国小商品城纳入了政府的规划。小商品城起点高,分期建造,商贸城三期2008年投入运营,目前小商品城内登记注册的个体商贩接近6万家,商品辐射212个国家和地区,2007年实现总成交额348亿元,成为名副其实的国际小商品城。小商品城代替了"前门开店"的功能,"后门办厂"就一心一意创造产品了。这些工厂虽然还是中小企业,由于分工明确,专业化程度高,产品又不担心没有销路,所以工厂效益好,竞争力强。比如饮料吸管厂还是亚洲最大的生产厂家,该厂循环用水的工艺流程中央电视台专门作了报道,国家中小企业局还授予节能环保的示范单位。

传统政治经济学只重视政府办的国营大型商场,经济学只重视垄断资本拥有的各种超市,个体工商户没能进入它们的研究视野。社会经济学通过这个案例告诉人们,个体工商户除了有利于民生就业和方便群众生活之外,在流通领域还具备大型商场和各种超市的功能,关键就看社会如何组织和引导。如果有了这个认识,中国个体工商户严重缩水问题恐怕需要重新调查、重新研究了。

第五节 弱势群体与强势群体的关系

社会经济学认为,分清困难群体、弱势群体与强势群体的联系和区别,理论研究上有助于学科建设,实践操作中有助于不同社会经济政策的贯彻执行。弄清上述关系之前,在看问题的方法上我们要强调,这些范畴涉及到的对象是比较而言,不能绝对化;讨论涉及的对象既然是群体,就是指一般情况而不是指个别人的问题;因此群体中的个体就会具备"双重身份"。比如,农民与城市居民比较,肯定是在生产和交换过程中处于不利地位的弱势群体。然而江苏省华西村的农民就不能划入弱势群体。华西村办了许多工厂,招聘了许多外省籍的工人。1995年我们到华西村调查,普通工人月工资才500多元,显然,华西村的工人应当划入弱势群体范围;再比如,中国石油天然气股份有限公司、四川新希望农业股份有限公司等,肯定是在生产和交换过程中处于有利地位的强势群体,但是,他们内部的工人除了自然物的属性能够获得工资之外,没有其他权利,也就没有其他收入来源,这些公司的工人应当划入弱势群体范围,如此等等。前面我们对困难群体和弱势群体做了区分,现在要弄清弱势群体与强势群体的联系和区别,需要从锁定范围、形成原因和研究目的三个方面入手。

一、弱势群体和强势群体范畴均锁定在国民财富的生产和交换领域

国民财富无论多少都是人类同自然进行交换的结果,有的能力强同自然交换过来的国民财富就多些,有的能力弱同自然交换过来的国民财富就少些,所以弱势群体和强势群体首先是与自然发生联系时出现的一对关系范畴;人类同自然进行交换之后事情并没有结束,国民财富还会在人与人之间进行交换。这一种交换就比前一种交换复杂多了,或者是能力的原因,或者是信息不透明的原因,或者是传统观念的原因,或者是社会制度(游戏规则)的原因,一方处于弱势一方处于强势是交换的常态,所以弱势群体和强势群体又属于生产关系的研究范畴。弱势群体和强势群体不是意识形态概念,是对事实判断所形成的两个范畴,与弱势群体定义相对应,强势群体就是在生产和交换过程中处于有利地位的市场活动主体。

有不少专家认为,农民、工人、个体工商户和中小企业主加起来占中国总人口80%以上的比重,说他们是市场竞争中的弱势群体,人们就会问,共产党是怎么执政的?这样的问题很可笑。意识形态放在第一位是科学研究的大忌。科学研究在这里首先要回答,农民、工人、个体工商户和中小企业主在市场竞争中是不是处于弱势地位,至于说是哪个阶级、哪个政党造成的,今后怎么办,这是第二位的问题。"今后怎么办"才存在价值判断和意识形态问题。

二、强势群体的形成是各种社会经济因素综合作用的结果要具体分析

1. 主观努力成为经济社会发展的强势群体成员

同是面对改革开放的大环境,有的公司有的人不断发展壮大,在激烈的市场竞争中始终立于不败之地,成为市场竞争中强势群体的成员,如山东青岛海

尔股份有限公司、四川新希望农业股份有限公司、浙江横店集团东磁股份有限公司、江苏华西村股份有限公司、成都通威股份有限公司,等等;有的公司有的人却不适应改革开放的大环境,终于破产失业,不是降落为弱势群体而是成为需要社会救济的困难群体了。成为需要社会救济的困难群体的人们,原因是多方面的我们暂时不讨论。上面所举成为强势群体成员的公司,主观努力在这里就成为决定性的因素了。

2、竞争垄断成为经济社会发展的强势群体成员

市场经济内在运行机制既有竞争的一面也有协同的一面,有竞争机制就会有胜负、有输赢。至于如何让协同机制发挥作用,不分胜负、力争双赢或多赢,这是一种理想状态,是我们的奋斗目标。而有胜负、有输赢则是市场经济运行的常态。所以,市场竞争中的弱势群体和强势群体将伴随市场经济而永远存在,我们的日常具体工作是使竞争机制不要泛化和极端化,鼓励自由竞争,减少和防范垄断竞争。所谓竞争垄断成为经济社会发展的强势群体成员,是指有些市场活动主体在旧制度和旧观念的保护和纵容下,凭借对技术、资本、人才的垄断成为强势群体中的成员,如美国的通用汽车公司、微软公司,日本的松下电器公司、索尼公司,德国的宝马公司、慕尼黑再保险公司等,属于这种情况。

3、行政垄断成为经济社会发展的强势群体成员

行政垄断成为社会经济发展强势群体的成员,这在原计划经济体制国家是很普遍的社会经济现象。这些市场活动主体凭借行政权力,垄断土地、矿山、通讯、电力、交通等创造国民财富的上游产业,是在国内市场竞争中稳赚不赔的强势群体。如中国石油天然气股份有限公司、中国联合通讯股份有限公司、中国铝业股份有限公司、中国中铁股份有限公司、华电国际电力股份有限公司、中国神华能源股份有限公司等,属于这种情况。

4、官商勾结成为经济社会发展的强势群体成员

官商勾结成为社会经济发展的强势群体成员,如原厦门远华电子有限公司、广夏(银川)实业股份有限公司(简称银广夏)等属此例。这些市场活动主体,坑、蒙、拐、骗、走私、贩毒,杀人越货,什么都敢干,虽然存续时间不太长,但对市场秩序和国民经济的破坏却特别巨大。

三、弱势群体和强势群体的研究是为了完善社会主义市场经济制度

研究弱势群体和强势群体的目的是什么,要从第二个问题强势群体的形成因素说起。依靠主观努力成为社会强势群体成员的市场活动主体,他们是创造历史的火车头,是社会的脊梁,这样的强势群体成员不是多了,而是太少了。在竞争中凭借垄断成为强势群体成员的市场活动主体,其社会作用则要具体分析了。在经济全球化和交通、通讯十分便捷的条件下,任何一家没有权力庇护的市场活动主体,如果不改进技术,不强化内部管理,不重视人才,很难维持其在行业中的垄断地位。垄断竞争并不完全是坏事情,垄断竞争的负面影响是经济失衡,驱使社会朝着两极分化的畸形方向发展,所以,调控垄断竞争是一门高超的艺术。依靠行政垄断成为强势群体成员的市场活动主体,不仅仅是滋生腐败的土壤和温床,而且形成了一个事实上的特权阶层,强势群体中的这部分市场活动主体是深化改革的主要对象。官商勾结成为强势群体成员的市场活动主体,是社会依法打击、取消的对象,自不待多言了。

因此,研究弱势群体和强势群体问题,不是煽动"仇富"心理,也不是挑动"族群斗争",而是为了选准深化改革方向,完善社会主义市场经济制度,激发一切可以调动的积极因素,汇集到中国特色社会主义伟大事业中来。

第七章　微观经济功能定位

微观经济功能定位面对的物权、产权、劳力权等权利关系,是当前社会关注的热点和敏感话题。本章将综合运用历史唯物主义、系统论、结构主义的分析方法,并结合中国经济体制改革实际,力求给微观经济功能准确定位。

第一节　物权、产权、劳力权概念及其关系

俗话说,没有规矩,不成方圆。规则意识是人类文明的象征。了解和认识规则的演变历史,能发现人类文明的脚步;发现人类文明的脚步,反过来就能把握规则的演变趋势。

一、物权与农业文明

什么是物权,现在还没有一个准确、完备定义。好在《中华人民共和国物权法》已于2007年3月16日第十届全国人民代表大会第五次会议通过,这样就有了一个讨论的基础。《物权法》涉及物权定义有以下提法:"本法所称物,包括不动产和动产。""本法所称物权,是指权利人依法对特定的物享有直接支配和排他的权利,包括所有权、用益物权和担保物权。"物权是自然人或法人对物(包

括不动产和动产)享有直接支配和排他性的权利。

  法规研究史上,物权和所有权几乎是当作同等概念在使用,人类所有权意识就是物权意识。学术理论界一般均认为,所有权概念源于古代罗马私法。在罗马法中,物权是所有权中最重要也最完全的一种权利,具有绝对性、排他性、永续性三个特征,具体内容包括占有、使用、收益、处置等四项权利。法国民法典对所有权也沿用了罗马私法的定义,所有权是"以完全绝对的方式享有和处置物的权利,但法律或条例禁止的使用除外。除非因公益使用的原因并事先给予公道补偿,任何人均不受强迫让与所有权"。这说明人类早期的所有权意识就是物权意识。

  相对而言,中国法规研究比较滞后,但不等于说中国人没有法规意识。"王子犯法,与庶民同罪。"这还是法规意识。中国有意识的法规建设应该追溯到秦朝的"商鞅变法"。"商鞅变法"对生产关系的调节,中国史学界存在两派意见。一派认为"商鞅变法"废除了"井田"制度,鼓励开荒,谁开归谁,允许自由买卖土地,实行土地私有制;另外一派则认为"商鞅变法"废除了"井田"制度之后,土地归国家所有,国家对农民实行的是"授田制度",有点像现在中国农村的家庭联产承包责任制,只是到了宋朝土地才归地主和农民私有,国家则更多地以公共事务为其职能。"商鞅变法"是否建立起了土地归地主、农民所有排他性的私有制度,我们暂时不介入学术之争,只表述相关的历史事实。"商鞅变法"废除了带奴隶社会性质的"井田"制度,秦朝开始强大并最终建立起统一的封建帝国。中国从秦朝开始的历次农民起义,都提出了对土地的排他性要求,"太平天国"颁布的《天朝田亩制度》就明确提出了"凡天下田,天下人同耕"的原则。而历朝历代比较开明的开国君主把土地分给无地或少地的农民,国家走向强盛,出现国泰民安的社会局面。中国共产党领导的新民主主义革命获得成功,基本经验之一是满足了广大贫苦农民对土地的要求。中华人民共和国成立后的社会主义现代化建设,基本教训之一是剥夺了农民对土地的排他性要求,1978年开始的改革开放,其实还是从归还农民土地入的手,承认了农民对土地的排他性权利。从人类对物权的要求和期盼来看,大致能得出以下几点认识:第一,物权和所有权没有严格的界限,所有权讲的就是权利人对物的权利;第二,物权的物主要地是指土地,而不动产和动产是现代人的区分和提法;第三,物权意识是推动农业文明的强大动力也是农业文明的制度保证。

《中华人民共和国物权法》(草案)公布之后,北京大学的巩献田教授认为,"《草案》的精神和基本原则是对马克思主义的基本立场和原则的背离,是对中国共产党关于社会主义立法工作方向和原则的背离",是对"科学发展观和构建社会主义和谐社会的基本精神和要求的背离"。他主张法人"公共财产神圣不可侵犯",自然人财产如果受到公共财产一样的保护,是"迎合资本主义全球化和新自由主义经济学谬误"。巩献田教授的观点实际是在"商鞅变法"基础上倒退回到奴隶社会"井田"制度上去了,因为"商鞅变法"的精髓是承认自然人(地主和农民)对物(土地)的排他性权利。

二、产权与工业文明

中国人了解的产权概念源于西方制度经济学,但要全面认识、了解并掌握产权理论,则需要把产权理论放到人类文明的大背景下去考察。

(一)"劳动是财富之父,土地是财富之母"的思考

17世纪,被马克思称为"政治经济学之父"的威廉·配第提出了"劳动是财富之父,土地是财富之母"的名言。威廉·配第的名言在理论上已经阐明,劳动创造财富的劳动价值理论是经济科学的基石,否定劳动价值理论就否定了经济科学自身;实际的生产劳动过程即国民财富创造过程既离不开劳动力,也不开劳动条件;劳动条件包括劳动工具(劳动手段)和劳动对象两个方面的内容,当时的生产力水平十分落后,劳动工具(劳动手段)作为劳动条件地位不突出,作用不明显,劳动对象中的土地就几乎等于劳动条件。所以,威廉·配第就同后来的亚当·斯密一样,认为提高劳动生产率"似乎都是分工的结果"。马克思在评论配第关于分工的见解时就指出:"配第也把分工当作生产力来阐述,而且他的构想比亚当.斯密还要宏大。"

(二)工业革命与产权理论

1、产权与工业革命的关系

1776年,蒸汽机发明标志工业革命开始。工业革命时代与"劳动是财富之父,土地是财富之母"时代相比较,发生了翻天覆地的两点变化:第一,科学技术成为生产力,劳动工具(劳动手段)在劳动条件中的地位和作用已居于主导地

位。人们只要走进汽车制造厂、飞机制造厂、轮船制造厂、火车制造厂、拖拉机制造厂等,再坚持"土地是财富之母"这样的观点,就真是教条主义了。第二,资产阶级取得国家统治地位,占有土地的封建贵族势力面临要么妥协投降、要么抗拒消灭的命运选择,而一同打天下的农民、工人及其他社会下层群众被出卖了,相应地劳动价值理论也就被资产阶级经济学家抛弃了。在资产阶级的眼中,"母亲"(土地)是物质资源,"父亲"(劳动)是人力资源,统统叫做生产要素,社会的责任是有效配置资源,这就是效用价值理论形成的背景;只不过当时的口号叫"为生产而生产",现在叫"效率优先"而已。西斯蒙第站在农民、工人及其他社会下层群众的立场上,坚持劳动价值理论,劳动条件中新的劳动工具(劳动手段)即制造汽车、飞机、轮船、火车、拖拉机等所用固定资产,不能只归新生的资产阶级所有,农民、工人及其他社会下层群众也有份,于是西斯蒙第提出了产权理论。

2、产权是劳动成果的法律用语

西斯蒙第在《政治经济学新原理》一书的第五章中提出了产权理论。西斯蒙第在该书的前面分析过,土地、资本和工资都是"财富的源泉",在这里他进一步认为:"在土地上,在大自然里,有一种绝非出自人的生产能力,这种生产能力就是产权,即经营土地时所尽的努力的报酬。因此,经济学家的结论是:使土地肥沃的劳动,比任何劳动的生产效能都要高得多,因为这种劳动有自然力的帮助,只要人们把自然力唤醒就会获得这种帮助。不过,工厂里所发挥出来的力量也远远超过人的力量,例如:空气的运动,水的运动,蒸汽的运动;至少在土地成为私人财产的各个地区,工厂的产品比农产品获利高得多。在可以任意占领土地的殖民地上,经营土地最有利可图因为这是社会需要的头一项事情。"我们这样大段地引用西斯蒙第关于产权理论的论述,主要出于两个目的,一是忠实于原著,这样有利于我们从整体上把握作者的创作意图;二是因为产权理论在当代有着特别重大的现实意义,需要我们采取特别谨慎的实事求是态度,弄清它的来龙去脉。

首先,西斯蒙第关于"产权,即经营土地时所尽的努力的报酬","使土地肥沃的劳动"等提法,表明一个理论前提,讨论产权不能脱离劳动,产权与劳动成果相关。

其次,产权是集合概念,是系统概念,不是个体概念,不是要素概念;产权主体不是具体指某个人(工人、工程技术人员、管理人员),更不是指资本家;产权主体所涉对象不是物,是一组"权利束",是一群人的权利。

再次,西斯蒙第把产权主体的高效能归结为"空气的运动,水的运动,蒸汽的运动"等因素,是因为当时还没有企业理论和系统论等新的科学知识出现,才做了这种错误判断。我们不能因此苛求前人,需要我们记住的是西斯蒙第对新生事物的敏感。

根据西斯蒙第的见解,我们对产权的定义是,产权是劳动成果的法律用语。理论形态的劳动成果获得法律认同叫知识产权,发明创造的劳动成果获得法律认同叫专利权,实物形态的劳动成果获得法律认同就转化为物权,于是就有了动产和不动产的理论概括。产权是工业革命的产物,产权又缔造了工业文明。

3、产权研究目标是建立科学合理的企业制度

科学合理的企业制度可以从以下三方面约定:

第一,科学的企业制度与传统(现存)的企业制度的根本区别在于:科学的企业制度,产权是内生、独立并受国家法律保护的权利。所谓内生是指产权源于企业劳动群体,而独立是指产权也是一种不受侵犯且具排他性的权利主体;传统(现存)企业制度的产权是派生、依附不受国家法律保护的技术,所谓派生是指产权来源于物权主体的授权。

第二,合理的企业制度与传统(现存)的企业制度的根本区别在于:合理的企业制度,产权源于企业劳动群体,同物权主体(政府或者资本家)一样平等地拥有企业(股份有限公司)收益的处置权和分配权,而传统(现存)的企业制度则是物权主体(政府或者资本家)独霸企业(股份有限公司)收益的处置权和分配权。

第三,科学的东西意味着学习,合理的东西意味着调整。合理的东西意味着调整意思很明白。合理与不合理是个相对概念,今天合理明天不一定合理,此地合理换一个地方不一定合理,所以,合理的企业制度是个动态概念,随时随地都要根据实际情况,对制度进行必要的调整。调整的标准和尺度只能是一元不能是二元:解放、发展和保护生产力,这就是合理企业制度调整的标准和尺度。而科学的东西意味着学习这个道理许多人就不明白了,现在介绍两个案例说明科学与学习的关系。

案例1:现在大家都知道了,泰罗发现和发明的科学管理原理是适应农业社会向工业社会过渡需要的伟大创造,是经验管理转向科学管理的标志,其社会效果对资产阶级有利,对工人阶级也有利。可是,科学管理原理一出台,代表工人阶级利益的所有工会都反对,资本家也坚决反对,推行不下去。美国国会只好通过试验来证明其科学性和可行性了,这就是美国国家调查委员会20世纪初期长达8年之久的"霍桑实验"的由来。

案例2:20世纪90年代,中国国有中小企业产权改革,由于中国是社会主义国家,一般都知道马克思的剩余价值理论。产权改革起动之初,我们前后调查了10来家企业,都还比较规范:企业通过评估,属于政府那份的存量资产,划归社会保障机构,作为退休工人的养老保险金;属于企业那份的存量资产叫产权,管理人员、科技人员和普通工人,按照贡献大小划分为各个人的股权。人们不懂产权理论的问题在运行过程中暴露出来了。作为科技人员和普通工人一方,以为是股东拥有产权,就是老板了,就是自己说了算,管理人员不听从,就闹,说他们顽固坚持旧制度;他们不知道,产权是劳动者群体的一束权利,通过民主程序产权转化为自然人的职能,产权才有效能。作为管理人员一方,过去只对上级负责就行了,现在没有上级,只分内外,外对市场负责不适应,内对管理对象负责更不适应,没有民主决策的概念和习惯,有点无所适从。党政部门的政策研究人员也不明白产权理论是怎么回事情,再加上西方经济学的影响,通过调研得出的结论是:产权改革搞股权平均化,是新的"大锅饭",是新的平均主义,没有效率,必须"培植大股东"。2005年,当我们再去几个县调查国有中小企业改革现状时,无一例外,都变为"大股东"的私人企业,工人又回到一无所有的地位上去了。

(三)国家直接干预失效与产权革命
1、产权革命与非国有化运动

国家直接干预就是政府投资兴办企业从事物质生产活动。国家直接干预是历史的产物,国家直接干预失效也是历史的产物。20世纪70年代,国家直接干预失效暴露无遗。国家直接干预失效在社会主义国家表现为"短缺",在资本主义国家表现为"滞胀"。政府退出市场成为世界的呼声和潮流。产权革命是

20世纪末期非国有化运动的旗帜。这场非国有化运动,资本主义国家从英国首相撒切尔夫人1979年私有化开始,中国从1978年实行改革开放开始,差不多都有30年的历史,可以总结一些基本经验出来了。

2、产权革命阉割了产权理论的灵魂

政府从物质生产领域退出,国有存量资产(动产和不动产)按照什么原则处置呢?按照西斯蒙第的产权理论事情原本是这样:国有存量资产既包括劳动条件所有者(政府)历年收益的沉淀,也包括劳动能力所有者(工人、工程技术人员和管理人员)历年剩余劳动所创价值的沉淀。我们如果按照这个原则对国有存量资产进行处理,政府所得资产可以转让也可以继续留在企业,但无论何种情况,政府只拥有物权,没有产权,因为产权是"劳动回报权"。产权是劳动能力所有者(工人、工程技术人员和管理人员)的一束权利。

资产阶级及其代言人不承认劳动价值理论,只认财富,不认"财富之父",就用合约关系定义产权,说"产权的出现是国家统治者的欲望与交换当事人努力降低交易费用的企图彼此合作的结果"。产权确有"降低交易费用"的功效,然而回避产权的来源即归属问题,产权就变成为一个"一切时代为主子者"可以接受的东西了。于是,他们就制造了什么国家所有制产权模糊、不明晰,产权量化到少数官员和资本家头上产权才明晰等半通不通、文不对题的理论观点,产权成为权贵资本主义的御用工具。产权革命与产权理论毫无共同之处。

3、产权革命是西方的意识形态工具

产权革命分为明晰产权、私有化、股份制三大步骤。明晰产权是说国家所有制产权模糊,权责不清,所以没有效率;私有化是说政府退出后的财产归谁的问题,中国不叫私有化,叫"MBO"或者叫"培植大股东";股份制是说财产的组织方式。产权革命给世界带来的不是福音,而是动荡不安和怨声载道。苏联解体,俄罗斯"国民经济几乎休克了,国家几乎休克了,人民几乎休克了";中国的产权革命使少数权贵一夜暴富,对老百姓来说则成为从荷包向外掏钱的工具。产权革命成为西方意识形态的工具是产权理论的悲剧。

西斯蒙第"播下的是龙种,收获的却是跳蚤"!

三、劳力权与信息文明

劳力权是新概念,但劳力却是一个十分古老的概念。劳力权与信息文明的关系需要在比较中去认识和把握,因为信息文明也是新概念。

(一)劳力权的内涵与诉求

春秋战国时期的孟子(约公元前 372～约前 289)说:"或劳心,或劳力。劳心者治人,劳力者治于人。治于人者食人,治人者食于人:天下之通义也。"劳力这个概念的出现有两千多年的历史,而劳力权包含在亚当·斯密的"劳动所有权"范畴之中。"劳动所有权"是劳动者依法拥有生产要素身份的生存和发展权、独立人格身份的对财富收益的处置权和分配权以及财富拥有者身份的对财富保值和增值的融资权。企业中依法拥有"劳动所有权"的劳动者实际由三部分人构成,一是企业管理人员,二是企业工程技术人员,三是企业普通工人。劳力权就是普通工人"三重身份"所应当享有的权利。

这里为什么单独提出劳力权问题进行讨论?

第一,普通工人生产要素身份的生存权、发展权,虽然西方资本主义发达国家基本解决,但中国无论是理论还是实践,都是一个悬而未决的问题。

先看实践。中国普通工人劳动报酬太低,已经成为经济社会发展的瓶颈,所以中共十七大报告提出了"提高劳动报酬在初次分配中的比重"的要求,但是面对百年不遇的全球金融危机,人们仍在"降低劳动报酬"上动脑筋。国家人力资源和社会保障部于 2008 年 11 月 17 日发出通知,"暂缓调整企业最低工资标准"就是证明。维持劳动力简单再生产的必要投入叫最低工资标准。劳动力简单再生产都不能维持,谈什么生存权、发展权?

再看理论。美国政府为巩固霸权地位不计后果地滥发钞票,新兴经济体为"显富"不惜代价地增持外汇储备,全球金融危机是两股力量综合作用的结果。或者说全球金融危机是资本主义发达国家无节制奢侈性消费和发展中国家普通工人严重消费不足综合作用的结果。所以,中国应对全球金融危机的基本思路应该是增加普通工人的收入,扩大内需。可是,中国的主流经济学家却把矛头对准保护工人生存权和发展权的《劳动合同法》,公开要求国家立即废除《劳动合同法》以应对全球金融危机!

第二,企业管理人员和工程技术人员的合作者身份所具备的对财富收益的处置权和分配权,舒尔茨的人力资本理论提出后,几近解决。比如,美国硅谷企业中的管理人员和工程技术人员,同劳动条件提供者的权利就没有多少区别了。可是,普通工人的劳动能力还没有划入人力资本的研究范畴。简单说,资本主义发达国家"劳心"者的合作者身份解决了,而"劳力"者的合作者身份没有解决。

第三,普通工人的融资权在资本主义发达国家也没有解决。美国律师和投资银行家路易斯·凯尔索提出的员工持股计划可以向银行贷款,前提是公司出面担保。这样一来,"员工持股会"就是在老板保护下的一个福利性组织,而不是一个独立的投资主体。简单说,老板不愿担保,普通工人就没有向社会融资的机会。

上面事实的叙述表明,"劳心者"的劳动所有权即劳动者"三重身份"所拥有的权利,已经不同程度获得社会的认同,而"劳力者"权利除了作为生产要素的残缺不全的生存权和发展权之外,其他两种身份所具备的权利还没有提上议事日程,这就是我们单独提出劳力权问题进行讨论的原因。

(二)劳力权与信息文明

信息文明和劳力权一样是新概念,需要在比较中去认识和把握。

本书第五章在结尾中说:"为追求真(科学)、善(人道)、美(和谐)有机统一的崭新文明,中国人民无论付出多么巨大的民族牺牲,仍将义无反顾地持续探索,而以暴发户为唯一参照系的资本主义畸形文明恐怕要画上一个句号了。"真(科学)、善(人道)、美(和谐)有机统一的崭新文明我们定义为信息文明。

信息文明第一个需要扬弃的是以暴发户为唯一参照系的资本主义畸形文明。所谓以暴发户为唯一参照系就是只讲财富增长而不讲道德以牺牲社会公平正义为代价的经济社会发展模式,这是西方经济学供认不讳的主张。

封建社会创造的农业文明,重视人伦、重视道德、重视友情,这是小生产者求生存谋发展的重要条件,中国民间倡导"远亲不如近邻"说的就是这个道理。但是,农业文明的伦理道德,的确又包含有忠君、等级观念等封建糟粕,所以,建设信息文明,既要承继工业文明,大力发展生产力,还要恢复农业文明。当然,在恢复农业文明的过程中,绝不能让封建糟粕死灰复燃。

关于美（和谐）目标，本书第四章"社会经济学的方法"分析表明，对称是一种美。价值理论的根本诉求是对称诉求。劳动价值理论的诉求是贡献与回报对称，多劳多得，不劳动者不得食，贡献与回报的非对称加剧带来两极分化；效用价值理论的诉求是生产与消费对称，需求与供给对称，生产与消费的非对称加剧形成经济危机；均衡价值理论的诉求是代价与补偿对称，代价与补偿的非对称加剧将造成社会危机。

信息文明是真（科学）、善（人道）、美（和谐）有机统一的崭新文明，很显然，信息文明是劳力权能否完整实现的条件，同时，劳力权能否完整实现又是信息文明的根本标志。亚当·斯密说："劳动所有权是一切其他所有权的基础，所以，这种所有权是最神圣不可侵犯的。"历史发展进程却与亚当·斯密开了个玩笑。

劳动所有权是一切其他所有权的基础，"其他所有权"当然包括物权了。物权是农业文明（封建社会）的产物，可作为"基础"的劳动所有权至今没有进入任何一个国家的法律程序，更不用说劳动所有权中的劳力权了。"最神圣不可侵犯"的是物权，而劳动所有权特别是劳力权则始终处在被侵犯的地位。

按照孟子的分类方法，劳动所有权应该是劳心权和劳力权的总称。工业文明形成的产权理论实际是劳动所有权理论在新的历史条件下的应用和发展，制定劳心权和劳力权的学理基础已经具备了。可是，资产阶级及其代言人在民主革命成功取得统治地位之后，过河拆桥，用效用价值理论否定劳动价值理论，背叛和抛弃了与之浴血奋战的劳力者；现代化建设历史进程中，资产阶级及其代言人用人力资本理论代替产权理论，产权革命就同历史上的民主革命一样，再次背叛和抛弃了劳力者。

封建主领导的农业文明确立起物权神圣不可侵犯的原则，资产阶级领导的工业文明确立起以劳心者为基础的产权神圣不可侵犯的原则，说句十分不中听的话，依照轮次排队，也该轮到劳力权神圣不可侵犯了。所以我们说，完整实现劳力权又是信息文明的根本标志。

（三）劳力权保护与中国的《劳动合同法》

工人在企业中作为自然物资同其他任何生产要素一样，维持简单再生产和扩大再生产能力是社会发展和进步的前提和基础。中国工人在企业中生产要素身份的确认和保障,2007年6月29日第十届全国人民代表大会常务委员会第二十八次会议通过的《中华人民共和国劳动合同法》是一个标志。工人另外两重身份的确认和保障还没有提上议事日程,而《劳动合同法》颁布实施后,争议不断。右派经济学家说《劳动合同法》在搞"大锅饭"和平均主义,"左"派经济学家则指责《劳动合同法》忽略了国家利益。

1、保护劳动力的合法权益是不是"大锅饭"和平均主义

对《劳动合同法》批评和责难最多的条款是第十四条关于无固定期限劳动合同的问题。批评者说,这是搞"终生雇佣制",是推行新的"大锅饭"和平均主义,"是维护懒人"的利益,等等。为了客观公正起见,我们把无固定期限劳动合同的订立条件原文抄录于后:"用人单位与劳动者协商一致,可以订立无固定期限劳动合同。有下列情形之一,劳动者提出或者同意续订、订立劳动合同的,除劳动者提出订立固定期限劳动合同外,应当订立无固定期限劳动合同:(一)劳动者在该用人单位连续工作满十年的;(二)用人单位初次实行劳动合同制度或者国有企业改制重新订立劳动合同时,劳动者在该用人单位连续工作满十年且距法定退休年龄不足十年的;(三)连续订立二次固定期限劳动合同,且劳动者没有本法第三十九条和第四十条第一项、第二项规定的情形,续订劳动合同的。用人单位自用工之日起满一年不与劳动者订立书面劳动合同的,视为用人单位与劳动者已订立无固定期限劳动合同。"

这些条款不但考虑了劳动者的利益,还充分照顾到顾主方的利益。我们简化并解释无固定期限劳动合同订立条件:情形之一,用人单位连续工作满10年;情形之二,"老单位"连续工作满10年且距法定退休年龄不足10年;情形之三,连续订立二次固定期限劳动合同且劳动者没有第39条和第40条第一项、第二项规定的情形——第39条情形是劳动者行为失范被顾主解除劳动合同,第40条的一、二项情形是劳动者伤、残或者太笨被顾主解除劳动合同;情形之四,顾主方视《劳动合同法》为儿戏,用工1年了还拒不订立书面劳动合同。订立无固定期限劳动合同设置了这么高的"门槛",怎么会与"终生雇佣制"混淆起来?至于新的"大锅饭"和平均主义更无从说起。我们大学毕业时月工资42.5元,转正后50元且10年不变,八级工人到退休时月工资也才80多元,这才是"大锅饭"和平均主义。《劳动合同法》和"维护懒人"牵扯不到一块。

平心而论,《劳动合同法》是一个国家、顾主和工人三方获益的布局,纵观整个条款,仅仅限制和约束了开除和辞退工人的随意性行为,这又有什么不好? 20世纪90年代,政府打着改革的旗号,倡导用"三铁"(铁面孔、铁手腕、铁心肠)破"三铁"(铁饭碗、铁工资、铁交椅)的时候,针对厂方随意开除和辞退工人以达到强化管理的目的,我们就分析指出:现在不谈高雅的什么层次需求理论,安全需求是动物的本能或生存需求,工人是人不是牲口,即便是牲口,若成天在没有安全保障、惊恐的环境中生活,也会短命的,何况是人呢! (见拙著《结构经济学》四川科学技术出版社,1994)

2.国家、企业、劳动力三方利益关系应当怎么排序才对

按照中国"左"派的看法,国民财富的分配关系应该是"国家利益＞集体(企业)利益＞个人(工人)利益",所以20世纪90年代在中国农村推崇这样一种分配制度:"交够国家的,留足集体的,剩下就是自己的。"我们当时就问:交够国家的,留足集体的,自己不剩活不下去怎么办? (见拙著《结构经济学》四川科学技术出版社,1994)这里,"左"派经济学家把政治原则和经济原则混为一谈了。讲政治原则,比方国家受到外敌入侵或遭遇重大灾害,国家利益＞集体(企业)利益＞个人(工人)利益,这个排序完全正确;如果讲经济原则,马克思再生产理论是唯一科学、合理、正确的尺度,排序就得颠倒过来,就是个人(工人)利益＞集体(企业)利益＞国家利益。这个道理很简单,个人(工人)没有维持扩大再生产和简单再生产的能力,在萎缩状态下进行再生产,其后果是种族的衰败和消亡,还奢谈什么集体(企业)利益和国家利益! 所以,《劳动合同法》维护劳动者简单再生产和扩大再生产能力的规定,没有什么可指责的。

第二节　结构、功能、机制的概念及其信息传递

第一节简单分析介绍了物权、产权、劳力权等概念内涵及其关系,实质是人在国民财富生产和交换过程中结成的利益关系。人的这种利益关系要得到社会认同和保护必然涉及与上层建筑的联系。现在人们习惯用结构、功能、机制

等概念认识和把握整个经济社会的运行状态及过程,所以,本节先对这些认识工具作些基本介绍,然后在第三节再讨论人的这种利益关系与上层建筑的联系。

结构、功能和机制是系统论的三个基本范畴,而信息传递是有机系统存在和活动的条件。结构指系统要素的搭配和组合方式,功能指系统的潜在作用,机制指系统功能显现的激发因素和约束条件。结构、功能和机制是个整体,相互作用由信息传递。结构决定功能,用贝塔朗菲的话来说,结构就是功能,"归根到底,结构(即部分的秩序)和功能(过程的秩序)完全是一回事"。功能与机制必须耦合,否则,功能显现不出来或者功能会被扭曲。耦合是指两个(或两个以上)体系或运动形式之间通过各种相互作用而彼此影响的现象。当其存在下面任何一种原因,体系或运动形式之间就不可能出现或实现耦合:(1)两个体系或两种运动形式之间无内在联系;(2)两个体系或两种运动形式之间有联系,但缺少条件(如电路未耦合是没有公共阻抗);(3)两个体系或两种运动形式其中一方的结构和功能出了故障;(4)信息传递不能适时或者失真。耦合是存在相关关系系统或运动形式之间的联系方式,也是相关系统或运动形式功能是否正常发挥的尺度。

第三节 政府、中介、市场活动主体的关系及其调整方向

微观经济(市场活动主体)不管是自然人还是法人(个人、家庭和企业),其功能怎么定位、能不能定位,或者说其利益关系能否得到社会的认同和保护,这里接着第二节的话题,从结构、功能、机制的关系入手,对上面所涉问题展开讨论。

一、单摆耦合实验与中介环节

机制同耦合原都是物理学概念。机制原指机器的构造和动作原理,系统科

学的机制指系统功能显现的激发因素和约束条件。当物理学家研究单个机器的构造和动作原理时,要使用机制这个概念;当机器运动与另一独立的机器系统相互作用而彼此影响时,则称之为耦合。社会科学广泛使用机制一词,却把耦合一词晾在一边,撇开价值偏好原因,认识上恐怕也有问题。我们把认识上的问题设定在对耦合不懂的范围之内,所以讨论问题就从单摆耦合实验开始。单摆耦合实验十分简单,大人会做,儿童也会做。单摆耦合实验如下图:

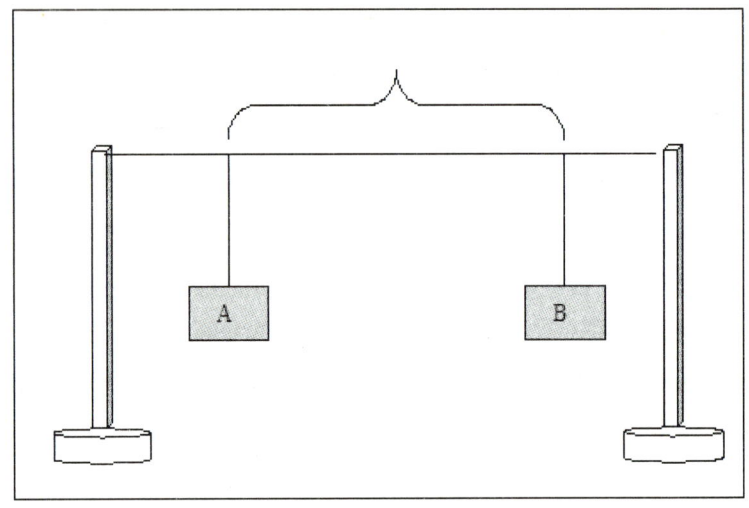

吊在线上的两个物体,A假定为政府,B假定为企业(市场活动主体)。实验开始:(1)当去掉中介,把A和B捆在一起即政、企(市场活动主体)不分时,我们推动A,B和A做作相同方向的运动;(2)当保留中介,把A和B两个物体分别吊在线上即政、企(市场活动主体)分开时,我们再推动A,耦合现象出现了:A摆动,B却不动;A突然停下时,B却摆动起来;后面就是A和B的交替摆动。

单摆耦合实验在这里只想表达两层意思:一是说政府与企业(市场活动主体)是两个有关联的独立系统,相互作用必须通过中介传递,所谓间接调控指的就是这个意思;二是说作为一个完整的知识体系,我们只知道机制却不了解或不愿意了解什么是耦合,不可以。

二、汉字结构与中华文化遗产

中国汉字结构除了极个别情况之外,字义就是客观事物的真实反映。鲜,鲥,鲍,鲂等均与"鱼"有关;床,椅,桌,柜等均与"木"有关;池,泽,沸,酒等均与"水"有关;灯,炊,炒,炕等均与"火"有关;等等。现在我们深入分析"腐"字表达的意思和哲理。单就字面看,官(府)商(肉)勾结为"腐";如果从社会经济结构方面分析,"腐"字所表达的深刻哲学思想就不是那么简单了。下面这个简单的模型说明:政府作为上层建筑的核心和整个社会经济的调控中心,如果直接掌握和控制社会物质财富,必然是最腐朽的生产方式和最腐败的政府;社会经济健康有序发展,唯一出路是把"腐"字拦腰切断,把"府"和"肉"分开,增加一个中介环境,其过程就是经济结构改革(经济制度和经济体制改革)。

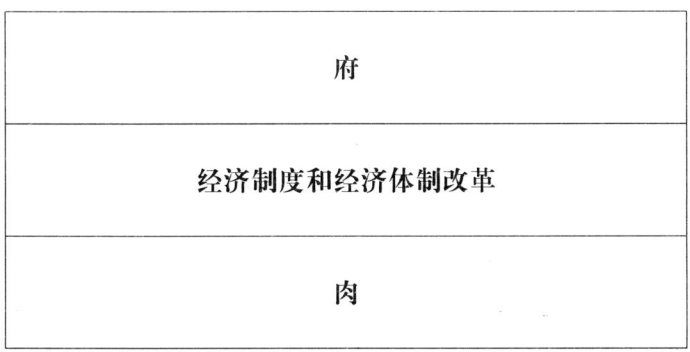

如果有人认为"腐"字结构既不是历史教训的科学总结,也不是对客观规律的正确反映,或者认为我们这样解读"腐"字十分的牵强附会,那么历史唯物主义对经济社会结构的描述也会证明:"腐"字结构生动、具体地揭示了人类建立经济社会结构应遵循的一般规律。

三、经济社会结构与历史唯物主义

历史唯物主义关于经济社会结构的论断,不仅原社会主义国家的理论工作者耳熟能详,而且系统论创始人贝塔朗菲和结构主义创始人皮亚杰也推崇备至,这就是关于生产力决定生产关系、生产关系的总和构成社会的经济基础、经济基础决定上层建筑、上层建筑对经济基础和生产关系对生产力又有反作用的一套分析和描述,其图形表示如下:

社会经济学

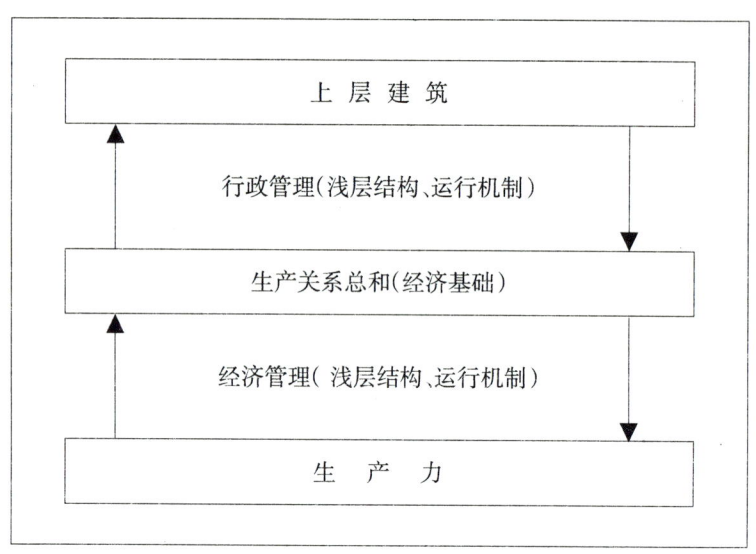

生产力、生产关系(经济基础)和上层建筑,在社会经济结构中是相对稳定的物质要素,通常叫深层结构,又叫社会的基本经济制度。由生产关系所有者或社会的统治阶级派出专家内行做他们的代理人,组织生产力,反映生产力和生产关系的愿望和要求,并协调两者关系所进行的活动,就是经济管理;同理,联系经济基础与上层建筑所产生的活动就是行政管理。经济管理和行政管理在社会经济结构中,是传递物质要素作用力和反作用力的中介环节,通常叫浅层结构,又叫运行机制。

中国改革开放前的社会经济结构是单一的国家所有制,城市表现形式是"政企不分",农村表现形式是"政社合一","府"和"肉"合为一体。20世纪80年代中期,经济理论界说社会主义国家生产关系"缺位",有的又说社会经济结构"扭曲",指的就是这种现象。改革只动浅层结构,不动深层结构;改革只改经济机制,不改经济制度;不愿意把"府"和"肉"分开,整个社会在生产关系"缺位"和结构"扭曲"的状态下运行:搞计划经济是"一切只听中南海"的,而搞市场经济则是"政策出不了中南海"。

第二编　微观机制选择与生产方式类型

第八章　微观经济运行机制与选择

微观经济运行机制是不以人们主观意志为转移的客观存在,市场竞争机制是这样,市场协同机制也是这样。一个社会微观经济运行究竟以什么机制为主导,则决定于人们主观认识能力和价值偏好。

第一节　自由竞争、垄断竞争与经济波动

市场竞争机制西方经济学研究得很透,已经形成了一个逻辑严密的知识体系,所以,这里对市场竞争机制及其相关问题只做一些简单的介绍和分析。

一、自由竞争与无政府状态

自由竞争市场有的也称完全竞争市场。竞争是物质生产和交换活动主体之间为实现利益最大化拼输赢的较劲过程,而自由竞争是指物质生产和交换活动主体独立自主决策且较劲过程必须机会均等的制度安排。有了这个前提和基础,才有需求等于供给的市场均衡概念,才有买方市场和卖方市场的情势判断,以至于才有银根抽紧或银根松动的宏观决策,等等。社会主义政治经济学没有这些概念和范畴。计划经济体制下,政府生产什么,老百姓就消费什么,政

府预算只需在生产和消费两者之间找平衡。所以在很长一段历史时期,中国经济学家只知道平衡而不知道什么是均衡;老百姓消费什么,消费多少,政府统一发放的各种票证做出了明确规定,在社会主义政治经济学教科书中,就没有买方市场和卖方市场这样的范畴。至于宏观经济政策,更是一笔糊涂账。我们提出这些问题只在强调一点,物质生产和交换活动主体独立自主决策且较劲过程。必须机会均等的制度安排是自由竞争市场或完全竞争市场的前提和基础。

把自由竞争与无政府状态等同起来源于封建和"左"的意识形态。中国几千年封建专制统治,等级观念和依附意识根深蒂固,"吃得苦中苦方为人上人"是人生的理想和追求,当其失势时不依附于人就觉得没有主心骨,当其得势时没有人依附就觉得生活没有乐趣。所以,人们把独立自由与任意胡来相混淆就是很自然的事情了。"左"的意识形态把消灭资本家私人所有制演变为消灭一切私有制,把"剥夺剥夺者"演变为剥夺财产所有者,甚至于认为小生产者是比国家资本主义还要可怕的势力。封建不容忍自由,"左"也不容忍自由。封建的东西以"左"的面孔复活了,这仍然是我国当前市场经济不能在健康有序状态下运行的深层次原因。

诚然,自由竞争有可能出现无政府状态。无政府状态即无序状态,通俗讲就是各个市场活动主体不按规矩出牌。市场活动主体不按规矩出牌分为两种情况:一种情况是因为没有规矩,政府管理不到位出现的无政府状态,只要政府管理到位,无政府状态就会消除;另外一种情况是有规矩,也有政府管理,可不按规矩出牌的责任人恰恰是一身兼二任的政府自身,这叫有政府的无政府状态。很显然,自由竞争导致的无政府状态容易矫正,而有政府的无政府状态很难矫正。

二、垄断竞争与反垄断法

前面讨论的内容是自由竞争市场或完全竞争市场所需要的制度条件,同时还需要许多物质条件,当这些条件不具备就是我们经常面对的垄断竞争市场,也称不完全竞争市场。美国哈佛大学的爱德华.张伯伦于1933年撰写出版的《垄断竞争理论》一书,属于这个领域的代表作。按照目前的实际情况,垄断大约可以分为三类,一是行政垄断,二是自然垄断,三是竞争垄断。

1、**行政垄断**。

行政垄断也称市场准入障碍。行政垄断区分为两种情况，一种是政府办公司禁止私人进入该领域，如目前中国的交通、能源、通讯等就只能政府一家经营；另外一种是保护社会的创造能力而设置的市场准入门槛，如专利保护。

2、**自然垄断**。

自然垄断是指竞争反而会带来效率损失的生产经营方式，比如，在一个城市安装固定电话，几家公司竞争，重复、交叉的线路，带来的是资源的浪费；再比方，矿山开发，几家公司竞争，滥采滥发，不仅会丧失效率，还会带来对生态环境的破坏。

3、**竞争垄断**。

除了行政垄断和自然垄断就是竞争垄断。竞争垄断的典型形式是价格垄断，一般经过几家公司结盟而形成。判断竞争垄断中的技术垄断时要同专利保护相区别。专利保护一是有明确的时间限制，二是特指对某种技术的使用权限；而技术垄断没有时间约束，凭借拥有某项专有技术迫使消费者接受其他产品的消费。

由此观之，对于垄断的利弊要具体问题具体分析。为了抑制垄断的消极作用，市场经济国家一般都制定了反垄断法。《中华人民共和国反垄断法》已由中华人民共和国第十届全国人民代表大会常务委员会第二十九次会议于2007年8月30日通过，并自2008年8月1日起施行。这可以作为我们讨论垄断竞争与反垄断法问题的基础。该法律条文反映了现实经济发展的需要，一方面它承诺"保护市场公平竞争"，另外一方面又坚持政府办公司，随着经济改革向纵深发展，矛盾就会曝露出来。比如，总则第七条规定："国有经济占控制地位的关系国民经济命脉和国家安全的行业以及依法实行专营专卖的行业，国家对其经营者的合法经营活动予以保护，并对经营者的经营行为及其商品和服务的价格依法实施监管和调控，维护消费者利益，促进技术进步。""关系国民经济命脉和国家安全的行业"不能成为政府垄断经营的借口。美国同样有"关系国民经济命脉和国家安全的行业"，包括军工产品在内，却是民间在生产经营，中国政府为什么不可以向美国政府学习呢？这是一个社会分工问题，不是姓"资"姓"社"的问题。

三、经济波动与经济危机

竞争机制与经济波动是因果关系,与经济危机则是关联关系。

竞争机制的激励作用下形成的经济波动,主要表现在以下几个方面:一是新技术和新产品的发明创造。新技术和新产品是最强有力的竞争手段,然而,新技术和新产品很可能会淘汰原有的职业、原有的公司,甚至整个行业,例如汽车的发明创造淘汰了马车行业,使马车夫和铁匠失业。再比如,纺织机的发明创造淘汰了手纺机,从而导致大批手工业者失业。二是企业做大做强的环境压力。适者生存,大鱼吃小鱼,小鱼吃虾米,这些都是人们对竞争机制的生动描述,做大做强成为每个市场活动主体的内在驱动力。市场活动主体做大做强的过程会有两种情况是始料不及的,一种情况是企业盲目扩张做大了,管理跟不上,结果做垮了;另外一种情况企业确实做大做强了,产品过剩销售不出去,企业被迫减产、辞退员工。三是雇主不择手段地追求利润最大化。劳动成本与企业利润最大化是一对矛盾。雇主不择手段地追求利润最大化,压低劳动成本,既是社会需求不足的根源,也是社会两极分化的根源。

竞争机制的压力促使市场活动主体发明创造新技术、新产品,努力做大做强企业,以期实现利润最大化,而这些活动过程必然带来经济波动,所以竞争机制与经济波动是因果关系。但是,竞争机制并不必然导致经济危机。经济波动是经济运行的常态,而经济危机是经济运行失控的表现。经济工作目标是避免经济危机爆发,使经济沿着微波化的方向运行。

第二节 市场竞争、市场协同与稳定发展

西方经济学讨论市场机制只注重竞争机制是种片面性。上世纪 90 年代,中国把市场竞争机制极端化和泛化,更是理论研究和政策制定的认识误区。真实的社会经济生活不是这样。

案例一　四川省隆昌县禽苗市场

四川省隆昌县禽苗市场始建于1986年,是全国最大的禽苗市场,是农业部的"定点市场",也是四川省生态农业重点调研对象。

四川省隆昌县禽苗市场发展经历了两个时期。上世纪90年代,隆昌禽苗市场在无序的竞争中发展。开始市场很红火。本地客商利用信息不对称的优势欺骗外来客商,市场逐步萎缩。2003年9月建立起来的四川省隆昌县禽苗市场开发有限责任公司,采取"公司十协会十基地十养殖户"的利益联结方式,积极与生产基地农户、孵抱大户、营销大户签订合同,进行利益联结,并根据国家相关政策法规,加强市场标准化建设,推动各种批发市场的改造、规范和升级。比如,公司每天上午9点准时公布头一天各种禽苗价格,避免恶性竞争;同时对养殖户、孵抱户、营销户进行技术培训,提高他们的综合实力。目前,公司占地面积20000平方米,有育雏室634间,电孵机458台。公司以禽苗交易、孵抱、育雏为主,以兽药、饲料等经营为辅,共吸纳县内外1200个种禽场、养殖场、25000多户养殖专业户、2000多户孵抱、运输专业大户的种蛋和禽苗进入市场交易。禽苗交易量达50—80万羽/日,年交易量达2亿羽,交易额达3.5亿元,年配套销售饲料、兽药4.6亿元。发售禽苗辐射全国28个省(市、区)、500多个县(市),其交易量和辐射力在全国同类市场均属第一。隆昌禽苗市场的快速发展,拉动了隆昌县饲料、兽药、羽绒、运输、餐饮等行业的发展。

简要点评:

四川省隆昌县禽苗市场开发有限责任公司是典型的农民专业合作经济组织。该组织发展现状既使我们感叹市场的神奇力量,同时也使我们认清了市场机制的两面性特征。市场活动市场主体排他性的一面固然很突出,然而使人感受最深刻的却是市场活动主体相互依存性的一面。

市场活动主体相互依存性特征最直观的感受是内部联系紧密的专业链条。一台大型孵抱机一次能孵10万羽小鸭,孵出的小鸭是另外的农户销售。当天若销售不完,市场周围有专门的农户负责存放,存放小鸭拉的鸭屎因是极好的饲料,所以第二天一定有农户来打扫卫生,这一环紧扣一环的专业链条,完全由市场完成。

市场活动主体相互依存性特征最具科学研究价值的另一面是农户对所在集合体的认同感和归属感。这是一个扁平型的组织结构。这个结构里,不会产生"舍我其谁"的英雄,很少有人产生"舍我其谁"的优越感。原因很简单,不管谁,不管什么时间,不管什么地点,"舍我"之后,这个集合体照样健康有序地运行;相反,"我"因为是这个集合体的成员,不但学习到了新的技术,学习到了新的经营管理办法,结交了很多新朋友,而且还因为这个集合体的知名度和影响力,客商越来越多,生意越来越红火,"我"赚的钱也越来越多。农户对所在集合体的认同感和归属感超乎我们的想象。2004年,全国流行高致病性禽流感,隆昌县禽苗市场受到严重影响。我们去调研发现市场周围的茶馆很多农民在聊天,我们问,市场这么清淡,你们跑来做什么?他们回答说:"每天不来转一转,心理不踏实。"

案例二　中国小商品城

浙江义乌中国小商品城集团股份有限公司是一家上市公司。中国小商品城现有面积260万平方米、商铺58000余个、从业人员20余万。来自中国各地的10万余家生产企业包括6000余个知名品牌在这里常年展示43个行业、1901个大类、40万余种商品。日均客流量达20万人次。饰品、玩具、工艺品、日用五金、袜子、拉链等优势商品在中国市场占有30%以上的份额。

2006年,中国小商品城实现总成交额315亿元,连续16次蝉联中国专业市场榜首。其中,外贸出口占总成交额的60%强,商品辐射212多个国家和地区,国外长驻采购商达8000余人。联合国难民署、中国外交部、家乐福等机构都相继在市场设立了采购信息中心,是中国商品走向世界和世界商品走向中国的桥梁。公司现拥有12家分公司、15家参控股企业。2005至2006年,公司连续两年被全球竞争力组织评为"中国上市公司竞争力100强"第二名。

简要点评:

中国小商品城根源于浙江发达的商品经济。2007年,我们考察了小商品城和浙江义乌的几家中小企业。它们的发家史很有意思。浙江义乌的小商品城与中小企业有着内在的逻辑关联。中小企业主创业时就是以贩卖小商品为生,积累到一定资本之后,他们就开始自己生产,因为他们发现生产这些小商品的工艺并不复杂,设备要求也不高,于是就"前门开店,后门办厂",自己当起小老板来了。然而这种"小而全"的生产方式效率不高,当地政府伸出了援助之手。义乌市政府在紧靠高速公路的城市边上划出了一大块地,分期建造小商品城,代替这些中小企业"前门开店"的功能。第三期工程现在已经竣工投入使用,摊位已经出售6万多个了。中国小商品城向我们提出了两个新的问题需要认真思考。

第一,流通领域的很多国有企业,实际上与小商品城的经营方式大同小异,依靠向个体户出售摊位过日子。提出的问题是,政府做规划,老百姓经营"小商品城",或者政府做规划,政府自己经营"小商品城",哪种做法符合市场经济的规律和要求?

第二,流通领域的基础理论研究,只重视像沃尔玛、家乐福、好又多等这样的商业巨子,普适性恐怕有问题。诚然,这些商业巨子因为是定点、直接、批量、统一进货,中间环节少,工作效率高,经济效益好,问题在于像中国这样的发展中国家,没有条件组建起这样多的商业巨子,相反,像"小商品城"这样的商品交易中心却随处可见,如电脑城、鞋城、服装城、科技一条街、手机一条街,等等。这些长期聚集在一块的个体商贩,单个来看,与那些商业巨子肯定没有什么可比性,但是,作为一个集合体则具备商业巨子的功能,这在流通领域是不是一个值得研究的新现象和新问题呢?

案例三 中国西部瓷都

2004年9月23日,中国建筑材料工业协会和中国建筑卫生陶瓷协会联合授予四川夹江"中国西部瓷都"荣誉称号。凭借这块金字招牌,夹江的知名度不断提高,辐射也越来越广。如今,一个以夹江为核心的"陶瓷商圈"雏形已显,在中国西部发挥着越来越大的辐射作用。

目前,夹江已形成了以民营经济为主体,以建陶产业为支柱的特色产业集群。"陶瓷商圈"内共有建陶企业110家,生产线309条,年生产能力达5亿平方米,占全省的2/3,占全国的18%,2006年,夹江建陶及配套产业实现销售收入60多亿元,成为中国西部最大的建陶生产基地和销售中心,"集群效应"业已形成。建陶产业链不断延伸,形成了相应配套产业30多个,熔块、色釉料、碳化硅、陶机、包装、运输、矿山开采等企业90多家,吸引了山东、广东、福建等省及成都、攀枝花等地为陶瓷企业提供配套服务的外地驻夹江办事机构160多家,带动发展包括个体运输户、陶瓷产品经营户、页岩开采户、货运信息部及零配件加工户一千多家。陶瓷产业由过去单一生产型向陶瓷科研、生产、商贸、配套"四位一体"的格局发展。目前,在夹江足不出户,就可备齐一个建陶厂所需的各种材料及设备。

简要点评:

按照传统的市场机制观念,同行是冤家,大鱼吃小鱼、小鱼吃虾米是基本的游戏规则。我们选择的这个案例恰恰全是生产陶瓷的同行,且"大鱼"、"小鱼"、"虾米"均相安无事地生活在一块。

我们还到四川德阳广汉一带调查过。四川德阳中国第二重型机械集团公司肯定是只"大鱼"了,不但没有吃掉周围的"小鱼"和"虾米",反而养活了一大批"小鱼"和"虾米"。"二重"把零配件交给周围的中小企业生产,做到了优势互补。

案例四　2007年"CCTV年度十佳雇主"曹德旺

由中央电视台经济频道主办的"2007CCTV年度雇主调查"揭晓,13家优秀企业脱颖而出,被授予最具"领袖气质"的"年度雇主"称号。获得"本届年度最佳雇主"称号的共10家,曹德旺所在的福耀玻璃工业集团股份有限公司当选,他本人是该集团公司的董事兼首席行政总裁。

福耀玻璃工业集团股份有限公司是福建省唯一一家当选企业。福耀在工资政策上始终保持"比同行业平均工资领先10%"的原则,对比2006年度,2007年员工工资平均增长12%。谈到福耀集团与工人的关系,不得不提一个19岁农家男孩田军的故事。田军家住农村,是在福耀集团实习的一名准员工,突然降临到他头上的白血病让田家一下子塌了天。80万的天价医药费眼看成了横亘在田军生死之间迈不过的坎儿,尚未成为田军正式雇主的福耀公司董事长曹德旺主动伸出了援助之手,迄今支付医药费已达60多万。当中央电视台主持人问到曹德旺是不是"财大气粗"时,曹德旺很淳朴地回答说:"我的财不大,气也不粗,因为我以前也穷过,我知道穷人的滋味。"简短的回答立刻赢得了现场雷鸣般的掌声。福耀公司承诺:将用企业宪章条款保障——企业员工及其直系亲属重大疾病医疗费用将由福耀企业基金承担。曹德旺解释说:"作为一个老板,这项承诺就是想体现出对我的员工的生命的尊重。"

简要点评:

人们或许以为,曹德旺这样关心他的员工,正如主持人所问的话,因为他"财大气粗",在行善积德。其实,与员工同甘共苦正是曹德旺"发家"的秘诀。原来,福耀玻璃厂是一家很不起眼的小厂,1983年,曹德旺承包了这个企业,当年赢利20万元,他将40%的钱用于企业再发展,将20%发给了工人。无论哪一条在当时当地都是轰动一时的壮举。一夜之间曹德旺赢得了空前的好评和社会信誉,也顺理成章地以"思想觉悟高"和福建福清市少有的经济头脑,成为当地政府的"座上宾"。

人们或许又以为,曹德旺身在中国,不得不这样做。那么我们看看美国的福特汽车公司。20世纪初,福特汽车公司的使命是生产"平民化汽车"。这种使命具有革命意义并引领时代发展,因为在当时,汽车是只有富人才买得起的奢侈品。福特汽车公司通过大幅削减成本、建立组装线大批量生产标准化的廉价汽车,还向员工支付行业内最高薪水,提供利润分享计划,每年拿出巨资供员工们分红。这些出色的行为焕发出卓越的领袖气质,使福特汽车作为当时世界上规模最大的汽车制造厂而被其他企业所效仿。

小 结

本节撰写了人们随处可见的4个案例,只在证明:竞争只是市场机制的一面,市场机制的另一面是协同。什么是协同?协同是物质生产和交换活动主体之间为实现利益最大化彼此适应、相互提高的合作过程。农民之间,个体工商户之间,中小企业主之间,工人与工人、工人与雇主之间,存在竞争,也存在协同。没有竞争机制,市场活动主体就没有压力和动力;没有协同机制,市场活动主体之间就没有凝聚力和向心力。我们需要全面认识和把握竞争机制与协同机制的关系。

1、竞争机制与协同机制是科学

排他性和依存性是一切事物的内在规定性。竞争机制和协同机制是市场经济运行的内在机制。但不等于说,市场活动主体不学习、不研究,就能掌握和运用竞争机制和协同机制。正好比说,人要吃饭,人要穿衣,人要睡觉,人要繁衍后代等,这些均是人的内在要求、内在规定性,但是,怎样吃饭才富营养,怎样穿衣才漂亮,怎样睡觉才健康,怎样繁衍后代才优生优育等,却是科学知识,不仅需要学习,而且还需要自觉约束不良生活习性,才能认识、了解和掌握这些科学知识。事不同而理同。竞争机制与协同机制同样是需要通过学习才能认识、了解和掌握的科学知识。

2、市场机制与人的主观能动性

人的主观能动性本来是一个深奥难懂的哲学范畴,可在中国却似乎是一个人人心领神会的行为准则。1958年"大跃进"年代,发挥人的主观能动性口号是"人有多大胆,地有多大产",以及"15年超英赶美"等。我们虽然为此付出了惨重代价,似乎并没有从中清醒过来。20世纪末期,听说比工业时代还要先进发达的信息时代已经到来,"跨越式发展战略"竟相成为各地方政府社会经济发展的首选目标,一下子中国就涌现出了43个"硅谷"。结果成了一场闹剧。

这里提出市场机制与人的主观能动性问题,针对的是一段时期人们对市场机制的习惯看法。过去,我们不但把竞争机制与市场机制等同起来,而且把竞争机制"非人化"了。一谈竞争,就是"优胜劣汰"、"物竞天择",把竞争机制看成纯自然的东西,从而放任自流。另外一方面,一谈协同,就是"共同富裕"、"组织起来",把协同机制看成纯主观的东西,结果就是过多干预,管死了。

事实是,竞争是人与人之间的竞争,协同是人与人之间的协同;竞争机制是客观的,协同机制也是客观的;所以,都存在一个主观能动性的问题。

3、促进经济在波动中稳定发展

确认竞争机制与协同机制是需要通过学习才能掌握的科学知识,讨论市场机制与人的主观能动性的关系,目的是促进经济在波动中稳定发展。这个促进与顺势而为的含义差不多。

竞争机制发挥作用,经济发展必然出现波动;协同机制发挥作用,经济又会在稳定中发展。理论工作者、政府机关、中介结构等的社会作用是创造竞争机制和协同机制发挥作用的环境和条件。生活实践中常常出现的问题是"推波助澜"或"越俎代庖"。比方,在竞争机制作用下,经济发展出现不平衡性问题,这很正常,"允许"部分人先富裕起来则是竞争机制在政策上的反映,可是,"让"部分人先富裕起来("吃政策偏饭")或搞什么"梯度理论",就是"推波助澜",这肯定会出乱子了。再比方,协同机制能激发一切市场活动主体的潜力和积极性,会把不平衡性问题约束在社会能承受的限度之内,科学发展观反映了协同机制的要求。可是,如果搞"杀富济贫",就是"越俎代庖",既不能激发"贫"的创造性,又会伤害"富"的热情,社会倒是"稳定",却没有生气了。

第三节 资本集中、资本集聚与市场机制选择

选择和突出市场竞争机制,资本集中主导社会经济发展方向;既重视竞争机制又重视协同机制,资本集中和资本集聚就会成为社会经济发展两股并行不悖的潮流。社会经济运行机制如何选择,决定于人们的主观能力和价值偏好。

一、资本集中的认识误区

随着生产社会化的不断向纵深发展,特别是经济全球化的形成,不仅大生产越来越多,而且规模越来越大,资本集中化是当代创造国民财富的一个重大特点和趋势,因此,资本集中本身没有问题。资本集中的认识误区是指资本集中的形成机制。中国政府有一个根深蒂固的观念,资本集中(集中财力办大事)是我们的优势;中国学术理论界则把这个观念固化为意识形态,资本集中(集中财力办大事)是社会主义制度优越性的体现。

资本集中(集中财力办大事)通常有四种方式。一是通过兼并的方式把资

本集中起来。资本兼并就是我们平常说的大鱼吃小鱼,小鱼吃虾米。二是通过股份公司制度把资本快速集中起来。马克思就曾说过,若没有股份公司制度,世界上第一条铁路恐怕还没有修通呢。三是通过银行的杠杆作用把资本快速集中起来。列宁在"帝国主义论"中就专门考察了银行的这种新作用。四是政府运用行政手段通过无偿调拨把资本集中起来。资本集中(集中财力办大事)是我们的优势,说的肯定不是前面三种资本集中方式而是第四种,因为前面三种是资本主义发达国家资本集中的通行方式。

运用行政手段通过无偿调拨把资本集中起来,其优势主要体现有以下两点,一是资本集中速度快,二是可以避免竞争机制带来的经济波动。但其"优势"的取得是以牺牲所有市场活动主体的主动性、积极性和创造性为代价的,所以,这种所谓优势终究是过眼云烟,昙花一现,不值得提倡和发扬。

二、资本集聚的价值重估

社会主义政治经济学和现代西方主流经济学有个"共识":大生产必然代替小生产,资本集聚必然走向资本集中。资本集聚的价值重估就是要对这个"共识"进行再认识。

马歇尔首先发现资本集聚的新功能。1890年,马歇尔在他撰写的《经济学原理》一书中,发现了资本集聚的外部经济功能或范围经济功能。人们现在熟悉的是规模经济即资本集中后可能产生效益的经济学原理。资本集中后因生产规模扩大,可以节约创新成本和交易成本并提高效率,所以叫规模经济。马歇尔发现了外部经济或范围经济即资本集聚后可能产生效益的经济学原理。简言之,资本集聚同样可以节约创新成本和交易成本并提高效率。这个原理说穿了很简单。孔夫子说,三人行必有我师焉。资本集聚涉及经常往来的何止3人、30人、300人?他们互为老师,交流管理经验,互通市场信息,一块研究生产技术,当然会节约创新成本;同时,交往久了,彼此知根知底,生意往来肯定会节约交易成本。可惜,马歇尔的发现没有引起学界的广泛重视。

时间整整过去一百年,1990年迈克尔·波特在《国家竞争优势》一书中,重提马歇尔发现的外部经济或范围经济即资本集聚后可能产生效益的经济学原理,并以意大利的实践经验为案例,这才引起学界和政府职能部门的广泛关注。

1995年,学者兼官员的仇保兴先生以中国浙江的实践经验为基础,撰写出版了《小企业集群研究》一书。2005年12月,中国社会科学院专门组团到意大利考察中小企业集群发展状况。2007年11月13日,中华人民共和国国家发展和改革委员会研究制定并正式颁布了《关于促进产业集群发展的若干意见》。

资本集聚不只是中小企业集群一种形式,农民专业合作经济组织和个体工商户组合同样属于资本集聚现象。我们所要着力做的工作是综合,把各种资本集聚形式收集起来,进行比较,发现它们的共同规律,并重新评估资本集聚的科学价值和社会意义。

三、价值偏好与市场机制选择

社会强势群体偏好市场的竞争机制,社会弱势群体偏好市场的协同机制,这种不同偏好很正常。不正常是偏好走向极端成为偏见。竞争机制引导资本集中,协同机制引导资本集聚;资本集中会产生规模经济,资本集聚会产生范围经济。从最终结果看,规模经济有利于社会强势群体,也有利于社会弱势群体,而范围经济有利于社会弱势群体,同样也有利于社会强势群体。同时我们还看到,资本集中会出现规模不经济,资本集聚也会出现范围不经济,所以,我们在这里把人的主观能动性解释成顺势而为,遇事不可强求。

第九章 生产方式的类型与发展趋势

马克思说:"物质生活的生产方式制约着整个社会生活、政治生活和精神生活的过程。"研究生产方式的类型与发展趋势,其理论价值和现实意义不言而喻。

第一节 生产方式类型与传统划分方法的缺陷

生产方式的类型我们一直是这样划分的:历史上依次出现的有原始公社、奴隶占有制、封建主义、资本主义和社会主义。社会主义是共产主义的低级阶段,人类社会生产方式最终将过渡到共产主义。生产方式传统划分方法的缺陷是单维型思维。

一、占主体并起支配作用的生产方式作为社会唯一的生产方式

马克思十分确切地指出,每个社会都有一种占主体并起支配作用的生产方式,"在一切形式中都有一种一定的生产支配着其他一切生产的地位和影响,因而它的关系也支配着其他一切关系的地位和影响。这是一种普照的光,一切其他色彩都隐没其中,它使它们的特点变了样。这是一种特殊的以太,它决定着

它里面显露出来的一切存在的比重"。接着马克思就举例。早期以畜牧为主的民族,偶然会有耕作,于是土地所有制出现了;土地所有制占主体起支配作用的社会,工业或工业组织都多少带有土地所有制的性质;资产阶级社会情况则相反,农业越来越变成仅仅是一个工业部门。

这就是说,每个历史时期既有一种占主体并起支配作用的生产方式,同时还有其他生产方式。生产方式多元化是人类社会各个时代的共同特征,一个社会只存在单一生产方式的认识并不符合历史实际。

二、占主体并起支配作用的生产关系作为社会唯一的生产关系

生产方式传统划分方法不仅把占主体并起支配作用的生产方式作为社会唯一的生产方式,而且还把占主体并起支配作用的生产关系作为社会唯一的生产关系。

中国现存的政策是,坚持公有制的主体地位并充分发挥国家所有制的主导作用,允许多种所有制结构同时并存。中国是这样,其他国家也是这样,现实中没有哪个国家只有一种生产关系,所以,把占主体并起支配作用的生产关系作为社会唯一的生产关系,这样的生产关系划分方法既不符合历史实际也不符合当代实际。

三、生产力和生产关系共同起作用曲解为生产关系的单一要素

生产方式包含生产力和生产关系两个方面,划分生产方式类型的时候,不能只看生产关系而不看生产力。比如,畜牧生产,农业生产,工业生产,哪种划分为资本主义,哪种又划分为社会主义?再比如,生产规模可以划分为小生产和大生产,那么哪种生产是社会主义?哪种生产又是资本主义?

生产方式单维型思维划分方法,既是"一大二公"政策在理论上的表现,也是"一大二公"政策的理论基石,现在,"一大二公"政策虽然否定了,但生产方式单维型思维划分方法却没有被否定,只不过以另外一种方式表现出来了。下面的分析就会看到。

社会经济学 shehuijingjixue

第二节 "肥猪理论"的积极作用与消极影响

20世纪80年代初期,中国政府和经济理论界获得了一个建立社会主义生产方式的共识:生产力决定生产关系,生产力水平决定生产关系的性质,生产力水平的多层次性决定多种所有制结构同时并存。这个"共识"的内在逻辑是,生产力水平由低向高发展是自然规律,国家允许非国有经济发展,是因为还存在大量的低水平的生产力,将来生产力水平提高了,还得"国有化"或"公私合营"。国家这样做正好比农民喂过年猪,现在之所以不杀是因为没有喂肥,等到了腊月,再宰杀也不迟。学术理论界就把这个"共识"戏谑地称之为"肥猪理论"。

一、"肥猪理论"是生产方式传统划分方法的反动

生产方式传统划分方法的缺陷是单维型思维,其实"肥猪理论"也是单维型思维。区别在于确立生产方式的依据不同:前者只看重生产关系,后者只看重生产力。

生产方式传统划分方法不仅只看重生产关系,而且还认为生产关系的公有化程度越高就越先进。初级社比互助组先进,以村为单位的高级社比以几个村民小组为单位的初级社先进,以乡为单位的人民公社比以村为单位的高级社先进,以县、省、中央为单位的国家所有制比以乡为单位的人民公社先进,如此等等。从1949年新中国成立到1958年的不到10年的时间里面,中国的生产关系就成为单一的国家所有制,农村叫"政社合一",城市叫"政企不分"。

20世纪80年代我们总结经验教训时把生产关系的这种变革过程叫"穷过渡"。"穷过渡"的反面是"富过渡"。"肥猪理论"就是主张"富过渡"。因此,"肥猪理论"与生产方式传统划分方法还有两条共同之处:其一,"一大二公"本身没有什么错误,"穷过渡"的问题是过渡早了,过渡急了,如果搞"富过渡"就对了;其二,政府作为过渡的活动主体也没有什么错误,"穷过渡"的问题是违背客观规律,按照客观规律办事"富过渡"就对了。但是,随着改革的深化和人们认识

能力的提高,上述看法恐怕又得再认识了。

二、"肥猪理论"在改革中的积极作用和消极影响

从整个思想体系判断,"肥猪理论"无科学性可言,并不等于说"肥猪理论"不包含有合理的内容,更不等于说"肥猪理论"在经济改革的实践中没有起过积极作用。

"肥猪理论"的大前提"生产力决定生产关系"无可怀疑。"生产力决定生产关系"命题告诉我们,建立什么样的生产关系,必须有利于解放和发展生产力,如果不能解放和发展生产力,无论我们给生产关系贴上什么标签,都将失去合理性。正如邓小平所说:"空讲社会主义不行,人民不相信。"这就是说,生产关系的公有化程度无论有多高,无论有多先进,如果不能解放和发展生产力,人民不相信。所以,"肥猪理论"突出生产力的地位和作用,就当时来讲具有拨乱反正的革命意义。"肥猪理论"对国情的判断也符合实际。中国是发展中的社会主义国家,还处在社会主义初级阶段即生产力很不发达的阶段,集中精力发展生产力,把国民经济搞上去,这无疑抓住了当时社会的主要矛盾。"肥猪理论"对经济改革和现代化经济建设的贡献不能抹杀。问题在于,说话做事不能绝对化。列宁说:"任何真理若向前跨进半步,就会变成荒谬绝伦的东西。""肥猪理论"给社会带来的消极作用正好是夸大了生产力的地位和作用,扭曲了生产力与生产关系的辩证联系。

"肥猪理论"的消极作用在不同时段表现不一样。按照"肥猪理论"的理论逻辑或政策预期,既然非国有经济将来还得"国有化",还得"公私合营",很显然,个体老板和私营企业主不愿意为他人"做嫁衣裳",他们回报予社会的就是生产经营活动的"短期行为"。20世纪90年代,中国理论界受西方主流经济学"私有化"思潮的影响,实践中大批中小型国有企业通过各种途径变成了私人企业。政策预期改变了,非国有经济生产经营活动的"短期行为"得到抑制,"肥猪理论"成为强化"行政垄断"的理论依据。

三、"肥猪理论"曲解了马克思的历史唯物主义

恩格斯在致约·布洛赫的信中说:"根据唯物史观,历史过程中的决定性因

素归根到底是现实生活的生产和再生产。无论马克思和我都从来没有肯定过比这更多的东西。"所以我们认为"肥猪理论"的"生产力决定生产关系"命题符合唯物史观,至于后面的推论,"生产力水平决定生产关系的性质,生产力水平的多层次性决定多种所有制结构同时并存",这既曲解了马克思的唯物史观,也没有任何现实根据。

1、同一生产力水平可能存在多种生产关系

我们排除人为的、强制性的行政干预,同一生产力水平可能存在多种生产关系的现象,不仅是事物发展的必然趋势,而在现实生活中随处可见。比如,生产力水平比较高的大机器生产,可能是资本家私人所有制,可能是劳动者联合起来共同占有的集体所有制或者合作制,可能是官僚机构占有的国家所有制,等等。

2、多层次生产力水平可能只一种生产关系

我们排除人为的、强制性的行政干预,批判以物为本旧思想,坚持以人为本新思想,多层次生产力水平可能只一种生产关系的生产方式,恐怕预示着中国经济改革深向何处的问题。比如,生产力低水平的刀耕火种,劳动者既可能直接占有生产资料,又可能直接占有劳动力;生产力水平发展到"牛耕锄种"的农业社会,劳动者既可能直接占有生产资料,又可能直接占有劳动力;生产力水平到了大机器生产的工业社会,劳动者既可能直接占有生产资料,又可能直接占有劳动力;生产力水平到了自动化生产和自动化控制的信息社会,劳动者既可能直接占有生产资料,又可能直接占有劳动力;等等。这是一种什么样的生产关系呢?生产和再生产过程,劳动条件提供者和劳动力提供者,地位和机会平等,平等地拥有管理者的任命权和罢免权,平等地拥有重大问题决策权和投资权,平等地拥有收益处置权和分享权,等等。

3、生产力水平与所有制结构不存在对应关系

生产力水平高低是可以用数学精确计算的纯客观事物,而所有制结构反映的是人的利益关系,主观价值偏好处于支配地位,对于研究者来说,所有制结构或主观价值偏好虽然也是"纯客观事物",但"纯客观"含义不一样了。生产力水平的"纯客观"是指事物本身没有主观动机,没有主观偏好,人要建立什么样的所有制结构有主观动机,有主观偏好,所谓"纯客观"仅仅是对观察者或研究者

的要求而不是指事物本身。所以,生产力水平与所有制结构不存在对应关系。

第三节 "邓小平公式"的科学价值与社会意义

中国人民高举中国特色社会主义伟大旗帜,造就了一个举世瞩目的"中国奇迹"。"中国奇迹"集中体现为国民财富长期高增长。"邓小平公式"既是解读"中国奇迹"的切入点,也是解读"中国奇迹"的总纲。确立"邓小平公式"在国民财富研究领域的基础和指导地位,中国人民不但会在改革开放的伟大实践中,创造出更多的人间奇迹,而且会在理论上开辟国民财富研究新篇章,创建国民财富新理论。

一、"邓小平公式"与"中国奇迹"的内在关联

"中国奇迹"是对中国国民财富长期高增长现象的描述,"邓小平公式"是中国人民创造国民财富经验和教训的总结,两者有着内在的关联。

(一)"邓小平公式"的普适意义

"邓小平公式"是关于生产方式确立和价值偏好选择的知识体系。"邓小平公式1"(生产方式确立)=f(①解放生产力,发展生产力;②生产关系"群众愿意采取哪种形式,就应该采取哪种形式";③"不合法的使它合法起来")(《邓小平文选》第一卷第323页,人民出版社,1994);"邓小平公式2"(价值偏好选择)=f(①解放生产力,发展生产力;②消灭剥削,消除两极分化;③最终达到共同富裕)(《邓小平文选》第三卷第373页,人民出版社,1993)。"邓小平公式"的普适意义要面对三个问题必须回答:一是"邓小平公式"提法是否规范;二是"邓小平公式"是否具备唯一性特征;三是"邓小平公式"是不是国民财富研究的基本问题。

1."邓小平公式"提法符合惯例

"邓小平公式"提法符合惯例,我们以诺贝尔经济学奖得主、货币主义学派领军人物弗里德曼的"货币需求公式"为例。"货币需求公式"=f(P,Rb,Re,1/

P·dp/dt，Y，W，U)。其中，f 是函数关系，P 是物价水平，Rb 是固定收益的债券利率，Re 是非固定收益的证券利率，1/P·dp/dt 是物价变动率，Y 表示收入平均水平，w 是非人类资本对人类资本的比率，u 是包含主观偏好与风尚的综合变数。"邓小平公式"与生产方式确立和价值偏好选择各种影响因素同样是函数关系，至于说"邓小平公式"中各种影响因素能否量化的问题，有的运用概率统计方法是可以量化的，有的不能量化或量化不精确并不影响"邓小平公式"的科学性问题。比如，"货币需求公式"中的"主观偏好与风尚的综合变数"量化起来就很困难，但我们不能因此就怀疑"货币需求公式"的科学性。

2. "邓小平公式"唯一性特征十分鲜明

"邓小平公式"唯一性特征很好检验。西方新自由主义学派祖师爷哈耶克主张制度建设的"自然法则"与"邓小平公式 1"所确定的原则相通。但是，哈耶克不会赞成"邓小平公式 2"所确定的原则，他们信奉"理性选择"。所谓理性选择有两个基本点：其一，人人都自私自利，其二，人为了自私的目的会自觉追求利益最大化。传统社会主义政治经济学"苏联范式"认为"邓小平公式 1"倡导的原则是"尾巴主义"，建立什么样的生产关系，应该由政府官员"按照客观规律办事"，而不是"群众愿意采取哪种形式，就应该采取哪种形式"。至于"邓小平公式 2"所确定的原则，人们只要回去翻翻 20 世纪 90 年代《当代思潮》和《真理的追求》批判社会主义本质论的系列文章，就一清二楚了。奴隶制度把俘虏留下来不杀掉，这就是解放生产力，发展生产力；封建主义把"会说话的工具"变成了人，也是解放生产力，发展生产力；资本主义把依附于地主的农民变成了自由人，同样是解放生产力，发展生产力；等等。所以他们认为，解放生产力和发展生产力不是社会主义的本质特征。

"邓小平公式"不管是赞成还是反对，唯一性特征无可置疑。

3. "邓小平公式"是国民财富研究的基本问题

生产方式确立和价值偏好选择是不是国民财富研究的基本问题，这是常识，无须讨论了。

(二) "中国奇迹"及其背后的隐忧

下面的统计数据十分概括地展现了"中国奇迹"含义：(1) GDP，1978 年是 3624 亿美元，2007 年是 30100 亿美元，增加了 8 倍，世界排名第 4 位；(2) 中国贫困人口,按照世界银行的每天收入1美元的世界标准统计,1978年中国贫困人口达6.24亿人,占全国人口的67%,到2003年中国贫困人口降至2.4亿人,占全国人口的18%,目前是6000多万,占全国人口的5%;(3)外贸总额从1980年的381.4亿美元增加到2007年的21738亿美元,增加了56倍;(4)国家外汇储备,1980年为-12.96亿美元,是负数,2007年是1.52万亿美元,据全球第一;等等。

"中国奇迹"背后的隐忧不仅仅是指目前人们已经认识到的诸多问题,比如经济增长的资源环境代价过大,城乡、区域、经济社会发展仍然不平衡,农业稳定发展和农民持续增收难度加大,劳动就业、社会保障、收入分配、教育卫生、居民住房、安全生产、司法和社会治安等方面关系群众切身利益的问题仍然较多,部分低收入群众生活比较困难等,因为这些问题明摆着且中国最高决策层已在下大力气解决。所谓"中国奇迹"背后的隐忧讨论的主要问题是指带来上述问题的深层次原因,以及国民财富基础理论研究的某些认识误区。恩格斯说:"一个民族想要站在科学的最高峰,就一刻也不能没有理论思维。"

(三)"邓小平公式"与"中国奇迹"

"邓小平公式"是基础理论,"中国奇迹"是社会实践的结果,"邓小平公式"与"中国奇迹"是关联关系而不是因果关系。我们必须明确这一点,避免在解读"中国奇迹"的过程中,把"邓小平公式"简单化和庸俗化,力争从科学体系上全面地、完整地学习和把握"邓小平公式"。

二、"一化三改造"和"抓大放小"的经验教训

"一化三改造"为建立计划经济体制奠定了所有制基础,"抓大放小"为建立市场经济体制奠定了所有制基础。总结中国社会主义现代化建设和改革开放的经验教训不能回避对"一化三改造"和"抓大放小"的讨论,认识"邓小平公式"的科学价值和社会意义也不能回避对"一化三改造"和"抓大放小"的讨论。

(一)"邓小平公式1"与"一化三改造"

"一化三改造"是中国1953年提出的过渡时期总路线的简称。"一化三改造"的具体表述是:在一个相当长的时期内,逐步实现社会主义工业化,逐步实现国家对农业、手工业、资本主义工商业的社会主义改造。"一化三改造"学术

背景是政治经济学"苏联范式",假设前提条件有两条:其一,大生产必然代替小生产,资本集聚必然走向资本集中;其二,国家所有制是公有制的高级形式,既能消灭生产的无政府状态又能避免两极分化。有了这些基本认识,"过渡时期总路线"一结束,1958年又提出了"鼓足干劲、力争上游、多快好省地建设社会主义"的总路线。在"建设社会主义总路线"的指引下,发展生产力出现了"大跃进",改革生产关系出现了"人民公社"运动。

社会资源配置的体制模式,有一种理论观点说我国改革开放之前不是计划经济体制,而是"命令经济"或叫"胡搞经济"。这是只看个性不看共性的观察问题方法。资源配置区分为内部配置和社会配置,所谓计划经济和市场经济是指资源社会配置的两种方式。资源社会配置政府(官员)说了算叫计划经济,资源社会配置老百姓(群众)说了算叫市场经济,至于命令和瞎指挥那只是计划经济的不同表现形式而已。现在我们应该明白,政治经济学"苏联范式"为什么把国家所有制、计划经济和按劳分配作为社会主义经济制度缺一不可的本质特征了。没有国家所有制,资源社会配置政府(官员)凭什么说了算?国民财富全部集中在政府(官员)手中,老百姓(群众)一无所有,收入分配不按劳分配又按什么分配呢?

国家所有制、计划经济和按劳分配"三位一体"的社会主义经济制度,给国家和人民带来了什么后果,中国1959—1961年的所谓"三年困难时期"已经检验,用不着再展开讨论。正是在这样的背景下,1962年邓小平在"怎样恢复农业生产"的谈话中提出了"邓小平公式1"。"邓小平公式1"虽然没有回答大生产是不是一定代替小生产和国家所有制是不是公有制高级形式这种更为深层次的理论问题,但是,建立什么样的生产关系,"邓小平公式1"主张"群众愿意采取哪种形式,就应该采取哪种形式"与政治经济学"苏联范式"主张政府官员"按照客观规律办事"有着本质的区别。"邓小平公式1"的真理性通过1963—1965年中华人民共和国建国史上的一个重要"黄金季节"已经做了检验;20世纪80年代中国改革开放获得社会的广泛认同,公平与效率双增益,实现了"帕累托改进","邓小平公式1"的真理性再次得到历史的检验。邓小平就曾总结道:"改革开放,一开始就有不同意见,这是正常的。不只是经济特区问题,更大的问题是农村改革,搞农村家庭联产承包,废除人民公社制度。开始的时候只有三分之一的省干起来,第二年超过三分之二,第三年差不多全部跟上,这是就全国范围讲的。开始搞并不踊跃呀,好多人在看。我们的政策就是允许看。允许看,比强制好得多。我们推行三中全会以来的路线、方针、政策,不搞强迫,不搞运动,愿意干就干,干多少是多少,这样慢慢就跟上来了。"一句话,确立生产方式的原则应当是:解放生产力,发展生产力,生产关系群众愿意采取哪种形式,就应该采取哪种形式,不合法的使它合法起来。

(二)"邓小平公式 2"与姓"资"姓"社"

1980 年"人民公社"开始解体,计划经济在农村失去根基,虽然实现"耕者有其田"才会有真正的市场经济,但有了家庭联产承包责任制长期不变的承诺和保证,市场经济在农村也就开始发育。1984 年以《中共中央关于经济体制改革的决定》为标志,城市经济改革拉开帷幕。然而城市经济改革却始终"迈不开步子",1989－1991 年这段时期还倒退了,甚至威胁到整个国民经济的持续发展,GDP 增长率由 1984 年的最高点 15.2％滑到 1990 年的最低点 3.8％,落差是 11.4 个百分点。1992 年邓小平南方谈话把改革开放推向了新的历史发展阶段。邓小平一针见血地指出:"改革开放迈不开步子,不敢闯,说来说去就是怕资本主义的东西多了,走了资本主义道路,要害是姓'资'还是姓'社'的问题。"邓小平在做出"计划和市场都是经济手段"的明确回答之后,在论述社会主义本质问题时阐述了共产党人的价值偏好。这就是"邓小平公式 2"的形成背景。

(三)"邓小平公式"与"抓大放小"

1992 年邓小平南方谈话精神指引下,党的十四大把建立社会主义市场经济体制作为经济改革的目标。为了建构市场经济微观基础,国有企业改革迈开了实质性的步伐。政府方面认为国家所有制是社会主义的本质特征,国家所有制的主导地位不能动摇;以现代主流经济学"西方范式"为学术背景的中国经济理论界则认为私有制比国有制效率高,且国家所有制战线太长,政府管不好、也管不了;国有企业改革"有进有退、有所为、有所不为"成为政府和主流经济学家们的共识。这是国有企业改革"抓大放小"政策的出台背景。人们以为实现了一个梦想:寻找到了计划经济和市场经济两者优势融为一体的体制模式。

客观事实与人们梦想相去甚远。从 2000 年开始,笔者先后到四川广汉县、蒙经县、隆昌县、乐山五通桥区、雅安雨城区等地调查并多次参加全国性的理论研讨会,得知"放小"后的企业都变为私人企业了。"抓大"强化了行政垄断,"放小"纵容了资本原始积累的种种罪恶。"抓大放小"后的所有制结构走向,既不是原来意义上的"国有化"道路,也不是西方典型的"私有化"道路,而是"国有化"和"私有化"结盟的权贵资本主义道路。相应的整个公共政策改革,如教育产业化、住房货币化、医疗市场化等也就直接和间接地为权贵资本主义服务,改革成为掏老百姓"腰包"的代名词。这时候,经济发展了,国民财富增加了,"中国奇迹"突现了,可剥削并没有消灭,两极分化未能遏止,与共同富裕目标渐行渐远。很显然,"放小"虽然体现了"邓小平公式1"的原则,却放弃了"邓小平公式2"的原则。"放小"过程官商勾结瓜分国有资产的犯罪行为不在讨论之列,我们所说放弃了"邓小平公式2"的原则是指,非国有化之后的众多中小企业主,其政治立场是中国共产党党员,而经济基础却是无偿占有普通劳动者的剩余劳动。"抓大"表面看是在坚持"邓小平公式2"的原则,因为违背了"邓小平公式1"确立的"群众愿意采取哪种形式,就应该采取哪种形式"的原则,实际坚持的是"苏联范式"。"邓小平公式"原则被割裂了。

小 结

认真总结"一化三改造"和"抓大放小"的经验教训,我们终究发现,以"苏联范式"为学术背景的"一化三改造"和以"西方范式"为学术背景的"抓大放小",中国普通老百姓从中并没有得到多少好处,"苏联范式"和"西方范式"的科学性和实用性需要再认识。相反,土生土长的"邓小平公式"却给了我们另外一种启示,创造国民财富什么时候比较准确地体现"邓小平公式"所倡导的原则,国家富强,老百姓得实惠,社会欣欣向荣,什么时候背离了"邓小平公式"所倡导的原则,要么是国家和老百姓双双受损,要么是国家富强、老百姓贫穷,社会动荡不安。所以,"邓小平公式"的科学价值和社会意义是一个值得经济理论工作者深入研究的重大课题。

三、"邓小平公式"的科学价值与社会意义

"邓小平公式"是马克思主义和发达国家现代化建设经验在中国的运用和

发展,是中国社会主义经济建设和经济改革正反两方面经验教训的科学总结,其科学价值和社会意义需要在理论创造和经济建设实践中去认识和把握。

(一)理论上,"邓小平公式"开了国民财富研究新篇章之先河

第一章"国民财富研究"的分析认为,21世纪人类进入了信息社会,和平与发展成为时代主题,我们要在"国民财富的性质和原因的研究"和"国民财富的增长和办法的研究"的基础上,侧重开展"国民财富的代价和选择的研究"。这里的"代价"是指国民财富增长牺牲的子孙利益(非可持续发展)、牺牲的社会利益(负外部性)、牺牲的劳动者利益(血汗工资制)、牺牲的别国利益(以邻为壑);所谓"选择"就是选择新的生产方式且配置相应的制度安排,一方面是尽可能地降低创造国民财富的代价和成本,另外一方面是使参与创造国民财富的市场行为主体,代价与补偿保持对称,基本均衡。

"邓小平公式"既吸纳了西方经济学的科学成分,以适应市场化和社会化发展要求,体现在"邓小平公式1"之中;又坚持了马克思的剩余价值理论,国民财富增长不能以牺牲劳动者利益为代价,体现在"邓小平公式2"之中。"邓小平公式"开了"国民财富的代价和选择的研究"之先河,"邓小平公式"是国民财富研究史上的一座丰碑。

(二)实践中,"邓小平公式"是防右反"左"的强大思想武器

当今世界各国的生产关系,无论是"国有化"("左")主导的所有制结构,还是"私有化"(右)主导的所有制结构,都是传统的"以物为本"旧观念和旧制度的延伸和复活。这里的"以物为本"是指,谁(可能是私人,可能是某个团体,可能是政府机构)拥有物化劳动,就有权无偿占有和支配活劳动的剩余劳动。

"邓小平公式"作为一个完整的思想体系,既承认"以物为本"的合理合法性,又指明了"以人为本"的前途和发展方向。"邓小平公式1"有两层意思十分明确。生产关系"群众愿意采取哪种形式,就应该采取哪种形式",直接的否定对象是政府官员"强迫群众按客观规律办事"的"左"的生产关系建构机制,这是其一。其二,群众范畴当然包括私人资本家在内。所以我们说,"邓小平公式1"承认"以物为本"的合理合法性;"邓小平公式2"指明了生产方式建构机制的"以人为本"的前途和发展方向。这里的"以人为本"同马克思追求的实现人对自身完全占有目标内涵相同。"邓小平公式2","以人为本",实现人对自身完全占

有,只是要求承认活劳动所有者在微观经济活动中的生产要素、合作者、投资者"三重身份",并建立起相应的权利保障机制,并不否定物化劳动所有者正当、合法的权益。物化劳动所有者提供劳动条件同样是对现代化建设事业做出了贡献,同活劳动所有者一样,有参与收益的处置和分配的权利,这里所要否定的是无偿占有和支配活劳动剩余劳动的权利。如果把"邓小平公式2"作为选择"国有化"道路的借口,这是把"邓小平公式"简单化和庸俗化了,因为这种思维方式把"邓小平公式2"的原则同"邓小平公式1"的原则人为地对立起来了。

(三)道德上,"邓小平公式"是如何做事又如何做人的座右铭

做人做事选择宽和严有四类行为模式:严于律己,宽于待人;严于律己,严于律人;宽于待人,宽于待己;宽于待己,严于律人。"邓小平公式"选择的是"严于律己,宽于待人"的做人做事行为模式。生产方式是社会生活所必需的物质资料的谋得方式,涉及每个人切身的物质利益,生产方式确立,"邓小平公式1"体现了"宽于待人"的做人做事行为模式;社会主义是共产主义者的理想、信念和价值观,共产主义者不能无偿占有劳动者的剩余劳动,无偿占有劳动者剩余劳动的人不是共产主义者,共产主义者必须用看得见的物质利益向社会证实自己信仰的真实性,"邓小平公式2"坚持了"严于律己"的做人做事行为模式。

中国共产党是马克思主义政党,除了中国人民的根本利益,没有自己特殊的目标和利益。中国共产党作为执政党,组织人民制定宪法,如何从事物质生产活动,应当体现"邓小平公式1"的原则,因为宪法规范对象是每个公民的行为;中国共产党自身成员如何从事物质生产活动,应当坚持"邓小平公式2"的原则,这是由中国共产党的性质决定了的。如果事情不是这样,宪法条文坚持"邓小平公式2"的原则,共产党章程却要体现"邓小平公式1"的原则,搞什么资本家可以入党或共产党员可以当资本家的"试验",我们就是选择了最不应该选择的"宽于待己,严于律人"行为模式,其后果可以想见——社会道德全面倒退滑坡。

第四节　生产方式多元化的历史大趋势

生产力水平多层次，价值观念自由选择，经济全球化，这诸多因素决定了生产方式多元化的历史大趋势。

一、生产力水平多层次带来生产规模多样性

生产力水平高低的判断标准，我们过去只强调生产工具，有一定片面性。按照马克思的观点，管理劳动属于生产劳动，管理水平也应当是生产力水平高低的重要判断依据。其实，生产规模究竟多大才合适，不仅受生产工具和管理水平的约束，还受地理位置、交通通讯和人文环境的影响，所以，无论是过去、现在，还是将来，生产规模多样性是不可更改的客观存在。

二、价值观念自由选择形成多种所有制并存

我们在第二节已经分析了，多种所有制结构同时并存，不是根源于生产力水平的多层次性，而是社会容忍人们自由选择价值观念。用"邓小平公式 1"话来说，解放生产力，发展生产力，生产关系"群众愿意采取哪种形式，就应该采取哪种形式"，"不合法的使它合法起来"，就必然形成多种所有制结构同时并存的局面。

三、经济全球化是生产方式多元化的催化剂

经济全球化大背景下，不管是生产规模，还是生产关系性质，都向传统经济理论提出了挑战。比如，美国的波音飞机，零配件加工厂遍布全球，最后在美国组装，这种生产方式是归类为小生产，还是归类为大生产？与传统的生产模式相比较又有什么新的特点？再比如，生产关系方面有外国的独资企业，也有中外合资企业；经营方式有的两头在外，有的两头在内；内部分配制度，有的与国际接轨，同工同酬，有的搞双重标准，推行歧视政策；等等。总之，经济全球化把生产方式多元化推向极至，很多问题需要我们重新思考。

第十章　组合生产方式的存在与发展

组合生产是市场竞争中的弱势群体以不丧失独立性为前提，在竞争和协同机制的双重作用下，创造出的一种适应市场化和社会化发展要求的新的生产方式。组合生产方式具有划时代的革命意义和开创性的科学价值。

第一节　组合生产方式的认识过程

马克思在《"政治经济学批判"序言》中叙述了他在研究政治经济学方面的经过后说："这只要证明，我的见解，不管人们对它怎样评价，不管它多么不合乎统治阶级的自私的偏见，却是多年诚实探讨的结果。"这里介绍组合生产方式的认识过程，目的也是要证明，组合生产方式范畴的提出不是心血来潮的产物，而是多年诚实探讨的结果。

一、由联户担保贷款模式产生的理论命题

2001年，为了研究中小企业融资难问题，我们以"小额贷款追踪调查"为题申报四川2001年软科学重点课题并获准立项。初衷是探讨农村小额贷款的基本经验（原理）运用到城市中来的可能性。为什么又是"追踪调查"呢？1996年，

我们到仪陇县实地考察了联合国计划开发署搞的农村小额贷款试验并写出了调查报告《小额信贷模式调查》(《经济研究资料》1997.3)。通过两次调研,我们形成了两点认识:其一,农村小额信用贷款是金融史上一次深刻革命,以"嫌贫爱富"为核心理念的传统金融制度受到严重挑战;其二,农村小额信用贷款正常运行的保障机制是联户担保,但联户担保是政策语言,是客观事实描述,不是学术上的理论命题。这就是我们2001年在《小额贷款追踪调查》报告中提出"经济声誉结构"一词的原因。"经济声誉结构既不是专门负责信用担保的事业单位,也不是能自负盈亏的经济组织,但它已经是客观存在。声誉是行为主体之间反复交往而形成的一种信誉关系,带有明显的地域色彩,主要依靠道德维系;信用是行为主体之间交往必须遵守的一种信誉关系,不受地域的限制,属于法律的调整范畴。经济声誉机构与信用担保机构有区别也有联系,两者的社会功能无法互相代替。经济声誉机构的最大特点,是机构中的成员,彼此知根知底,担保和监督关系的透明度极高,信息不对称的偏差极小,所以,信用风险不大就很自然了。

工业革命时代,银行在促进资本集中的过程中,由普通的中介人变成万能的垄断者;信息革命时代,分散化成为经济发展的另一个主题,为适应分散化,银行将要由万能的垄断者变成救苦救难的观世音;建立在市场化运作基础之上的信用担保体系与群众性的经济声誉机构的有机结合,就是银行功能变换的条件"(《小额信贷项目追踪调查报告》,《天府新论》2002年6期)。从当时我们对经济声誉机构功能的描述中可以看到,已经触及组合生产方式的本质特征了。

二、由中小企业集群现象带来的理论抽象

2004年11月,中国(海南)改革发展研究院在海口市召开有20多个国家代表参加的"中小企业政策战略国际比较及中欧中小企业合作国际理论研讨会",我提交的论文题目是《中小企业融资难 关键在观念 出路在机制》,且是大会主题发言人之一。大会交流中,国务院发展研究中心和欧洲几位专家关于中小企业集群的发言,给了我很深的启发。

2005年,我们根据10多年调研积累的经验,以"市场竞争中的弱势群体研究"为题申报国家社科基金并获准立项(批准号05XJL001),就把农民、工人、个

体工商户和中小企业主作为一个整体进行研究。把农民、工人、个体工商户和中小企业主放在一起进行综合研究,导火线还是因为他们共同面临一个融资难问题。2002年,我们曾以"市场竞争中的弱势群体融资难问题研究"为题申报四川2002年度社科规划课题并获准立项。课题结项后,四川省社科联作为重大成果向四川省委、省政府、省人大、省政协推荐。2004年,中共中央第四代领导集体提出科学发展观。这时候,我们已经清醒、明确地认识到,改变几代人形成的、对市场竞争中的弱势群体固有的、不符合当代现实实际的传统观念,构建新的社会运行机制,必须搞基础理论研究,搞学科建设。所以,在申报国家社科基金时,才有"为重建社会经济学做前期准备工作"和"为贯彻落实科学发展观提供理论支撑"的想法和提法。

我们通过这些调研、学习和思考,形成了以下几点看法:

1、意大利因中小企业集群而强大,中国浙江因中小企业集群而崛起,中国农民因专业合作经济组织而走上致富之路,中国个体工商户因有浙江义乌小商品城、四川成都荷花池市场等这样的栖身之地,经受住了社会化和市场化的洗礼,工人因在企业中"三重身份"的出现而寻找到了实现对自身完全占有的路径。这种新型的生产方式,从生产力角度观察,是归类为小生产还是大生产?从生产关系角度观察,是归类为国家所有制还是资本家私人所有制?都不合适。

2、现实社会经济生活出现了这种新型生产方式,很多问题需要我们重新思考和再认识。第一,过去说小资产阶级是落后、保守甚至反动的阶级,现在恐怕不能这样说了;第二,过去说大生产必然代替小生产,资本集聚必然走向资本集中,现在应该说是不一定了;第三,过去劳动条件提供者和劳动力提供者的矛盾是对抗性矛盾,确立工人"三重身份"(生产要素、合作者、投资者)之后,矛盾性质就应该变了;第四,过去的经济发展目标是"做大做强",现在的经济发展目标应该改为"做好做优做强"了;第五,过去,我们理论界只研究"规模经济",现在,"范围经济"恐怕也应该进入我们理论界的研究视野;等等。

3、不管是实证哲学,还是唯物辩证法,有一个共同点,都承认人的观念和各种理论,都是对实践经验的概括和总结,并接受实践经验的检验。既然现实社会经济生活出现了新情况和新问题,传统的理论观念又不能给予解释和说明,我们为什么不根据新的实践经验,创造新的理论,形成新的观念呢?

前面对经济声誉结构的种种描述,地域性、行为主体之间反复交往、成员彼此知根知底、信息不对称的偏差极小等。中小企业集群、农民专业合作经济组织、中国个体工商户和工人"三重身份"的企业,都具备这些特征,无疑这是一种新的生产方式。怎么进行理论抽象?当时,中央电视台举办的青年歌手大奖赛中有原生态唱法,我们就借用这个词汇,把农民、工人、个体工商户和中小企业主在分散、孤立状态下求生存谋发展方式称为市场竞争中的弱势群体原生态,而他们在不改变独立性的前提下,按照各自的方式组合起来,以群体的方式求生存谋发展称为市场竞争中的弱势群体新生态。

三、新的生产方式内涵的重新规范

新的生产方式内涵的重新规范是逼出来的事情。

我们申报的国家社科基金西部资助课题(批准号 05XJL001)不能如期结项,基本原因就是因为"市场竞争中的弱势群体"国际上没有这种提法,又说是政治上的敏感话题,不少同行包括我读大学时的老师在内,建议我回避这个问题,或者变为另外一种提法。市场竞争中的弱势群体在改革开放大背景下,解放思想,实事求是,勇于探索,创造出的新的生产方式,这个认识不能动摇,因为这是事实。但是,怎么表述,怎么规范,的确还有改进的余地。

市场竞争中的弱势群体新生态的这个"新"字,是自己与自己比较即纵向比较,而科学性或普遍性要求却是与他人比较即横向比较,如果要确认市场竞争中的弱势群体新生态是一种新的生产方式,就必须同传统的生产方式进行比较才行。传统生产方式归类方法的显著特点是极端化,生产力要么是大生产,要么是小生产;生产关系要么是国家所有制,要么是资本家私人所有制;新的生产方式既然不是以这种极端化的方式存在和活动,归类方法应该反映这种客观存在,这就是组合生产方式提出的依据。

组合生产是市场竞争中的弱势群体以不丧失独立性为前提,在竞争和协同机制的双重作用下,创造出的一种适应市场化和社会化发展要求的新的生产方式。这样规范,除了考虑简单、明了、好记的因素和回避市场竞争中的弱势群体新生态提法之外,还考虑到新范畴与人类已有思想文化成果的关联。关于组合体与参与活动要素之间的不同特征,系统论创始人贝塔朗菲告诉我们:"组合性特征不能用孤立部分的特征来解释","复合体的特征与其要素相比似乎是'新加的'或'突现的'"。关于组合体中活动要素之间的关系,协同论创始人哈肯则认为,除了存在竞争一面之外,还存在协同的一面,协同论就是研究协同系统在外参量的驱动下和在子系统之间的相互作用下,以自组织的方式在宏观尺度上形成空间、时间或功能有序结构的条件、特点及其演化规律的科学,即通过分类、类比,来描述各种系统和运动现象中从无序到有序转变的共同规律的科学。我们把农民专业合作经济组织、工人"三重身份"的企业、个体工商户组合和中小企业集群归类为组合生产,反映了事物的本质,符合实际,不管是内涵和外延,相对来说,提法既比较规范一些,又可以避免来自意识形态方面的责难。

第二节 组合生产方式的形成条件

市场竞争中的弱势群体传统称呼叫小资产阶级和无产阶级,存在也有两三百年了。如果以1776年蒸汽机发明作为工业革命和社会化生产到来的标志,那么小资产阶级和无产阶级同工业革命和社会化生产到来是同步的,为什么过去就未能创造出这种适应社会化和市场化发展要求的组合生产方式呢?本节讨论组合生产方式的形成条件。

一、新的生产方式出现的科技条件

市场竞争中的弱势群体不但没有随着时代发展逐渐消亡下去,反而创造出一种新的生存和发展方式,新的科学技术起了决定性作用。

市场竞争中的弱势群体生存和发展道路上的一个致命威胁是市场的不确定性。市场的不确定性,用马克思的化来说,单个劳动不一定能转化为社会劳动,从营销的角度说,生产出来的产品不一定卖得出去。小生产者抵御市场风险的能力很低,发展不起来就十分自然了。人类进入信息社会,便利的交通,发达的通讯,特别是通信技术的个性化特征,市场的不确定性缓解了。大生产受益,小生产也受益,经济发展,大有大的好处,小有小的优势。集中化和分散化成为当代社会两股并行不悖的发展大趋势。

二、新的生产方式出现的人文环境

资产阶级领导的旧工业革命时代,就人类与自然的关系而言,征服、改造自然是生产力的内涵;就人与人的关系而言,资产阶级征服、改造农民是那个时代的生产关系;就国家与国家的关系而言,帝国主义征服、改造殖民地和半殖民地是基本的国际关系。所以,优胜劣汰、弱肉强食成为资产阶级领导的工业文明时代的基本理念。征服、改造的社会理念主导着人们的思维方式。这种氛围里面,市场竞争中的弱势群体生存、发展之艰难就可想而知了。

中国有句古语:三十年河东,三十年河西。在自然力的无情惩罚和报复面前,人类终于明白,自然既不能征服,也不能改造,只能同自然和谐相处,只能公平、合理地进行交换。人和自然关系的改变,也必然带来其他关系的改变。这就是说,工业经济时代形成的社会秩序和社会观念,不但受到自然力的报复和反抗,同时,在国内受到无产阶级及其他劳动者的报复和反抗,在国际受到殖民地半殖民地人民的报复和反抗。那些自以为是"上帝"、可以主宰一切的人们,也开始明白,对内敲骨吸髓地剥削,对外穷凶极恶地掠夺,并不见得就是好办法。有饭大家吃,有钱大家赚,给别人一定生存和发展的空间,自己活得或许还要好些,是曰"双赢"。征服、改造的社会理念被迫放进了历史的博物馆。彼此适应、相互提高,开始成为新时代的主导理念。市场竞争中的弱势群体就生活在一个比较宽松适合每个市场活动主体生存和发展的新的人文时代环境里了。

三、新的生产方式出现的现实土壤

近代中国落后了。19世纪中国饱受帝国主义和封建主义的蹂躏和压迫,20世纪整整花了半个世纪中国才获得独立。独立后的新中国面临的现代化建设道路是农业社会如何向工业社会过度的社会形态转变问题,由于我们照搬计划经济体制,用行政办法搞"穷过度",社会形态转变不尽如人意,工业化的使命没有完成。1978年党的十一届三中全会确立了改革开放的基本国策,中国又面临一个计划经济如何向市场经济过度的社会体制转变的问题。

中国是社会主义国家,共同富裕是我们的价值取向,不管是社会形态转变,还是社会体制转变,决定了中国既不能走"回头路","回头路"是死路;也不能走资本主义发展的"老路","老路"是歧路。简言之,社会主义现代化是群众自己的事业,要由群众自己自主选择,政府再也不能包办代替了;同时,社会主义现代化事业,又不能以牺牲社会下层群众和弱势群体的利益为代价、为成本。这些就是市场竞争中的弱势群体新生态即组合生产方式出现的现实土壤。

第三节 组合生产方式的学理分析

组合生产方式不是天外来客,也不是一些人突发奇想的产物,组合生产方式植根于现实土壤,是顺其自然的结果。

一、组合生产方式的研究现状

组合生产方式的研究很不平衡。农民专业合作经济组织研究比较深入,目前已经立法。2006年10月31日第十届全国人民代表大会常务委员会第二十四次会议通过了《中华人民共和国农民专业合作社法》。中小企业集群理论研究虽然只有十多年的历(1990),但中国的研究与国际上的研究基本同步(1995),互动性很强,研究的发展势头比较好。

个体工商户是一个被社会遗忘的角落,至少在学术理论界是如此。我们通过学术检索,研究个体工商户的学术专著只见到时宪民先生的研究报告,另外就是一些零星的调查个体工商户的实证分析了。个体工商户组合的研究就更无从说起。工人"三重身份"的企业,实践中有,比如,海尔职工持股会就是这样的组织;理论上的研究也比较充分,比如,20世纪90年代中央党校的王珏教授就提出了"工者有其股"的系统理论。可是,学术理论界占支配地位的观点还是认可生产关系"以物为本",所以人们把海尔职工持股会的基金叫做流失的国有资产。

把农民专业合作社、工人"三重身份"的企业、个体工商户组合、中小企业集群作为一个整体,作为一种新的生产方式综合起来进行抽象、概括和归纳,目前还是理论上的研究空白。

二、组合生产方式的类型特点

组合生产方式的共同特征是活动主体集中在某个地域活动,所以组合生产方式往往为区域经济理论工作者所看重,而不为理论经济学工作者所注意。其实,理论经济学当其研究重心从研究活动主体之间的关系,回答"是什么"和"为什么"这样的问题,转向研究活动主体的行为,回答"做什么"和"怎么做"这样问题的时候,活动主体的环境因素不但不能被"抽象"掉,反而应当像恩格斯说的那样,"给其他参与交互作用的因素以应有的重视"。

1、产业纵向关联而形成的生产方式

这类生产方式同属于一个产业的上、中、下游活动主体,彼此间存在着生产过程的联系,产业链成为群体生存与发展的动力,每个活动主体都在产业链上占据合适的位置,形成一种合理的分工和协作状态,如四川乐山五通桥的长益畜牧科技公司。

2、区位优势指向所形成的各类专业化生产方式

这种生产方式通常是由同一产业的众多市场活动主体组成,它们充分利用区位优势,如廉价劳动力集中地、信息和技术发达地、原料或燃料集中地、产品的主要市场地、交通运输枢纽地等,形成各类专业化的生产方式,如成都市新都大丰镇的家具"工业园"。

3、产业横向关联而形成的生产方式

这类生产方式通常以区域内某一主导产业为核心,通过市场活动主体间的横向联系,外部形成多层次的各种群体。由于这些群体之间相互享受着彼此所带来的外部经济效应,因而充满了活力。处于核心地位的活动主体通常叫"龙头企业",如隆昌蜀鑫畜牧科技开发公司就是四川隆昌金鹅镇生猪协会的"龙头企业"。该协会通过实施国家星火科技项目,主要做好生猪品种改良及规模化、科学化养殖,联合组建6个LY二元种猪场、18个三级商品场,现已实现年产"DLY"优质种猪0.8万头,实现产值640万元。再如一些大型钢铁企业、大型烟草企业、大型酿酒业等的周围都可能形成这类生产方式。

4、劳资双方以合作者身份相处的生产方式

前面三种形式是从生产力视角对生产方式的概括,后面一种是从生产关系视角对生产方式的归纳。无论我们取什么视角观察,这种生产方式的要素都是独立个体,组合是形式也是联系方式。

三、组合生产方式的学理基础

国民财富研究史上的众多大师和先驱,在不同时段和不同地点对组合生产方式的学理基础有过精辟分析和论断,或者是因为意识形态的人为阻挡,或者是由于客观条件不成熟,没有成为主导社会发展的生产方式,才不为人们注意和重视,现在还历史本来面目的机会到了。

1、工人"三重身份"是"重建立个人所有制"的实现形式

"重新建立个人所有制"是马克思主义经济理论的核心,也是马克思的夙愿。"私有化"论者把"重新建立个人所有制"解释为建立私有制。可是,马克思在结论前面就明确说了,"这种否定不是重新建立私有制"。"国有化"论者把"重新建立个人所有制"解释为重新建立消费品个人所有制。这就更离谱了。物质生产过程所涉及的所有制问题肯定是指生产条件,而不是指什么消费品。消费品的个人所有制资产阶级早就建立了,还需要马克思著书立说去"重新建立"吗?

确认工人"三重身份"不但是"重新建立个人所有制"的一种实现形式,还因为这种生产方式承认劳动条件提供者正当、合法的权益,所以说它丰富和发展了马克思主义的"重新建立个人所有制"思想。

2、"中间等级新生态"能带来"范围经济"

"中间等级新生态"就是农民专业合作社、个体工商户组合和中小企业集群;"中间等级新生态"能带来"范围经济"。

马歇尔在1890年的《经济学原理》中分析了适应社会化生产发展要求的两种生产方式:一种是通过"资本集中"建立起来的大型企业,可能获得"内部规模经济";另外一种是通过"资本集聚"即"因许多性质相似的小型企业集中在特定的地方——即通常所说的工业地区分布"建立起来的企业集群,可能获得"外部规模经济"和"外部范围经济"。"中间等级新生态"是典型的"资本集聚"现象。

"资本集聚"可以带来"外部规模经济"或"外部范围经济"。所谓"外部规模经济"或"外部范围经济"就是指由于同一地域活动的原因,其中的市场活动主体既可能节约和降低创新成本,又可能节约和降低交易成本。

3、组合生产方式是市场协同机制的产物和重要形式

"对立统一的法则,是唯物辩证法的最根本的法则。"任何事物与周围环境的关系,既有排他性(对立)的一面,又有依存性(统一)的一面,排他性的一面产生竞争,依存性的一面需要协同。竞争机制是社会发展的动力,协同机制是社会发展的凝聚力,所以,社会就应当从竞争机制和协同机制两个方面促进事物健康地向前发展。

在历史发展进程中,人们往往把竞争机制极端化,似乎市场机制就等于竞争机制。市场竞争中的弱势群体反对把竞争机制极端化,强调市场的协同机制,不是因为他们是什么先知、先觉,会预见到某一天人们会把构建和谐社会作为发展目标,而是因为协同机制是他们力量的重要来源,是命运使然。

第四节 组合生产方式的社会意义

组合生产方式的出现,不仅会改变市场竞争中的弱势群体的命运,而且有利于人类社会在和谐中向前发展。

一、社会发展的"牺牲品"必将成为新增财富的来源

农民、个体工商户和中小企业主(中间等级)是农业社会向工业社会过度的代价和牺牲品。《共产党宣言》是这样论断的:"中间等级,即小工业家、小商人、手工业者、农民,他们同资产阶级的斗争,都是为了维护他们这种中间等级的生存,以免于灭亡。所以,他们不是革命的,而是保守的。不仅如此,他们甚至是反动的,因为他们力图使历史的车轮倒转。如果说他们是革命的,那是鉴于他们行将转入无产阶级的队伍,这样,他们就不是维护他们眼前的利益,而是维护他们将来的利益,他们就离开原来的立场,而站到无产阶级的立场上来。"

显然,上述论断不符合现在的实际情况。《共产党宣言》之所以认为"中间等级"必将灭亡,必将转入无产阶级的队伍,是因为在当时的历史条件下,只有大生产才适应社会化与市场化的发展要求,无产阶级与大生产相联系,所以无产阶级是最有前途的革命阶级;而"中间等级"是一种孤立、分散的小生产方式,与社会化和市场化的发展要求不相适应,所以"中间等级"必将灭亡,必将转入无产阶级的队伍。新的历史条件下,"中间等级"不需要灭亡,也不需要离开自己原来的立场。无产阶级与"中间等级"同属市场竞争中的弱势群体。他们创造的组合生产方式已经融入社会化生产过程和市场机制的运行过程。这个群体不但能组织生产自救,还会成为推动国民经济快速发展的生力军,成为"中等收入者"阶层的重要组成部分,成为社会稳定的强大柱石。

二、社会体制变革的"死扣"有望解开

社会体制变革的"死扣"是指意识形态强烈的"私有化"和"国有化"两种学术思想的尖锐对立。当代世界各国的社会经济结构,要么是资本家私人所有制占主体,要么是国家所有制占主体。中国所谓经济体制改革的最后一道"难关",实际就是在国家所有制和资本家私人所有制两者之间,让谁个占据主体地位进行的艰难选择。这是一个"死扣",因为这种非此即彼的思想方法本来就不科学。

我们先不管"私有化"和"国有化"或先不问姓"资"和姓"社",只提出两种意识形态都认可了的东西进行讨论。"国有化"论者大概不会反对劳动价值理论。既然价值是劳动创造的,为什么劳动者对剩余价值(利润、收益)没有处置权和分配权?"国有化"论者自己当了老板,就否定劳动者的权利,这是不是搞的双重标准?"私有化"论者应该不会反对舒尔茨的人力资本理论。既然承认白领(管理者和技术员)的本领需要积累,是资本,为什么不承认蓝领(普通劳动者)的本领也需要积累,也是资本?本领有大小,资本有多少,这是量的不同,但不是有无的差别。这是不是也搞的双重标准?

"国有化"论者和"私有化"论者放弃双重标准,承认工人作为劳动力提供者在企业中的"三重身份",社会体制变革的"死扣"不但有望解开,而且,生产力还会释放出新的巨大能量。

三、市场秩序的完善与健全方向明朗

重视大轻视小的"规模歧视"是传统资本主义制度留下的遗产,重视国有制轻视非国有制的"所有制歧视"是传统社会主义制度留下的遗产,重视老板轻视劳动者的"苦力歧视"是历代剥削制度留下的遗产。"三重歧视"是市场竞争中的弱势群体待遇不公的集中体现,也是中国市场扭曲、无序的要害所在。我们十年如一日地对市场竞争中的弱势群体进行追踪研究,目的就是想寻找一个答案:如果社会做到"起点机会均等、过程操作公开、结果分配公正",他们能不能管理好自己?他们依靠自己的力量能不能富裕起来、强盛起来?

"三重歧视"是中国社会主义现代化建设事业的"桎梏"。凡是落后地区,看看他们过去的规划、历年的总结和其他"红头"文件,普遍存在着"三重歧视";再看权钱交易、贪污腐败横行的行业或部门(烟草、电力、银行、通讯、交通等),"规模歧视"和"所有制歧视"根深蒂固;珠江三角洲地区没有"规模歧视"和"所有制歧视",可"苦力歧视"肆无忌惮,成为两极分化的典型。

答案应该有了。批判和废除"三重歧视"是健全和完善市场秩序的前提和基础,也是社会活力的激发因素和基本保障。

第三编 宏观经济与金融制度

核心提示

　　社会经济学首先强调对银行功能进行重新定位。弗里德曼把中央银行比作"水龙头",只监管货币流量,不监管货币流向;斯蒂格利茨把中央银行比作"大脑",监管货币流向。大脑接收、处置的是信息,控制论创始人维纳说"信息既不是物质也不是能量",而货币恰恰就是物质且具备传递能量的职能。斯蒂格利茨的货币理论不成立。人们习惯把货币比作人体血液,社会经济学就用人体心脏给中央银行功能定位,既监管货币流量,又监管货币流向。

　　小额信用贷款是从运行机制和技术手段方面解决监管货币流向提出的问题。

第三编　宏观经济与金融制度

第十一章　货币职能与持币心理

发现与探索货币能量传递职能是本章的主题。持币心理是学术上一个争论不休的有趣话题，需要面对。货币能量传递职能的异化就是金钱拜物教。2008年爆发的全球金融危机是金钱拜物教的恶性发作。金钱拜物教必须批判。

第一节　货币与货币能量传递职能

货币是特殊商品。货币的能量传递职能，需要在与原有职能的比较中去认识和把握。

一、货币原来的五种职能

货币的职能就是货币本身所具有的功能，是货币本质的具体表现。马克思认为货币具有五个职能，它们分别是：(1)价值尺度。货币在表现和衡量其他一切商品价值时，执行着价值尺度职能，这是货币的基本职能。其作用主要是为各种商品定价。货币之所以能充当价值尺度是因为货币（金属）自身的价值。货币通过与商品交换，把商品的价值表现为一定的货币单位，即商品的价格。价格就是商品价值的货币表现，价格的高低是由商品价值大小决定的。同时，由于供求关系的影响常常围绕价值上下波动。另外,货币在执行价值尺度职能时,并不需要现实的货币,只是观念上的或想象的货币。(2)流通手段。即货币在商品流通中充当交换的媒介。流通手段也是货币的基本职能。货币执行流通手段后,直接的物物交换就分离成买卖两个相对独立的阶段。执行流通手段的货币,不能是想象的或观念上的货币,必须是现实的货币。作为流通手段的货币量由商品数量、商品价格以及货币流通速度决定。执行流通手段职能的货币,可以用货币符号来代替,但此时货币与商品价格的关系发生了变化,商品的价格由进入流通领域的货币量决定。在其他条件不变的情况下,货币量增加,商品价格就上涨,反之就下跌。(3)贮藏手段。它是货币退出流通领域被人们当作独立的价值形态和社会财富的一般代表保存起来的职能。贮藏手段职能是在价值尺度和流通手段职能的基础上产生的。自从货币从足值货币发展到现在的信用货币,货币贮藏的形式也从以足值货币金银的形式贮藏价值到当今以信用货币作为价值贮藏的典型形态。当信用货币执行贮藏手段职能时必须以币值稳定为前提。(4)支付手段。当货币作为价值的独立运动形式进行单方面转移时,就执行着支付手段的职能。货币这一职能直接产生于以延期付款方式买卖商品的活动之中,使商品的让渡与价格的实现脱节,于是买卖变成债权债务关系。货币作为支付手段时,是价值单方面转移。同时,流通中的货币量不仅包括流通手段的量,还包括支付手段的量。(5)世界货币。货币超越国内流通领域,在国际市场上充当一般等价物,执行着世界货币职能。在贵金属流通条件下,作为世界货币要求货币本身以金银原始的条块形式并按实际重量发挥职能。世界货币职能具体表现为:作为国际间的支付手段,用于平衡国际收支差额;作为国际间的购买手段用于购买外国商品;作为社会财富的一般代表,由一国转移到另一国。

二、货币的能量传递职能

(一)类比困境

社会结构是人体结构的对象化。人们把货币比作人体血液。

血液在人体内流动,如果因为病或者因为伤,失血过多,会导致休克或死亡,若及时输血,往往会起死回生;如果人的大脑或者四肢血液流通不畅或出现血梗阻现象,轻者会出现头晕或四肢乏力,重者导致细胞坏死,人就成为植物人,四肢就会截除;如果得到治疗,血液流通顺畅,人体相关部位的细胞及时获得氧气和养分,人立刻就会充满生机与活力。

社会物质生产活动过程中的家庭、企业的生存和发展,货币就扮演着人体血液的作用。比如20世纪70年代后期,面对日本的激烈竞争,美国三大汽车企业之一的克莱斯勒出现严重困难,濒临破产。在这关头,政府难得破例,给克莱斯勒一定的财政担保,银行同意向克莱斯勒贷款,企业度过了危机。1984年,仅仅6年时间,克莱斯勒起死回生。孟加拉国尤里斯教授"乡村银行"向贫困家庭发放小额信用贷款,使穷人生活有了转机。

通过类比,货币具备人体血液功能是确定无疑的事实,那么货币的这种功能怎么归类呢?货币的五种职能,价值尺度,流通手段,贮藏手段,支付手段,世界货币,每种职能似乎都沾一点边,但又都不能概括货币新的职能特征。无可奈何,我们只得把能量传递作为货币新的职能了。

(二)新旧职能比较

能量传递作为货币的新职能,一是根源于货币职能的演化逐渐显现出来的,二是根源于观察货币职能的角度不同。

生产力极不发达的历史时期,生产者之间的交换是物物交换,货币还没有出现,当然说不上什么货币职能了。小商品社会,自给自足的自然经济,虽然货币出现了,但是,生产者交换的目的主要还是换回自己所需要的生活资料,也就是说,没有货币,生产仍然能正常进行。能量传递职能充分表露的情况是,生产的社会化程度很高,生产者的生产活动,完全是为社会消费而不是为自己消费,产品必须转化为货币才叫社会劳动,而生产者持有货币也就等于持有社会劳动。简言之,这时候的生产者拥有货币就是拥有再生产或扩大再生产的物质力量。

所谓观察货币职能的角度不同是指,马克思所处的时代是启蒙与觉醒的时代,是科学的时代,是揭示事物本质回答事物"是什么"和"为什么"的时代,必须运用解剖方法,运用分析方法。现在,和平与发展已经是时代主题,是技术的时代,是集中精力搞建设研究"做什么"和"怎么做"的时代,必须运用系统的方法,运用综合的方法。所以,货币新职能不是说又发现了一种与五种职能毫不相干的新职能,而是转换了角度,把货币看成一个整体,是五种职能的综合体现。

正好比我们说森林具备保持水土、调节气候的功能,我们不能说森林中的某一棵树、某一堆灌木、某一窝草有什么保持水土、调节气候的功能。可是,离开这些具体的树木、灌木、花草,森林就不存在,所谓保持水土、调节气候的功能就更谈不上了。这种现象正如系统论所归纳的,系统功能不等于单个要素功能之和;同时我们也明白,没有对单个要素功能的透彻了解,系统功能不可能真正认识和把握。

三、确认货币能量传递职能的意义

确认货币新职能意义,就要从东、西方经济学为什么不研究货币能量传递职能说起。

(一)无视货币新职能的社会原因

1、因方法教条而无法了解货币能量传递职能

马克思对"政治经济学的方法"有这样的分析:"从实在和具体开始,从现实的前提开始,因而,例如在经济学上从作为全部社会生产行为的基础和主体的人口开始,似乎是正确的。但是,更仔细地考察起来,这是错误的。"那么应该从什么开始才是正确的呢?马克思认为,要从更为抽象还能揭示或反映事物本质的事物开始,商品就是这种事物。"对资产阶级社会说来,劳动产品的商品形式,或者商品的价值形式,就是经济的细胞形式。"

政治经济学的研究对象是生产关系,研究的"最终目的是揭示现代社会的经济运动规律"。马克思还把政治经济学的研究方法同物理科学使用的显微镜,化学科学使用的化学试剂,医学科学使用的解剖刀,做了对比,表明它们的思维方式是一样的。"揭示现代社会的经济运动规律",也就是像化学家弄清楚什么是金、什么是铁、什么是铜,也就是像物理学家弄清楚地球是月亮的卫星、还是月亮是地球的卫星等等问题一样,要揭示事物的本质,所以政治经济学的方法没有什么错误。问题在于,我们现在面临的任务是从地球出发如何飞到月亮上去,是如何把金和铁熔化之后成为性能更好的合金体。直言之,当代国民财富的研究任务是如何降低代价,创造更好更多的国民财富,必须"从实在和具体开始,从现实的前提开始",所以不能硬套政治经济学的研究方法。

非常遗憾,马克思主义的经济学家们长期把马克思关于政治经济学的方法当教条一样遵守和信奉。就以货币职能而论,人们在分析、介绍了货币的五种职能之后,在讨论货币在社会主义现代化建设中的作用时,又按照马克思的再生产理论,分别介绍货币在生产、分配、交换和消费四个环节的作用。这样研究货币的作用,第一个问题,概念不清楚。职能和作用是一回事情,职能是系统或要素的潜在作用。两种场合,两种表述方法,人们弄不明白职能和作用研究是什么关系。第二个问题,内容重复。既然职能和作用是一回事情,在再生产的四个环节考察货币的作用,不可避免地会与货币五种职能的内容相重复。第三个问题,支解了货币职能的整体性。马克思的再生产理论服从和服务于揭示资本主义本质这个目标。再生产的四个环节相互独立又相互联系持续不断运行的有机整体,然而实际经济生活的四个环节却时常被打断,运行被迫停止,也就是经济危机周期性地经常爆发,这种带规律性的东西是不是资本主义本质的反映?很显然,马克思在这里运用的仍然是分析解剖方法。按照生产、分配、交换和消费四个环节来确认货币的作用,实际表明凡有货币的地方都可以认定为货币的作用,那么货币的作用根本就没有办法归类了。因为人们住房、看病、吃饭、上学、旅游等都得用货币,还有行贿受贿、走私贩毒更少不了货币了,这是不是也算货币的职能(作用)呢?

2、因意识形态而不能掌握货币能量传递职能

货币具备能量传递职能由货币的本质决定。货币是固定充当一般等价物的特殊商品,本身就有价值。价值是凝结在商品中的一般人类劳动。这就是说,货币凝结着一般人类劳动,所以具备能量。西方经济学受意识形态的束缚,不承认劳动价值理论,无法认识货币的本质,自然不能了解货币的能量传递职能。我们就看看西方比较流行的经济学教科书对货币的认识和了解。

诺贝尔经济学奖得主斯蒂格利茨这样分析货币,他认为经济学家"根据货币行使的职能定义它,因此我们在了解货币的正式定义之前,有必要首先看看这些职能"。他在介绍了货币的交换职能、储藏职能和计算单位(价值尺度)之后说:"我们现在能够给出货币的经济学定义了。货币是任何一种被普遍接受为交换媒介、价值储藏和计算单位的物品。换句话说,货币就是货币行使的职能。"

另外一位诺贝尔经济学奖得主萨缪尔森也这样分析货币："货币是任何可以普遍接受的作为交易媒介的东西。最重要的货币概念是交易货币,即M1,它是在银行体系以外流通的硬币和纸币之和,再加上支票账户存款。另一个重要的货币总量是广义货币(称为M2),除了硬币、纸币和支票存款外,它还包括像储蓄账户存款这类资产。"

曼昆给货币的定义大同小异。他说"货币是经济中人们经常用于购买其他人的物品与劳务的一组资产",他也认为货币有三种职能,"它是交换媒介、计价单位和价值储藏"。

西方学者运用的方法是现象描述,不是科学分析。科学分析使用的工具是望远镜、显微镜和解剖刀,运用的是抽象力;现象描述使用的工具是瓦刀、搅拌器和挖掘机,运用的是观察力。理论研究可以运用现象描述,但一定是在科学分析成果的基础之上。比方说,如何浇筑钢筋水泥大坝,研究方法只能运用现象描述,但是,为什么要用那种钢材、那种水泥、那种河沙、那种碎石等问题,则必须有科学依据。事不同而理同。西方学者介绍货币职能可以运用现象描述方法,把他们直接观察到的现象进行分类,然后确认货币有多少种职能,但是,要给货币下定义,揭示货币本质的时候,则必须进行科学分析或者直接运用前人科学分析的研究成果。由于意识形态的束缚,西方学者不愿意这样,只得用货币职能给货币下定义,说什么"货币就是货币行使的职能",说轻一点,这叫同义反复,说重一点,恐怕他们自己都不明白说的是什么话。

简言之,不懂货币本质就不能掌握货币能量传递职能。

3、因误判历史轨迹不承认货币能量传递职能

如果承认货币能量传递职能,其逻辑问题就是能量的来源。还是用类比说明这个问题。血液的养分和氧气肯定不是来源于心脏。心脏有输入和输出两个管道。输入管道标明养分和氧气的来源,输出管道标明养分和氧气的去向,心脏只是一个中转站。这说明,血液的养分和氧气,离不开人体各个部分的协同配合,而人体各个部分又离不开血液养分和氧气的支撑。货币能量肯定不是来源于银行。同心脏一样,银行也只是一个中转站。但是,银行贷款原则与心脏输出血液原理不一样。心脏功能是把血液准确、及时并成比例地输送到身体的各个部位,而银行的贷款原则是优化配置资源。

银行贷款的优化配置资源究竟意味着什么？简单说，钱只能贷给大型企业或富人。不管是"苏联范式"还是"西方范式"，与优化配置资源相联系的范畴是规模经济。通俗讲，大，才经济；小，不经济。大生产代替小生产是社会发展的必然趋势。不向小生产贷款，不向农民贷款，不向穷人贷款，成为超越姓"资"、姓"社"意识形态的"共识"。有了这个"共识"就不可能承认货币能量传递职能。因为货币能量传递职能假设前提是，货币能量来源于创造国民财富的每个市场活动主体，同时就应该服务于创造国民财富的每个市场活动主体。

(二)确认货币新职能的社会意义

确认货币能量传递职能的社会意义在于：所有的市场活动主体，每个企业不管是大企业还是小企业，每个家庭不管是富人还是穷人，每个个人不管是能力强还是能力弱，只要是在创造国民财富，在生存和发展的道路上，都应该一视同仁地得到金融的支持和帮助，因为货币是他们共同创造的。我们认为，这应该是现代金融制度和金融理论的基石和出发点。

第二节　持币心理分析

持币心理分析起源于凯恩斯，是宏观经济理论和宏观经济政策的基本议题。

一、持币心理分析的三大流派

(一)凯恩斯的货币理论

凯恩斯的货币理论的要点如下：名利利率是持有货币的机会成本，货币需求随着利率的上升而下降，以及利率取决于货币需求等于货币供给之点，而货币又常常需求不足。凯恩斯认为，货币需求不足归因于下述三个基本心理因素的影响：一是边际消费倾向递减，它是指消费的增长赶不上收入的增长，其结果将引起消费需求不足；二是资本边际效率递减，它是指人们增加投资时预计可以得到的利润率是递减的，这种心理作用使资本家对未来往往缺乏信心，从而引起投资需求不足;三是人们"心理上的流动偏好",这是指人们总喜欢把一定量的货币保存在手边,以应付日常的、临时的和投机的需要。由于这三大心理因素导致货币需求不足(有效需求不足),市场机制本身没有能力使货币需求(有效需求)等于货币供给(有效供给),就不可避免地出现萧条和失业,所以政府干预是必要的。

(二)新自由主义的货币理论

新自由主义货币理论的代表人物是弗里德曼,其理论基础是费雪的货币数量论。费雪方程式:$M \cdot V = P \cdot T$(M表示货币量,V表示货币流通速度,P表示价格,T表示实际交易量)。弗里德曼根据这个公式认为,经济不稳定是因为货币流通量的剧烈波动,而货币流通量的剧烈波动又是因为货币供给受货币当局的操纵;因此,要维持经济稳定,就必须稳定货币供给量的增长率,使货币供给与货币需求相适应。

货币量的这个变化和传递过程与心理因素有什么关联呢?弗里德曼提出了持久收入假定。弗里德曼认为,消费者的收入可以分为一时收入和持久收入,消费也可以分为一时消费和持久消费。持久收入是指消费者可以预料到的长久性的、带有常规性质的收入;相应地,持久消费是指具有经常性质的消费支出。持久收入与此相连接的持久消费不受"心理上的流动偏好"影响。货币需求的变动主要受收入持久(消费持久)变动的支配,由于收入持久(消费持久)具有高度稳定性,所以受收入持久(消费持久)支配的货币需求也是高度稳定的。货币需求高度稳定,货币供给随着货币需求增长稳定供给就行了。弗里德曼把中央银行比作水龙头,管好货币流通量,政府没有必要直接干预经济,道理就在这里。

(三)"苏联范式"的货币理论

"苏联范式"的货币理论依据的是马克思的货币流通公式。货币流通公式:$M = P \cdot T / V$。其实,费雪方程式与货币流通公式没有什么区别,仅仅因为货币流通速度V放的位置不一样,"苏联范式"的货币理论就一直不承认费雪方程式的科学性。"苏联范式"的货币理论认为,影响货币流通量的三个要素都是客观存在,所以,凡是主张心理因素会影响货币流通量的观点通通贬之为主观唯心主义,毫无科学性可言。

但是，批判的角度又不一样。凯恩斯因为有"心理上的流动偏好"的说法，扣上唯心主义帽子就行了。弗里德曼从货币供应量的角度分析经济波动的原因，批判起来就麻烦些了。他们认为弗里德曼颠倒了商品流通和货币流通的关系。他们说，商品流通是因，货币流通是果；有商品流通，才有货币的流通；进入流通的商品量愈大，假定价格不变，流通速度也不变，作为流通手段的货币的需要量也就愈大。这些话很正确，可惜只适合于金属货币；这些原理只是中央银行发行纸币应当遵守的原则，而实际经济生活中的物价变动是不是货币供应量的变动带来的，这恐怕既不需要调查也不需要争论了吧！

二、简评持币心理分析的流派

国民财富是生产、分配、交换和消费，涉及每个人切身的物质利益。每个人的心理不可能没有想法，西方经济学把心理学的科学成果引用到经济分析中来，是了不起的历史贡献；其缺陷是不应该把人们在特殊历史条件下形成的心理活动当作普遍规律。

凯恩斯1936年出版的《就业利息和货币通论》一书有两个历史背景不能忽视。一是新古典制造的"市场神话"面对频繁发生的经济危机一筹莫展；二是1929－1932连续4年波及整个资本主义世界的经济大危机，在政府的强力干预下刚刚缓过劲来。这就是说，当经济危机到来，市场活动主体家庭和企业遭遇沉重打击，丧失信心，看不到前途，看不到希望，导致偏好持币，有效需求不足，政府适时干预，施以援手，是十分正常、符合情理的事情。

弗里德曼提出"持久收入假定"，目的是为了否定凯恩斯的"灵活偏好"假定。弗里德曼的"持久收入假定"希望人们看到这样一个问题：由于人们可以动用预计到的未来的收入，因而在一定时期内消费者的预期支出可能会大大超过他的现期收入，可见人们的消费不是取决于他的现期收入，而是取决于他的持久性收入。弗里德曼的观点也有道理。"持久收入假定"是在"二战"后社会经济发展比较平稳的背景下产生的，特别是在交通和通讯发生革命性变革的条件下，市场的不确定性缓解了，"持久收入假定"就更具说服力了。

三、持币心理与持币心理分析误区

西方经济学不管是凯恩斯主义还是新自由主义,把心理分析运用到经济分析中来,本身没有什么问题,是科学道路上的可贵探索,值得我们借鉴和学习。需要改进的地方是,心理分析不能孤立进行,一定要联系当时当地社会经济状态及其科技水平。比如全球金融危机的原因分析,有种看法认为,中国储蓄率太高,消费率太低;美国储蓄率太低,消费率太高。一个太喜欢持币,一个不愿意持币,解决的办法和出路就是打个折中。这种持币心理分析就走入误区了。

美国银行存贷利差为零,居民消费和投资需要多少货币,银行就印刷多少货币,这是美国掠夺全球财富的战略举措,与持币心理不相干。中国消费率太低,是因为普通老百姓荷包里没有钱,与储蓄率太高根本就是牛头不对马嘴。怎么打个折中?要求美国提高银行利率,放弃掠夺全球财富的机会,可能吗?直到现在,美国政府还试图通过开动印钞机渡过难关呢!中国提高消费率,办法也不是降低储蓄率,而是"提高劳动报酬在初次分配中的比重",以及对农民进行实实在在的补偿。

持币心理分析,如果无视物质、政治、道德等因素的影响,持币心理分析真就坠入极端的、无可救药的唯心主义泥潭了。

第三节　金钱拜物教批判

金钱拜物教的通俗表述叫"有钱能使鬼推磨"。金钱拜物教是货币能量传递职能的异化。货币具备能量传递职能,如果以为货币越多能量就越大,能使鬼推磨,灾难降临是早晚的事情。2008年爆发的全球金融危机是金钱拜物教的恶性发作。

一、金钱拜物教是全球金融危机的推动力和引爆器

2008年,美国"次级贷款"终于引爆了前所未有的全球金融危机。全球金融

危机的"共识"内容大致如下：失控，对华尔街监管不力；过去 30 年风靡全球的新自由主义正统经济理论误导了社会，误导了各国政府；华尔街的精英太鲁莽、贪婪与无耻。这些"共识"有一定道理，但没有接触金钱拜物教这个本质问题。

（一）全球金融危机是华尔街的问题，还是白宫的问题

2009 年 3 月 21—23 日中国发展高层论坛在北京钓鱼台国宾馆举行。美国花旗银行董事长、总裁兼首席执行官罗兹在会议上表示，这次泡沫主要是由于美联储扩张性的货币政策所造成大量流动性，以及美国政府所采取大量财政刺激措施所致。基本情况如下：

美联储的货币发行，从 1971 年开始不与黄金储备挂钩，进入 21 世纪又不与实体经济总量挂钩，只与美国人的消费和投资需求挂钩，且要多少就印刷多少。

美国政府财政刺激措施。2001 年"9.11"事件之后，美国政府于 2001 年 10 月 7 日发动了对阿富汗的战争，又于 2003 年 3 月 20 日发动了对伊拉克的战争。阿富汗战争所需钱财，美国还可以依靠盟国分摊，而伊拉克战争所需钱财几乎全由美国政府自己掏腰包。美国政府钱不够用只得不计后果地筹款。事实就是这样。克林顿政府结束时（2000 年）留给继任政府的联邦财政盈余是 1273 亿美元，而现在（2008 年）美国联邦财政债务余额达 10 万多亿美元。

美国花旗银行董事长、总裁兼首席执行官罗兹的认识符合实际。美国政府（白宫）同金融资本家（华尔街）一样，有着追逐金钱的强烈欲望，不存在"监管不力"的问题。

（二）全球金融危机是自由主义的问题，还是理性选择的问题

把全球金融危机说成是自由主义的误导，有点"冤枉"。弗里德曼是新自由主义的代表人物，也是货币主义学派的开创者。他明白无误地把中央银行比喻为水龙头，监管货币流量，要求货币发行与实体经济总量挂钩。那么，全球金融危机又是不是凯恩斯主义的误导呢？也不能这样认为。凯恩斯主义就是"危机理论"。经济危机到来时，不管是姓"资"还是姓"社"，凯恩斯主张政府积极干预。现在，全世界的政府都在积极干预。全球金融危机不能算在某个学派的头上。

全球金融危机到理性选择理论那里找得到依据。我们看看白宫政治家们欲称霸世界的一系列决策,华尔街精英们设计出来的、精美的、专门骗人钱财的金融衍生品,无一不是出于自私的目的并按照最大化目标实践。理性选择理论是西方经济学的基础和出发点。全球金融危机与新自由主义和凯恩斯主义有关系,又没有关系。说"没有关系",是因为作为学者他们从来就没有主张过,一个负责任的政府会像印制假钞那样滥发钞票;说"有关系",是因为美国的诺贝尔经济学奖得主多如牛毛,他们会不懂中央银行规定零利率贷款的严重后果?懂。可他们相信钱越多越好,对于政府不择手段的行为,只好默不作声了。

(三)全球金融危机是银行职员的问题,还是银行职能的问题

全球金融危机归咎为银行职员,证据两条,一是"次级贷款",二是"花红门"。针对"花红门"事件,美国新任总统奥巴马怒斥华尔街的精英鲁莽、贪婪与无耻。美国国会打算透过征重税以收回受助机构的员工巨额花红,而奥巴马新政府的"限薪令"将不再局限于接受政府救助的金融机构,而是扫荡整个美国银行业和所有公开交易的公司。

西方社会本来只讲经济增长,不讲道德,相信"有钱能使鬼推磨"。华尔街的精英鲁莽、贪婪与无耻,在情理之中。问题是要弄清其机制传递过程。华尔街的精英追求利润最大化目标,收益来源只有三条渠道:一是存贷利差;二是中介服务;三是办投资银行。按照美联储的规定,存贷利差为零,没有收益;中介服务有收益,是按劳取酬,利润最大化目标不可能实现,唯一的选择是办投资银行。办投资银行又存在一个投资方向的选择问题。选择投资生产,不如产业资本家;选择流通,不如商业资本家;选择资本市场,不如金融投机家。华尔街精英们的优势就是能制造普通民众看不懂的金融衍生品,金融衍生品制造出来需要人购买,于是"次级贷款"应运而生。

美国经济学界对"博弈论"有很高的研究成就。在现行运行机制或制度安排下,美国政府通过滥发钞票,不但弥补了军费开支的不足,而且还让产业资本家、商业资本家和金融投机家赚得个盆满钵满,可华尔街的精英们被冷落了。"问题很严重",华尔街的精英们眼红了。"次级贷款"是美国金融资本家同产业资本家、商业资本家和投机资本家瓜分全球财富的一场博弈。

我们这样分析全球金融危机,不是说华尔街的资本家和为资本家服务的经济学家以及普通职员没有责任,而是说全球金融危机是国家意志的产物,是制度现象。人类历史反复证明,"政教合一"是最危险的制度安排。这个"教"并不特指宗教当然包括宗教,而是指一种思想,一种理论,一种价值观念。这个思想,这个理论,这个价值观念,也不在乎是真理还是谬论,只要同权力"合一"就会成为很恐怖的东西。所以,金钱拜物教不可怕,"有钱能使鬼推磨"思想也不可怕,金钱拜物教和"有钱能使鬼推磨"思想上升为国家意志就十分可怕了。健康、有序、充满生机与活力的社会,思想应该多元化,理论应该多元化,价值观念应该多元化。当代美国社会已经金钱一元化了,这就是全球金融危机的总根源。

二、金钱拜物教是新兴经济体不能独善其身的内因

全球金融危机的"要害"是金钱拜物教的恶性发作。美国政府为巩固霸权地位不计后果地滥发钞票,中国等新兴经济体为"显富"不惜代价地增持外汇储备,全球金融危机是两股力量综合作用的结果。所以我们又说,金钱拜物教是中国等新兴经济体不能独善其身的内因。

(一)金钱拜物教是货币能量传递职能的异化

货币本身有价值,具备能量传递职能。一个身无分文、快要饿倒的饥民,如果得到货币,换来食物,吃饱喝足之后,健康如初了;一家因债务缠身、快要倒闭的企业,如果银行及时贷款援手,企业很可能就渡过难关;等等。这些现象就产生出一种幻觉,人们真以为货币无所不能,货币多少成为一个家庭、一个企业、一个国家实力的象征。金钱拜物教把货币能量传递职能异化了。货币能量传递职能异化就跟劳动异化一样。劳动创造出的物质财富本来是供人享用,反倒成了控制和剥削劳动的手段和工具;人类创造货币的目的是让传递能量,现在,货币倒成了操作和控制一切万能的主了。

这样,经济全球化过程中就出现了一种奇特的景观,为追逐货币,拥有国际货币发行权的发达国家不计后果地滥发钞票,新兴经济体不惜代价地增持外汇储备。全球外汇储备排名榜:2003年,前十名新兴经济体占有六位,分别是中国、中国台湾、韩国、中国香港、印度、新加坡;2008年,前十名新兴经济体占有八位,分别是中国、俄罗斯、印度、中国台湾、韩国、巴西、新加坡、中国香港。中国2008年的外汇储备超过了世界七大工业国(美国、日本、英国、德国、法国、加拿

大、意大利)的总和,几乎是美国的30倍(2万亿美元/7百亿美元)。力主增持外汇储备的中国官员和经济学家认为:巨额外汇储备"是抵御国际风险的坚实物质基础;这是中国经济走向更发达阶段的一个重要推动力;这是人民币最终实现完全可兑换的一个必备的条件。没有充足的外汇,人民币要走向世界也是不可能的"。这是典型、极端的金钱拜物教理论。中国现存的巨额外汇储备,是抵御国际风险的坚实物质基础呢,还是中国"坚实物质基础"遭受国际风险的软肋?看看举国上下提心吊胆的样子,用不着讨论了。特别荒谬的地方还在于,"人民币要走向世界"居然要依靠"充足的外汇"!这次的全球金融危机或者叫没有硝烟的世界大战,不就是几个主权货币(美元、日元、欧元)为争夺世界霸权而挑起的吗?它们会欢迎"人民币要走向世界"?!

货币具备能量传递职能,但是,货币不能当衣穿,不能当饭吃,不能当马骑,不能当车坐。一句话,货币本身没有能量,同时,货币具备能量传递职能的前提条件是货币必须有价值。如果货币发行量既不与黄金挂钩,又不与实体经济总量挂钩,货币传递能量就转变为传递邪恶了。这样的中央银行无异于"潘多拉魔盒"。

美国政府现在还迷恋"潘多拉魔盒"的掌控权。"潘多拉魔盒"内除了贪婪、杀戮、恐惧、痛苦、疾病和欲望之外,还有希望。针对全球金融危机的诱因,中国人民银行行长周小川行长于2009年3月23日发文建议,创造与主权国家脱钩的国际储备货币。很快,2009年3月24日美国新总统奥巴马就表态,他并不认为有必要设立一种新的全球货币。

(二)金钱拜物教是中国经济体不能独善其身的内因

"金钱万能"并非起源于资本主义,客观地说,货币出现就产生了"金钱万能"论。"有钱能使鬼推磨"的各种故事在中国民间流传就有上千年的历史。但是,将"金钱万能"理论化、系统化并成为社会的主流意识,这确实是资本主义特有的经济社会现象。金钱拜物教是资本主义的产物。全球金融危机爆发,中国经济不能独善其身,是金钱拜物教与"有钱能使鬼推磨"相结合的结果。

1、经济中心蜕变为"时间就是金钱"

人类的生产活动是最基本的实践活动,是决定其他一切活动的东西。这是历史唯物主义的基本观点。1978年十一届三中全会,果断地结束了以阶级斗争为纲的"过时"政治路线,按照历史唯物主义要求,提出了以经济建设为中心的战略思想。中国能取得今天这样的辉煌成就,最根本原因就是坚持以经济建设为中心不动摇,聚精会神搞建设,一心一意谋发展。以经济建设为中心不等于一切向钱看。全球金融危机爆发,中国受灾最重的地区是"时间就是金钱"口号发源地珠江三角洲,这不是巧合。

第一,"时间就是金钱"口号风行过程。20世纪80年代初,深圳蛇口工业园区打出了"时间就是金钱,效率就是生命"宣传口号。1984年1月26日,邓小平同志在深圳考察两天后来到蛇口。邓小平同志在听完蛇口工业园区负责人汇报之后走到窗前,指着一片繁忙的蛇口港码头赞道:"你们搞了个港口,很好!"蛇口工业园区负责人又说:"我们有个口号,叫'时间就是金钱,效率就是生命'。"邓小平的女儿邓榕提示说:"我们在路上就看到了。"邓小平说:"对!"经过新闻媒体的渲染和炒作,邓小平的一个"对"字变成了双关语:既是对"我们在路上就看到了"提示的肯定,又是对"时间就是金钱"口号的肯定。"时间就是金钱"口号一时间风行大江南北,全国各地到珠江三角洲"淘金"的人也蜂拥而至。

第二,"时间就是金钱"口号的是非对错。"时间就是金钱"口号有重视经济建设的含义,不能全盘否定,正好比我们在第一章所分析的那样,资产阶级取得国家统治地位之后,积极生产,重视国民财富的增长,没有什么过错。邓小平所说的"对",当然不应该曲解为双关语,但邓小平没有否定和批评这个口号也完全是事实。邓小平的态度可以用"邓小平公式1"给予说明。

"时间就是金钱"与"人为财死鸟为食亡"、"重赏之下必有勇夫"等说法所体现的价值取向完全一样,重视物质利益,不能说它有什么错。同时,中国民间还有"一寸光阴一寸金,寸金难买寸光阴"的说法,是用金钱说明时间的宝贵。"时间就是金钱"是用时间说明金钱的宝贵,格调高下一比较就看出来了。所以,当我们把"时间就是金钱"当作一个具有普遍意义的口号去宣传和鼓吹的时候,同金钱拜物教的界限很难划清,问题性质就变了。

第三,"时间就是金钱"口号的经验教训。全球金融危机爆发,珠江三角洲受灾最重,应该从"时间就是金钱"口号宣传中总结经验教训。"时间就是金钱"这是美国总统富兰克林的名言。珠江三角洲相信"时间就是金钱"名言,也是美国"普世价值"的忠实传播者,所以,珠江三角洲成就取得方式和危机形式同美国有着惊人的相似之处。美国"暴富"得益于全世界的落后国家,珠江三角洲"暴富"得益于全中国的落后地区。据广东省总工会调查,从落后地区来到珠江三角洲的打工仔和打工妹,1995－2005年的十年间,平均工资只上涨了68元钱。全球金融危机爆发,珠江三角洲和美国比较,所起作用可能不同,受到的伤害程度也可能不同,有一点却与中国2009年春节晚会一个小品的名称完全相同:珠江三角洲"不缺钱"!美国"不缺钱"!其实,中国也"不缺钱"!生活给金钱拜物教开了个大玩笑。

"时间就是金钱"最直观的经验教训是,以经济建设为中心不等于以金钱为中心,说得再直白一点,不能以"纸币"为中心!

2、对外开放蜕变为"出口导向"

对外开放的否定对象是闭关锁国。打破国门界限,资源在全球范围内配置,不仅能充分发挥大卫?李嘉图所说的比较优势,而且还有利于技术、文化的交流和相互学习。对外开放是历史大趋势不可逆转。对外开放把一个国家的经济建设拉上"出口导向"的轨道却不可取。

第一,国家建设需要出口,但不能依赖出口。"出口导向"政策实践的结果是使一国经济发展失去独立性,严重依赖出口,理论上的偏差是把全球化与一体化混淆了。经济全球化是生产力概念,经济一体化是生产关系概念,是意识形态概念。全球化与民族化相辅相成,而一体化是殖民化的变种,没有民族化的容身之地。

第二,经济发展既要满足内需又要满足外需,但外需必须服从和服务于内需。社会主义经济建设初期,国内建设需要国外先进的技术和设备,我们既不能物物交换,又不能拿人民币去购买,人家不认人民币。所以,我们得拼命或者说不惜代价去挣外汇,到国际市场买回国内建设所需要的东西。这可以理解,出发点是满足内需。时代进入21世纪,中国已经"不缺钱"了,国家仍然不惜代价地去挣外汇,就有点莫名其妙了。

第三,出口赔本赚吆喝,既伤害国家眼前利益,又伤害国家长远利益。出口赔本赚吆喝的"本"是指"人口众多、地大物博"中国国情;所谓"出口赔本"是指,为了赚外汇,我们已经把中国人口众多、地大物博的"优越性"发挥到了极致;所谓"赚吆喝"是指,中国已经成为"世界工厂",中国外汇储备居全球之冠,中国是美国最大债权国等。"伤害国家眼前利益"是指,国外不来订单,"世界工厂"关门,上千万劳工失业;"伤害国家长远利益"是指,因为中国人口众多,劳动力资源丰裕,不要道德底线的血汗工资制度,摧残的不仅仅是众多人口的身体,而是对众多人口民族尊严的摧毁。至于对地大物博的掠夺性开发,实际是在吃子孙,我们颠覆的是"虎毒不食子"格言!

为外汇(钱)而外汇(钱)的"出口导向"政策,问题恐怕还不只这些。

3、优化配置资源蜕变为"效率优先"

优化配置资源的通俗说法就是人尽其才,物尽其用。优化配置资源是西方经济学的核心思想,有很多科学合理的内容值得我们借鉴和学习。优化配置资源与"效率优先"有联系但不是一回事情。"效率优先"打着优化配置资源的旗号,为有钱人不当所得辩护。"效率优先"论的指导思想是:"人们不应幻想:既获取高效率,又不出现任何形式的社会不公。"

否定"效率优先",还没有钱的穷人一个公道,这是本书的主线。

(三)金钱拜物教风靡全球的时代背景

20世纪末,最重大的历史事件是前苏东社会主义阵营解体;21世纪初,历史出现百年罕见的全球金融危机。这两件事情不构成因果关系,却有内在的必然联系。

首先,前苏东社会主义阵营解体,国际共产主义运动遭遇重创,很多人理想、信念破灭,物欲横流,金钱拜物教风靡全球有着现实的土壤。

其次,前苏东社会主义阵营解体,"冷战"结束,全球统一市场开始形成,客观上出现了对国际流通货币的强烈需求,美国政府借助国家综合实力的强大优势,利用滥发美元疯狂敛财。

再次,金融自由化,国际游资的频繁冲击特别是1997年亚洲金融危机之后,新兴经济体产生了一种错觉,以为有了充足的外汇储备就可抵挡游资的进攻,就不惜代价地增持外汇储备。

第十二章　银行功能演进与定位

上一章的主题是确认货币能量传递职能,银行基本职能是吸存和输送货币,而类比对象是人体血液和心脏。本章将沿着这个思路,除了讨论银行功能之外,还必须正视当代金融制度和金融理论的嫌贫爱富与高利贷盘剥的真实性,最后从操作层面讨论银行功能。

第一节　银行功能重新定位的需求与依据

全球金融危机需要全方位多层次总结经验教训。上一章第三节,从政府国家机器层面分析全球金融危机,涉及经济全球化、亚洲金融危机以及银行功能定位诸种问题,这里结合中国实际作进一步的探讨。

一、中国银行制度改革与金融体系建设

1948 年 12 月 1 日,中国人民银行在中国革命节节胜利的炮火声中成立,并成为新中国的国家银行。我们仿效苏联的银行体制,人民银行不仅是国家管理金融的行政机关,而且又是办理信用业务的经济组织,使中国人民银行在整个国民经济体系中处于"会计"和"出纳"的地位。

改革开放开始后,单一的银行体制被打破。1979年2月,恢复了中国农业银行,作为农村金融方面的专业银行。1979年3月,国务院决定扩大中国银行的权限并从中国人民银行中分离出来,作为外汇专业银行,承办国际结算和外贸信贷业务。1979年,中国人民建设银行从财政部独立出来,到1985年其信贷计划纳入人民银行的信贷体系。1984年,中国工商银行成立,办理工商信贷和城镇储蓄业务,中国人民银行专门执行中央银行的职能。与此同时,一些非银行金融结构也以较快的速度发展起来。这样,一个由中国人民银行、中国工商银行、中国农业银行、中国银行、中国人民建设银行、中国人民保险公司、交通银行、农村信用合作社、信托投资公司和其他金融机构所组成的金融系统(或称银行系统)就基本形成了。

1997年11月第一次中央金融工作会议,在抵御亚洲金融危机和迎接加入WTO挑战的口号下,中国四大商业银行开始撤并营业网点,退出欠发达地区,到2001年,四大国有商业银行已经撤并了三万多家网点和分支机构,向沿海经济发达地区和中心城市集中。现在,广大农村已经看不见四大国有商业银行的影子了。

二、银行体系调节经济社会发展过程的反思

1、亚洲金融危机不能成为中国商业银行抛弃中国中西部和农村的借口

亚洲金融危机获得的共识是,如果没有国家机器的保护,金融市场采取完全的自由化政策,不用说亚洲(泰国)这样的新兴国家,就是世界上经济最强大的美国,也会被国际游资冲垮。亚洲金融危机爆发的具体原因无非就两条,一是自由化金融政策,二是银行功能利润最大化的错误定位。对内,房地产市场火爆,银行就大胆地把钱贷给地产商;对外,只要有实力,不管贷款是炒股市、炒汇率,还是炒楼市,银行都放心地把本国货币贷给国际炒家。亚洲金融危机爆发时,不是内部经营不善,不是死账、呆账太多,而是经营方向不对,是金融政策有问题,是银行没有弄明白自身在整个国民经济体系中的地位和作用。

四大商业银行抛弃中国中西部和广大农村的依据,要从1997年中央金融工作会议提出的"经济、高效、精简、合理"这个深化金融体制改革的原则中去寻找。"经济、高效、精简、合理"针对的是什么东西呢?当时,四大银行的网点虽

然遍布全国,但有赢利能力的95%以上都集中于上海等六个沿海中心城市,遍布中西部广大地区的营业网点虽多,却不盈利。不择手段盈利才是四大商业银行抛弃中国中西部和广大农村的真实原因。

2、中国中西部和广大农村是中国迎接加入WTO挑战的战略基地

裁撤亏损网点,抛下包袱轻装上阵,是不是就能提高四大商业银行同外资银行的竞争能力了呢?想法太幼稚了。外国银行无论怎么先进和发达,允许还是不允许控制和操纵一个国家的金融系统,这属于国家主权和国家经济安全范围的政治决策问题,与有没有竞争力扯不到一起,这是其一。其二,中国加入WTO,标志着中国已经融入经济全球化的历史潮流,中国能不能崛起并自立于世界民族之林,中国中西部和广大农村既是瓶颈,也是希望。说它是瓶颈,是因为我们过去沿袭了旧工业化道路并选择了计划经济体制,中西部和广大农村成为现代化建设的牺牲品,导致社会经济向着畸形化的方向发展;说它是希望,不仅仅是因为中西部有丰富的自然资源,农村能提供大量的劳动力,而是说中西部和广大农村是引导国民经济进入良性循环的内需,是中国经济走向全球化进可攻、退可守的根据地。从这个角度说,中国中西部和广大农村不但不应该被抛弃,反而应该是四大商业银行的重要扶植对象。

所以,10年前,四大商业银行抛弃中国中西部和广大农村,是错误的决策;10年后,还不纠正并适时调整,就是坚持错误了。

3、中国四大商业银行的改革和发展方向要服从和服务于国民经济全局

改革要服从和服务于国民经济全局,就是说资源的社会配置政府再也不能越俎代庖了,政府要通过规范和约束银行功能,实现对经济结构的合理布局和适时调整,而不应该把银行死死抓在手里不放,变相地继续充当"会计"和"出纳"的角色。新凯恩斯主义的代表人物斯蒂格利茨为了替政府直接干预经济辩护,他说:"我时常将金融比作经济的'大脑',它一方面聚集储蓄,另一方面又对之进行分配,形成生产力。"(见《中国第二步改革战略》,《人民日报》1998.11.13)他的类比犯了一个常识性错误。金融(银行)和心脏聚集和输送的是某种物质和能量,所以形成的是某种力;政府类似人的大脑及其中枢神经系统,聚集和输送的是某种信息,而"信息既不是物质也不是能量"(维纳语),所以形成的是某种秩序。简言之,政府不能代替银行的职能就如同大脑不能代替心脏的职

能,所以,银行功能重新定位不是恢复计划经济旧体制,而是深化金融体制改革过程中的必然要求。

发展要服从和服务于国民经济全局,就是说银行应该有严格的经济核算,应该赚钱,也应该盈利,但这些只能看作是向社会提供优质服务的回报,而不是银行功能本身的体现。银行本身不从事物质生产活动,其收益来源于利差和中间服务,是否办投资银行需要重新审视。如果把银行功能定位在利润最大化,其危害性在平常还不那么明显,国民经济出现波动时就暴露无遗了。经济高涨需要抑制其发展速度之时,可银行会出于自身利益考虑,推波助澜,大量放款;经济衰退需要鼓励加快经济发展时,银行同样会出于自身利益考虑,火上加油,紧缩惜贷。目前政策是通过中央银行对货币流量进行调节和控制,可仍然没有转变到科学发展的轨道上来。经济高涨时紧缩银根,经济衰退时松动银根,并没有改变市场竞争中的弱势群体的艰难处境和不公平待遇,因为在经济高涨时他们与贷款无缘,经济衰退时同样地与贷款无缘。国民经济全局不能无视这个群体生存和发展的需要。

三、银行体系功能重新定位的客观依据

银行体系功能重新定位简单说来就是,银行既不是政府的"会计"和"出纳"机构,也不是政府与民争利的赚钱机器。银行类似人体心脏,其功能是准确、及时并成比例地把货币配置到国民经济发展急需地方、部门、单位和个人。

1、万能垄断者给银行功能重新定位以根据

比照人体心脏定位银行功能,其前提条件是银行有没有能力把触角延伸到国民经济的各个地方、各个部门、各个单位和个人。列宁"的帝国主义论"阐述了银行能力的演化过程:"银行原先的主要业务是在支付中起中介作用。""随着银行业的发展及其集中于少数几个机构,银行就由普通的中介人变成万能的垄断者,他们支配着所有资本家和小业主的几乎全部的货币资本,以及本国和许多国家的大部分生产资料和原料来源。""银行给某个企业主贴现期票,给他开立往来账户等等,这些业务单独来看,一点也没有减少这个企业的独立性,银行也没有越出普通的中介人作用的范围。可是,如果这些业务往来愈来愈频繁、愈来愈加强,如果银行把大量资本'收集'在自己手里,如果办理某个企业的往

来账使银行能够更详细、更充分地知道这位顾客的经济情形（事实上确实如此），那么，结果就是工业资本家愈来愈完全依赖于银行。"其实，早在20世纪80年代初期，工程控制论创始人钱学森教授在中共中央党校作报告多次建议，我们要调整视角，重新研究列宁的"帝国主义论"，了解和认识银行在现代化经济建设中的地位和作用。可惜，他的建议在帝国主义"腐而不朽"和"垂而不死"的讥笑声中当成了耳旁风。时间一晃到，1991年，邓小平视察上海时在谈话中明确指出："金融很重要，是现代经济的核心。金融搞好了，一着棋活，全盘皆活。"银行的新作用为我们重新定位银行功能提供了最根本的客观依据。

2、小额贷款预示银行功能重新定位的可能性

银行由普通的中介人成为万能的垄断者，表示银行具备对经济结构合理布局和适时调整的能力，小额信用贷款的成功实践则表明银行功能重新定位的可能性。小额信用贷款起源于孟加拉吉大港大学经济学教授默罕默得·尤里斯的一个研究项目。1976年8月的一天，尤里斯教授走出课堂，来到大学附近的一个村子里做了一项试验。试验的课题为"如果能提供给贫困户一些贷款，他们能否组织生产自救？"尤里斯教授在用自己财产担保的条件下，向当地一家农业银行借款给穷人，结果效果很好。接着，他又找到国家农业银行总裁，在总裁的支持下，国家农业银行在该村庄附近成立了一个分支机构，专门提供款项给尤里斯教授做试验用。在成功经验的鼓舞下，由孟加拉中央银行及政府有关机构出资的小额信贷银行于1983年9月正式成立。到目前为止，孟加拉小额信贷银行已经发展成为总资产上10亿美元的全国性大银行，创造了其他商业银行望尘莫及的贷款回收率高达97%的佳绩。小额信用贷款也是联合国开发计划署向发展中国家提供贷款的首选方式。

国际小额信用贷款经验本身还存在什么缺陷，需要进一步改进，我们在后面还会专门讨论，但小额信用贷款经验给我们的启示是，银行贷款不应当只关注大企业和富人，小企业和穷人在生存和发展道路上，也应当得到银行的关注，这也是银行功能重新定位的着眼点。

3、科学发展观决定银行功能必须重新定位

科学发展观对银行功能重新定位的影响要从允许部分人先富起来这个大政策说起。

诚如邓小平评估的那样,允许部分人先富起来,"这是一个大政策,一个能够影响和带动整个国民经济的政策"。"先富起来"政策所要否定是不切实际的"同步富裕"政策。我国沿海地区由于地缘优势,中心城市由于交通、通讯和文化等条件的优势,发展会快些,先富裕起来,不仅能起到示范作用,而且还能最大限度地调动一切积极因素。问题在于,"允许"部分人先富裕起来同"让"部分人先富裕起来,性质不一样,后果也就不一样了。"让"部分人先富裕起来,首先是通过盘剥中西部地区,"让"沿海地区先富裕起来,冠名为"梯度理论";其次是通过盘剥广大农村,"让"中心城市先富裕起来,定义为资源的"优化配置";"让"就是吃政策偏饭。

"政策偏饭"带来的是不服气和攀比心理,而不是自力更生精神;"政策偏饭"带来的是行贿受贿和"跑部进钱",而不是你追我赶的示范效应;"政策偏饭"带来的是怨气和"放下筷子骂娘",而不是人心顺畅;等等。正是在这样的背景下,科学发展观把"统筹城乡发展"和统筹"区域发展"放在了统筹兼顾政策的头等位置。如果说四大商业银行10年前抛弃中西部和广大农村,还属于认识和水平的问题,现在还继续坚持恐怕应该属于不作为的范畴了吧!

第二节 嫌贫爱富与高利贷盘剥的真实性

嫌贫爱富与高利贷盘剥是一对贬义词,用它们描述中国当前的金融制度和金融理论,很多人心里一定十分不舒服,会千方百计地进行辩解和反驳。嫌贫爱富与高利贷盘剥,我们暂时不涉及价值评判,首先确定其真实性与否,再探讨其他问题。

一、嫌贫爱富的解释与现实

嫌贫爱富的字面含义就是喜欢有钱人不喜欢穷人。有种观点认为,银行不是慈善机构,是经济组织,等价交换或有借有还是通行的游戏规则。如果银行向穷人贷款,贷款收不回来,谁个负责?谁个负责的问题,我们后面讨论,现在先确认中国当前的金融制度和金融理论嫌贫爱富是不是事实。

1、嫌贫爱富的制度结构是不争的事实

前面已经介绍,中国四大国有商业银行从中西部和广大农村退出,向沿海发达地区和中心城市集中。这种制度结构我们如果不把它归类为嫌贫爱富,应该怎么归类呢?

2、嫌贫爱富的游戏规则历来如此

谁想获得银行贷款,一是有财产就用财产作抵押;二是没有财产就要有人担保。农民若要贷款,既没有财产作抵押,又没有人出面担保,肯定贷款无望。同样道理,这种游戏规则我们如果不把它归类为嫌贫爱富,又应该怎么归类呢?

二、高利贷盘剥的再现与取舍

中国农民在生存和发展的道路上,国家四大商业银行不给贷款的机会,现在有机会了,可以获得小额信用贷款,但必须接受高利贷的盘剥。这样提出问题,不是要否定国际小额信用贷款经验,而是希望人们正视,国际小额信用贷款经验是否存在高利贷盘剥这个事实,以及我们应该采取何种态度。

表面看来,农户获得的小额借款只有8%的管理费,似乎贷款利率只有8%,真实情况不是这样。小额贷款按照规定,每星期必须偿还2%的本金,1年下来,100元贷款,农户实际只能使用50元,按此推论,实际利率为16%。同时,贷款机构还要扣下5%左右的保证金,预防贷款风险,所以贷款利率应该是20%左右(孟加拉国的借款利率直接规定为20%)。20%左右的贷款利率是不是高利贷,我们从实践和理论两方面进行考察。实践方面我们以企业正常状态下的利润率为依据。2008年3月21日,万科企业股份有限公司公布2007年年报。报告显示,2007年公司实现营业收入355.3亿元,实现净利润48.4亿元,万科2007年的利润率是13.6%。万科公司是房地产业的龙头企业且房地产业还是高回报产业,才13.6%的利润率,农民获得小额贷款的利率是20%左右,农民1年下来在给谁干活,这不难明白吧?

再看理论界的认识。学术理论界公认,现在全世界做成功小额贷款的,就是高利贷。小额贷款实质就是高利贷的合法化。尤努斯在孟加拉搞的乡村银行也是高利贷。经济学家茅以轼教授这样认为:"实际上高利贷也是一种供给关系,几千年来一直就没有断过,有非常强的生命力。为什么?因为穷人就是借不到钱,有了高利贷,他们还有一条路。从古到今都在反对高利贷,要保护农民、帮助穷人,但又拿不出钱借给他们,那就不要反对高利贷。"经济学家杜晓山这样解释道:"为了保证可持续发展,高利息是迫不得已执行的一项政策。没有这个政策,机构不可能长期存在,穷人就不可以长久地得到这种服务。"正规的小额贷款是不是高利贷盘剥,实践和理论都给出了正确答案,至于在银行利率4倍基础上的40%～50%的民间借款利率不属于我们的讨论范畴,就不涉及了。

小额贷款存在高利贷盘剥,区别在于取舍。一种取舍就如茅以轼教授所表达的,"现在全世界小额贷款的实质,就是高利贷的合法化";另外一种取舍就是保留小额贷款否定嫌贫爱富的精神实质,改进小额贷款高利贷盘剥的致命弱点。我们取后一种态度。

三、真、善、美的统一与割裂

科学追求真,道德追求善,艺术追求美;科学不研究道德,也不研究艺术,但科学如果不讲道德,不讲艺术,那么科学追求到的真理必然残忍和丑恶;道德不研究科学,也不研究艺术,但道德不讲科学,不讲艺术,那么道德所讲的善必然是伪善并使人感觉恶心;艺术不研究科学,也不研究道德,但艺术不讲科学,也不讲道德,那么艺术所创造的美必然矫揉造作或不堪入目。因此,真、善、美的统一作为人类追求的最高目标很难达到,但我们不应该放弃,否则,不管是做人,还是做学问,就不可避免地走上歧路。

现在回到我们的议题上来。新古典经济学(现代主流经济学)公开声言不讲德,人人自私自利是它们"理性选择"理论的假设前提。高利贷盘剥的残酷性,中国农民有切肤之痛。主流经济学家赞赏高利贷盘剥是经济学不讲道德的逻辑发展。诚如茅以轼教授所说:"实际上高利贷也是一种供给关系,几千年来一直就没有断过,有非常强的生命力。"但是,这不能成为我们不挑战、不反对高利贷的理由。资本主义银行发展史也给了我们挑战和反对高利贷的根据。17-18世纪,新兴的资产阶级进行了反高利贷的斗争,要求以法律形式限制放款的利息水平。但当信用业被高利贷者垄断时,任何降低利率的法令都不会产生实际效果,于是,他们根据资本主义经济发展要求建立了一些股份制银行。

这种股份制银行资本雄厚,规模大,利率低,逐渐发展为资本主义银行的主要形式。世界上第一个股份制银行是1694年在英国伦敦创办的英格兰银行,它的利率一开始就规定为4.5~6%,大大低于早期银行业的贷款利率。英格兰银行的成立,意味着现代银行制度的建立,标志着高利贷在信用领域中的垄断地位已被动摇。马克思这样评价英格兰银行:"现代银行制度,一方面把一切闲置的货币集中起来,并把它投入货币市场,从而剥夺了高利贷资本的垄断;另一方面又建立信用货币,从而限制了贵金属本身的垄断。"这就是说以低利率为标志的现代银行制度是撬动资本主义腾飞的强大杠杆!

问题很明显,高利贷是一种带有封建割据色彩、破坏国内统一市场的腐朽制度,高利贷的合法化是向现代银行制度的挑战。因此,我们不管是站在资本主义立场上,还是站在社会主义立场上,都应该利用现代银行制度的强大势力,摧毁高利贷的生存条件,绝不能让高利贷死灰复燃!

第三节 扶真贫、真扶贫与管流量、管流向

扶真贫、真扶贫与管流量、管流向,这是对银行职能重新定位的具体解释,融资游戏规则的讨论在后面进行。

一、扶真贫、真扶贫的具体指向

扶真贫、真扶贫是中国在推行小额信用贷款运动中的经验总结,这里的"贫"指向不明确,需要规范。国际小额信用贷款的"贫"是指有生产能力的穷人。没有生产能力的穷人是救济对象,由民政部门、红十字会或其他慈善机构帮助解困,既然是贷款,公平交易、等价交换、有借有还等游戏规则,都必须遵守。小额信用贷款对象除了有生产能力,还必须有具体项目,这是生产贷款不是富人中的消费贷款,更不是炒家中的投机贷款,贷款对象作为债务人要接受债权人的监督。

按照有生产能力和有生产项目的约定,所谓"贫"实际是指现实生产活动中

"贷款难"的农民、工人、个体工商户和中小企业主。

——四川省仪陇县试行联合国开发计划署的小额信贷项目时,对所谓"贫"是这样规定的:家庭成员中有学龄儿童因经济困难而失学;房屋破旧、狭小、房内无家具;当年口粮严重不足;村里通电的情况下,电线没有入户等为贷款对象,但民政救济户或其他"死贫户"不属贷款对象。

二、管流量、管流向的具体内容

管理货币流量和货币流向的行为主体是中国人民银行(中央银行),具体执行的行为主体是所有商业银行。目前,西方中央银行主要通过"三大法宝"以及有针对性的劝诫管理货币流量,中国由于市场秩序不健全,"三大法宝"中的贴现率和公开市场业务没有真正启用,中国人民银行常用的手段一是存款准备金率,二是银行利率。无论是东方还是西方,中央银行管理货币流向的使命还没有提到议事日程上来。

根据中国的具体国情,货币流向可以从以下几个角度进行考察。

1、按照产业构成分类

GDP 统计数据,中国借鉴西方国家的方法,有第一产业、第二产业和第三产业的分类。所以,第一、第二、第三产业分别在 GDP 中所占比重有统计数字,就是劳动力在三大产业中的分布也有统计数字,银行贷款货币流向在三大产业中的比例也应该有统计数字才对。

2、按照区域经济分类

区域经济分类,作为理论研究,人们可以根据自己的任务确定不同的分类方法。比方,按照经济增长点的要求,有珠江三角洲经济区、长江中小游经济区、渤海经济区等划分方法。我们这里提出的区域经济分类,是按照东部沿海发达地区和中西部落后地区进行分类。为什么这样分类?一是受"梯度理论"的影响,国家政策有意向沿海地区倾向,使国民经济在畸形状态下运行;二是因为四大商业银行从中西部撤走了无数营业网点,对国民经济在畸形状态下运行起了推波助澜的作用;三是因为科学发展观提出的统筹区域发展也主要针对东、中、西部的发展现状。

3、按照城乡经济分类

按照城乡经济分类的意思比较明白。不管是按照产业构成分类,还是按照区域经济分类,不是主张或恢复平均主义,而是说货币流向要服从和服务于物质生产和交换过程的需要,社会要做的心中有数,按照城乡经济分类也是这个意思。就是说,每年银行应该有多少货币流向农村和城市,而实际又有多少货币流向了农村和城市,其中什么比例才能保证城乡统筹发展,社会应该了解,国家恐怕也应该了解。

4、按照贫富差距分类

按照贫富差距分类了解货币流向,方法说简单也简单,说复杂也十分复杂。就字面解释,按照贫富差距分类了解货币流向,就是看大型企业在贷款总额所占比重,这个数字很容易统计。说它复杂,是因为分析中国问题如不联系体制特征,任何精确的统计数字都没有实际意义。比方说,前几年中国房地产市场十分火暴,众多地产商都有地方官府的背景,加之房地产的暴利,银行当然十分乐意向地产商贷款,所以,当社会研究中小企业贷款难的问题时,金融部门的研究人员就站出来说,不对,中小型企业放款在贷款总额中接近50%了,还贷款难啦?这位研究人员讲的话也有道理,因为绝大多数地产商的生产能力都属中小企业的规模。

不过,这件事情还是提醒我们,中央银行只管理货币流量,不管理货币流向,不行。

除此之外,是否还有更好更简便的分类方法,我们还可以继续探索,总体思路是,如果用人体心脏功能重新规范金融系统功能,那么货币流量和货币流向就必须放到同等位置进行研究,而研究货币流向,对物质生产和交换活动进行科学分类就属于基础性的工作了。开展这项研究工作,是不是特别烦琐,特别麻烦,特别困难?如果用传统的簿记方法,肯定不行;如果用系统工程加上电脑技术,这些困难就不难克服;真正困难的不是技术,而是观念、体制或意识形态的束缚。

三、几项具体政策建议

1．联系历史和现实学习科学发展观

如果承认用人体心脏重新规范银行功能符合当代社会经济生活实际,我们就建议从中央银行行长到金融系统每一个职工来一次学习运动,因为我们中国人喜欢搞运动。从金融历史到金融现实,从国民经济全局到金融系统局部,通过系统学习弄清楚一个东西,金融系统在贯彻落实科学发展观的行动中,究竟应该做些什么事情?通过系统学习了解一件东西,西方金融理论界对货币流量和货币流向同时进行研究的动态,对我们究竟有什么借鉴意义?

2．赋予只贷不存经营模式新的内涵

只贷不存经营模式是中国中央银行的发明创造。2005年10月,中国人民银行正式将陕西、四川、贵州、山西等四省确定为实施"小额贷款 只贷不存"的试点地区,"只贷不存"这一新名词也首次进入了人们的视线。中央银行负责人分析认为,目前直接融资不畅已成为中国经济发展的制约瓶颈,中国现在出现"宽货币,紧资金"的情况,货币供应量充足,但企业仍然资金紧张,这是由于缺乏直接融资渠道和工具。据中央银行最近发表的《区域性金融报告》显示,民间集中了大量的资金。这些手中握有大量资金的人,不仅愿意以股权的方式,也愿意以债权的方式把这些钱进行投资,即对外贷款。按照合同法的规定,现在自然人可以发放贷款,但企业和机构却是不能发放贷款的。针对这种现状,中央银行负责人建议应该允许手中握有大量资金的人成立贷款类的公司,用自己的钱只发放贷款而不吸收存款,以这种方式使民间融资走向合理化。这样可以把大量的民间资金纳入到正规的渠道中去,并且只需要通过合同来管理。而且,目前客观存在着一些贷款机构,他们正在利用国际上一些金融组织的赠款开展小额信贷服务,现在业务比较活跃的还有100家左右。"小额贷款 只贷不存"金融试验政策就是在这种背景下出台的。

建议赋予"小额贷款 只贷不存"经营模式新的内涵是指,四大商业银行的基层网点重新回到中西部和广大农村,面对为市场竞争中的弱势群体(农民、工人、个体工商户和中小企业主)的融资要求,实行"小额贷款 只贷不存"的经营模式,其理由如下:

第一,"只贷不存"的资金来源于沿海发达地区和中心城市,"只贷不存"体现以工补农、城乡统筹和沿海支援内地建设的一盘棋思想。

第二,"只贷不存"减少了业务量,有利于商业银行节省人力,降低成本。

第三,"小额贷款"的内在机制是"集中发放、分期还款",这就是说,市场竞争中的弱势群体(农民、工人、个体工商户和中小企业主)手中平常所有的闲散资金,在"分期还款"过程中已经回归银行了。

3、新形势下充分发挥舆论的监督作用

商业银行是否真心实意地比照人体心脏功能规范自己的行为,单有中央银行的政策导向是很不够的,新形势下必须充分发挥舆论的监督作用。中国从秦朝开始实行的就是中央集权体制,新中国成立后选择的计划经济体制,本质上还是中央集权体制。因此,指挥机关(领导机关)的决策意图,人们就习惯于通过对人和物的直接控制去实现,这在行政系统还是一个好办法,而在经济系统这套方法就不实用了。社会所有系统将不再是政府机关的附属物,独立自主是大势所趋,人心所向,物质生产系统也必然是这样。所以,物质生产系统的活动主体,不管是企业还是银行,非国有化是大势所趋,人心所向。非国有化不等于私有化,前面已经讨论了,此处不再赘述。但是,所有社会活动主体的独立自主趋势不等于整个社会或社会的各个系统,不需要一个协调指挥中心,协调指挥中心是仍然需要的。中央银行就是物质生产系统的协调指挥中心,协调指挥办法就是现在人们常说的公开化、透明度。

中央银行的政策导向只要在公开化和透明度上下功夫,在强大的舆论监督作用下,商业银行的行为会逐渐走上规范化道路。

第三编 宏观经济与金融制度

第十三章 游戏规则的创新与配套

用人体心脏功能重新规范银行功能,必须创造出与之配套的新的游戏规则。创造新的游戏规则,不等于颠覆传统的行之有效的旧的游戏规则。比方说富人融资所需要的财产抵押或者第三方担保,就还得遵守,我们这里讨论的是穷人融资所用的"穷办法"。

第一节 小额贷款在中国的困境分析

中国小额信用贷款做得并不成功,市场竞争中的弱势群体(农民、工人、个体工商户和中小企业主)这方面感觉是"贷款难",银行那方面感觉则是"难贷款",有钱贷不出去。比如四川的荥经县,2004年中央银行县支行按照2.5%的低利率给农村信用社的"支农再贷款"是2000万人民币,结果只贷出了800万人民币。小额信用贷款做得并不成功的另外一种表现是贷款回收率太低,比如陕西省的几个试验地,回收率只达60%,可持续信贷就无法维持了。

一、运动嗜好,成事不足,败事有余

小额信用贷款,单有热情和爱心是很不够的,还必须有专业知识和持之以

恒的事业心,群众运动解决不了问题。中国出于要在多少年内消除贫苦人口的所谓"国际庄严承诺",把小额信用贷款搞成了一场政治运动。各省市搞的小额信用贷款,在各级党委的领导下,政府部门的扶贫机构、妇女联合会、工会、共青团,当然还有金融系统的农村信用社,都参加到小额信用贷款的运动中来了,好一幅轰轰烈烈的场面。这不用多想,小额信用贷款肯定不成功,很多脱贫了的人又返贫是必然结果。

人们事后总结群众运动,喜欢用"动机是好的,心情可以理解"来自我安慰,这次也是这样。"动机是好的,心情可以理解",第一次可以这样认为,第二次可以这样认为,第三次可以这样认为,无数次地这样做,还可以这样认为吗?现在回过头来看,中国的社会主义现代化建设,其中一个很重要的也是带有根本性的经验教训,就是喜欢华而不实的形式主义,喜欢轰轰烈烈的热闹场面,喜欢山呼海啸般的壮观景色。什么都喜欢搞运动,就像那些吸毒上瘾的人一样,成了我们生活中的一种嗜好。

当然,不能说群众运动一无是处。革命战争年代,疾风暴雨式的阶级斗争中,需要群众运动,诚如毛泽东在《湖南农民运动考察报告》一文中所指出的:"革命不是请客吃饭,不是做文章,不是绘画绣花,不能那样雅致,那样从容不迫、文质彬彬,那样温良恭俭让。"可是,社会主义现代化建设事业,比请客吃饭重要,比做文章严格,比绘画绣花细致,必须雅致,必须从容不迫、文质彬彬,必须温良恭俭让。所以,中国想把小额信用贷款做成功,首先要做的就是戒掉什么都喜欢搞运动的嗜好。

二、新事物,旧办法,墨守成规

国际小额信用贷款是新生事物,为了保证贷款贷得出去,收得回来,创造了与之相适应的新的游戏规则,这就是"联户担保,分期还款"。中国在农村搞小额信用贷款,既不研究小额贷款为什么必须联户担保,也不明白分期还款用途何在,有的理论家居然用什么"穷人比富人讲诚信"来为小额信用贷款的可行性制造舆论,这更不着调了。

中国搞的小额信用贷款,不搞联户担保,很多地方搞的是乡政府担保或者是村委会担保,于是相关金融机构也就开始评选"信用乡"或者"信用村"。一个村一般都有几百户人家,一个乡少则有几千户多则有几万户人家,对贷款人怎么监督?即便能监督,监督成本有多高?如果贷款一旦出现风险,那个乡政府或者那个村委会又比较贫穷,试问,担保又有什么实际意义?有的信用社更是别出心裁,给每个农户建立信用档案,农民直接到柜台贷款。农民居住是那样地分散,情况是那样地千差万别,个性是那样地千奇百怪,建立起科学准确的信用档案,成本有多高,谁能估算得清楚?即便建立起来了,在实际操作过程中又有什么实用价值?

因此,中国想把小额信用贷款做成功,"联户担保、分期还款"的游戏规则不能弃之不用。

三、信不过群众,盲目信自己,手脚放不开

人们习惯以《国际歌》中的以下歌词有针对性地相互激励:"不要说我们一无所有我们要做天下的主人","从来就没有什么救世主也不靠神仙皇帝","要创造人类的幸福全靠我们自己","是谁创造了人类世界是我们劳动群众"。小额信用贷款经验体现了《国际歌》这些歌词中的精神。默罕默得·尤里斯教授试验小额信用贷款的假设前提是:穷人之所以贫穷,一不是命不好,二不是能力低,三不是懒惰,而是社会不给穷人机会,穷人只要有了机会,凭借双手,就能富裕起来,过上好日子。中华人民共和国成立后,凡在公众场合我们就要高唱《国际歌》,《国际歌》歌词我们可以说耳熟能详了,可是,我们的政府在很多时候,出的毛病,犯的错误,恰恰就是把自己当"救世主",忘记谁才是"天下的主人"。小额信用贷款不成功也与此相关。

1994 年,联合国开发计划署希望通过中国国内的非政府组织,向贫困地区推行小额信用贷款经验。中国政府不接受,以为这是在推行帝国主义的"西化"政策,要援助可以,把钱交给政府就行了。联合国开发计划署不同意,中国若不接受用小额信用贷款的方式扶贫,联合国开发计划署就不拨款了。在这种情况下,中国政府才同意在四川的仪陇、陕西的商洛、河北的易县等贫困地区开展小额信贷扶贫试验,中央和地方政府的扶贫部门主要作为旁观者进行观察、研究和学习。经过几年的实践和总结,农村小额信贷作为一种特有的扶贫模式和融资模式,终于为政府所接受。

后来，政府虽然接受了小额信用贷款这种融资形式，却没有领会小额信用贷款的精神实质，仍然信不过人民群众，对于不在政府直接掌握和控制下的非政府组织，害怕、恐惧、排斥，不能以平常心态看待和处置。民间企业，可以放小却不敢放大，民间金融连小的也不敢放，所以就创造出不伦不类的"只贷不存"的小额信用模式。现在更奇怪了，外国银行可以在中国开展金融业务，本国老百姓却不允许开办金融业务！政府担心放开金融，把经济搞乱了怎么办？官员认为最为典型的事例是20世纪90年代的农村合作基金会。农村合作基金会的形成过程，笔者专门做过调查。从全国范围看，农村合作基金会发展最快、规模最大的地方是四川省。农村合作基金会存款利率高达12%，贷款随意，资金状况无人监督，后来，老百姓的存款不用说利息拿不到手，就是本金也收不回来了。确实，农村合作基金会搞乱了金融秩序，导致社会动荡，可是，这怪谁呢？是怪老百姓还是怪政府自身？农村合作基金会的后台老板是各级地方政府。就以四川省为例，四川省南充地区就是省委第一把手抓的农村合作基金会示范基地。说白了，农村合作基金会是各级地方政府维护割据经济的小金库，与放手民间金融毫不相干。

中国想把小额信用贷款做成功，政府必须坚信创造了人类世界的是劳动群众，劳动群众才是"天下的主人"，政府不是"救世主"，也不是"神仙皇帝"，这样才能放开手脚让老百姓大胆地试，大胆地闯。只有官员的"大胆地试、大胆地闯"，而没有劳动群众的"大胆地试、大胆地闯"，现代化建设事业还是很难成功，小额信用贷款是这样，其他事情也是这样。

第二节 联户担保 分期还款

"联户担保、分期还款"是小额信用贷款贷得出去、收得回来的保证，是小额信用贷款最基本的游戏规则。可以这么说，没有"联户担保、分期还款"的游戏规则，就没有小额信用贷款。

一、联户担保操作与内在根据

四川省仪陇县项目办公室负责的小额信用贷款是联合国开发计划署援助中国政府的总项目的一部分。从1996年1月正式开始实施至今,获得各方面的首肯,所以联合国开发计划署在原来援助金额70万美元的基础之上,又追加了10万美元。十年来,我们也先后4次跟踪调查,所以,国际小额信用贷款经验我们就以四川省仪陇县项目办公室负责的小额信用贷款为参考依据。

1、联户担保操作规程

小额信贷银行的贷款不需要农民自己的财产作抵押担保,也不需要第三方出面担保,而是通过联合的团体来担保。按自愿原则,每5户建一小组,4—8个小组建一个中心。贷款过程按"2:2:1"的程序进行:先贷款给两家农户,正常还款1月后,另两户才贷款,又是1月的正常还款,小组长最后获贷款。除此之外,还有基金担保。所谓基金担保是指"项目办"在农户贷款时按贷款额度的5%所扣下的保证金。

基金担保具体操作方法如下:"项目办"强制贷款农户每周存款1元,每笔借款预留5%作为小组基金和中心紧急基金,全部按活期存入银行,所有权归农户,使用权归小组和中心。借款无故不按期偿还者,首先从个人强制性存款中扣除,不足者,从小组基金和中心紧急基金中扣除,但最多只能扣除基金总额的一半。

2、联户担保的内在根据

小额信用贷款,我们极力反对由乡政府和村委会出面担保,由于担保人数太多,情况太复杂,真正发生风险,担保很难兑现。除了这个原因之外,最根本的理由还在于,这样操作与改革要求背道而驰,与社会分工原理相悖。特别是乡政府,属于公共管理机关,更不能直接参与金融活动,而村委会在中国又带有半官方性质,似乎也不适宜出面担保。至于有的官员以担保为名染指小额信用贷款,杜绝的最佳办法,就是官员和老百姓各司其职。

几户人家,联户担保、共担风险,十分有效,不是如有的经济学家所说的穷人比富人更守信用。两码事情不能混淆了。这里的问题应该属于区域经济理论的研究范畴,不属于道德伦理的研究范畴。这些人家,长年累月生活在一定区域，彼此知根知底，透明度极高，信息不对称的偏差极小，形成了经济集聚现象，所以，信用监督极为有力，信用风险不大就很自然了。

二、分期还款操作与必要性

小额贷款期限一般为一年，自放款后的第三周开始偿还，每周偿还2%，分50周还清。借款起点为300元，第一年借款最高限额为1000元，第二年最高限额为1500元，以此每年按500元递增借款。借还手续，由"项目办"的工作人员每星期到中心收发贷款。小额信用贷款为什么要采用一次发放、分期还款、到中心收发贷款的操作办法呢？

第一，给贷款户带来了极大的方便。现在不要说农民了，就是我这个在城市混了几十年的高级知识分子，一旦走进如宫殿般的银行大堂，心理都打怵。送款收款上门对那些没见过世面、目不识丁、超过三位数就数不清的农村妇女来说，无疑减少了她们对银行的恐惧感。

第二，有利于贷款户学习提高。贷款户分期集中还贷款，不仅是金融单位，社会其他机构也可以借贷款户集中的机会，为他们提供各种智力帮助。笔者第一次下乡调查，正赶上"项目办"请农技部门的技术人员对养兔的贷款农户进行无偿的技术培训。

第三，分期还款有利于收回贷款。社会上，会理财的人是少数，绝大多数人不会理财，农民更是这样。金融机构给农民贷一大笔款，到期不能如数归还贷款，不是不愿意归还，而是手中确实没有那么一大笔现款。分期还款不仅能培养贷款户的责任意识，其实也是帮助他们理财，有利于扩大生产规模。因为贷款靠平常节衣缩食还清了，贷款项目的收获就是一笔可供自己自由支配的本金了。笔者开座谈会，了解农民对小额贷款的看法。一位性格开朗的农户说，这种贷款方式好，他们每个星期都追着要债，把我们的懒毛病都治好了。她的话引起一场哄堂大笑。

当然，联户担保，多少户适宜；贷款额度，贷多少才适合；分期还款，是一星期还一次，还是一月还一次；等等问题，没必要依样画葫芦。

第三节 自我管理 自我受益

高利贷盘剥是国际小额信用贷款的致命缺陷。高利贷盘剥妨碍社会主义发展,高利贷盘剥也妨碍资本主义发展,高利贷盘剥不能合法化。"自我管理、自我受益"要解决的问题就是高利贷盘剥。

一、"自我管理、自我受益"规则的形成过程

"自我管理、自我受益"是农民互助脱困基金会的运行规则。农民互助脱困基金会是仪陇县乡村发展协会(原县"项目办")在国务院扶贫办、四川省委省政府的支持和指导下,运用国际小额信用贷款基本经验并结合中国国情实际,创造出的一种新的金融机构。2005年7月23日成立的仪陇县昆山村发展协会就属于这种性质的社会经济组织。

(一)农民互助脱困基金会产生的动因

国际小额信用贷款模式20％以上的贷款利率,出于以下几方面的考虑:第一,利率定低了,贷款容易落入富人手中或权势者的手中;第二,穷人如果想到银行贷款,托关系找担保,同样要花钱;第三,农民居住分散,交易成本比普通放款高得多。问题在于,仪陇县乡村发展协会经过10年的试验,协会自己虽然能做到可持续发展,可是农民的热情却越来越低了。他们通过调查发现,农民对经济活动收益的分配不满意。再加之农村信用社不但贷款利率低得多,而且借款和还款手续还没有那么复杂,所以农民就不愿意到乡村发展协会贷款了。这就是农民互助脱困基金会产生的动因

(二)农民互助脱困基金会的组织和活动方式

1、农民互助脱困基金会组织

仪陇县昆山村发展协会,"坚持在自愿、自主、互利的基础上的资金自筹,责任自担,独立核算,民主管理,互助合作的原则"。乡、村两级政治组织的职责是"支持、服务和监督"。仪陇县昆山村发展协会有"协会章程",经国家相关职能

部门认可之后开展活动。

2、农民互助脱困基金会活动

（1）自愿入股和政府配股。村民自愿申请入股,每股1000元;农户自己出资500元,政府按1∶1的比例配股500元;农户自己入股资金可以订计划在本年度内分期交清。

（2）政府赠股。有生产能力的贫困农户,通过自愿申请,村民民主讨论,村两委认可,县扶贫办公示核准,政府赠送股份1份即人民币1000元。

（3）基金使用。原则如下：

第一,用钱支费用(利息),入股有收益(红利)。

第二,协会全体成员按地域划分成几个中心,中心分别每十天组织召开一次中心会议,会议主要内容是审批贷款和监督还款。

第三,贷款最长期限不得超过1年;第一年度贷款额度不超过3000元;每一笔贷款都必须实行分期还款。

3、基金会资金的来源

基金会成员资金;国家通过扶贫办发放的资金;中央银行通过农村信用社发放的"支农再贷款";基金会收益提留;接受的捐赠及其他资金。

二、"自我管理、自我受益"规则的修改与完善

农民互助脱困基金会运用国际小额信用贷款基本经验,比如联户担保,分期还款,还借鉴了城市居民间带有互助性质的"集会"办法。其核心价值是"自我管理、自我受益",改进小额信用贷款高利贷缺陷,但在实际操作中还存在许多问题,需要修改和完善。

1、农民互助脱困基金会不能成为独立的金融机构

独立的金融机构其组织原则、资金来源、存贷业务等各种规则应该同国际游戏规则接轨,不可带随意性。比方说,国家的扶贫基金和"支农再贷款"凭借什么放到"基金会"? 放的比例是多少才合适? 因为没有加入"基金会"的农民,不能剥夺他享有扶贫基金和"支农再贷款"的权利。

2、"自我管理、自我受益"的对象和范围必须严格约定

所谓"自我管理"是指贷款户之间的自我约束和相互监督;而"自我受益"则

是指贷款户免遭高利贷的盘剥。如果把"自我管理、自我受益"理解为农民自己办银行,可以断言,农民不会比城市居民高明,所面对的交易成本高、风险大等问题,一个都没有解决,其前景可想而知。

3."自我管理、自我受益"只能在物质生产过程实现

按照前面的约定,所谓"自我管理"是指贷款户之间的自我约束和相互监督;而"自我受益"则是指贷款户免遭高利贷的盘剥。自我约束和相互监督不等于不要组织机构的约束和监督,免遭高利贷的盘剥有个很现实的问题,贷款出现风险不能完全由出资机构承担。国际和国内小额信用贷款的经验表明,在物质生产过程之外成立一个什么机构,这些问题都没有办法解决。

就中国农民而言,小额信用贷款面临的各种难题,农民专业合作经济组织的出现带来了希望,"自我管理、自我受益"目标会在物质生产过程实现,后面的分析就会看到。

第四节 小额信用贷款模式与组合生产方式

小额信用贷款的假设前提是:穷人之所以贫穷,一不是命不好,二不是能力低,三不是懒惰,而是社会不给穷人机会,穷人只要有了机会,凭借双手,就能富裕起来,过上好日子。组合生产是市场竞争中的弱势群体以不丧失独立性为前提,在竞争和协同机制的双重作用下,创造出的一种适应市场化和社会化发展要求的新的生产方式。这说明小额信用贷款模式与组合生产方式的内在机理相通,有着天然的依存关系。组合生产方式中的农民专业合作经济组织比较规范且已正式立法,小额信用贷款模式与组合生产方式的关系,先从与农民专业合作经济组织的联系说起。

一、农民专业合作经济组织与小额信用贷款操作办法

农民专业合作经济组织与小额信用贷款操作办法,讨论问题所涉范围约定如下:贷款机构是社会认同的正式的金融组织,如农村信用社、所有商业银行在

农村的经营网点,不直接涉及其他什么组织;小额信用贷款是指"联户担保、分期还款、自我管理、自我受益"那套游戏规则,贷款额度要依据当时双方的约定;农民专业合作经济组织以2006年10月31日第十届全国人民代表大会常务委员会第二十四次会议通过的《中华人民共和国农民专业合作社法》为依据。

1、贷款和担保资格

农民专业合作经济组织,"社法"(《中华人民共和国农民专业合作社法》简称)规定:"农民专业合作社依照本法登记,取得法人资格。"性质规定为"互助性经济组织"。法人资格且是经济组织,金融活动中具备贷款和担保资格,这样可以避免由乡政府和村委会出面担保所引起的职能混淆问题。

2、贷款对象和项目审查

小额信用贷款对象,一是有生产能力的穷人,二是有生产项目。农民专业合作社中的农民,这两个条件都具备。

3、内部担保体系

小额信用贷款内部担保体系是这样:按自愿原则,每5户建一小组,4—8个小组建一个中心。或许是巧合,"社法"规定,设立农民专业合作社应当具备的第一个条件是:有五名以上符合本法第十四条、第十五条规定的成员。这就是说,农民专业合作社内部有农民需要向银行贷款,5户农民建一个联户担保小组。如果需要贷款的农民很多,农民专业合作社内部又可以建许多小组,然后再建联户担保中心。按照"社法"规定,农民专业合作社"可以设理事会"。内部担保体系最后归总到理事会。

4、废除高利贷盘剥

有了农民专业合作社,"自我管理、自我受益"有了组织保障,高利贷盘剥必须废除。

第一,现在的金融机构,不管是农村信用社,还是其他商业银行,向农民专业合作社的农民发放贷款,不管是项目审查,还是信用评估,其交易成本不会高于其他融资活动,没有收取高利贷的任何借口。

第二,农民获得贷款之后,理事会需要扣下贷款总额的10%作为保证金,可以发挥以下作用:一是激励作用,农民如按期还贷,理事会不但要还本,还得按照银行利率补利息,这实际是农民的投资,既激励农民守信用,又激励理事会好好用钱,因为高于利息部分的收入就归合作社;二是惩罚作用,农民如果不能按期还款,保证金只得扣下了。

第三,"社法"的第三十五条规定:"农民专业合作社可以按照章程规定或者成员大会决议从当年盈余中提取公积金。公积金用于弥补亏损、扩大生产经营或者转为成员出资。"这就是说,农民专业合作社为自己成员贷款担保,真正有了风险,有能力承担后果,至于风险后果怎么分解,具体承担多大份额,第十四章专门研究。

二、小额信用贷款模式与组合生产方式的依存关系

农民与工人、个体工商户和中小企业主相比较,居住最分散,生存和发展条件最艰苦,文化水平最低,金融知识最少。可是,前面证明,农民专业合作社却能使其成员农民公平地获得与其他市场经济活动主体一样的贷款机会。因此,我们不应该怀疑,工人、个体工商户和中小企业主通过职工持股会、个体工商户组合和中小企业集群,同样地能公平地获得与其他市场经济活动主体一样的贷款机会。所以,我们就有必要把组合生产方式作为一个整体,考察与小额信用贷款模式的依存关系了。

小额信用贷款模式存在三种前途和命运。

1、小额信用贷款成为富人行善的工具

国际小额信用贷款模式其贷款利率虽然在20%以上,但同利率在50%以上的敲骨吸髓式的高利贷相比较,还是应该算做富人在行善。行善能帮助穷人减轻痛苦,这必须肯定;行善不触及不公道、不合理的制度,不能解决根本问题,这也是事实;但是,行善却能使慈善家获得很高的声誉,这应该是社会对惩恶扬善行为的肯定。

国际小额信用贷款模式虽经联合国的大力推荐,2005年还定为联合国小额信贷年。可是,不管是在默罕默得·尤里斯教授的祖国孟加拉国,还是世界上其他贫穷落后国家,小额信用贷款脱困能力是十分有限的。道理很简单,穷人贷款不但利率高,还要完全负责风险后果,这能得到多少实惠?但是,默罕默得·尤里斯教授本人则于2006年获得诺贝尔和平奖。这个和平奖也可以断定社会对国际小额信用贷款模式的定位。按道理说,国际小额信用贷款模式挑战对

象是传统金融制度和金融理论的嫌贫爱富核心理念,其奖项性质应该同货币主义学派代表人物弗里德曼教授的奖项性质一样,现在却给了他一个不伦不类的和平奖,这还不能透出富人们的心态?!

2、小额信用贷款成为富人高利贷盘剥的工具

某经济学家在《南方都市报》发表了"替富人说话 为穷人办事"的短文,说法之一:"中国穷了几千年,其中原因之一就是仇富——富人被视为众矢之的,被剥夺,被侵犯。这一传统几千年没变,并集中反映在解放之后到'文革'结束这段时期。"中国穷了几千年,该先生不认为是富人对穷人进行剥削,因而从根子上破坏、瓦解了生产力,反而怪穷人剥夺、侵犯了富人!说法之二:"中国改革开放近三十年,财富的创造增加了十倍之多。这主要是企业家的功劳。人们常说,工人农民创造财富。这固然不错,但更重要的是企业家创造财富。改革开放之前也有工人农民,为什么财富那么少?现在就多了一个企业家,财富就蓬蓬勃勃地创造出来了。因为是企业家把劳动、资本、技术、市场等要素,以最有效的方法组合起来,以最低的成本生产出社会最需要的产品。"此一时彼一时,同一个农民,并没有得到像该先生所说的"企业家"的帮助,财富也"增加了十倍之多",该怎么解释?

上述见解不是个别人的观点。当全社会都在关心社会财富分配不公的问题时,主流经济学家请诺贝尔经济学奖得主贝克尔出来"主持公道",说"中国贫富差距还拉得不够大",要"警惕新的平均主义诉求",等等。按照这些人的立场和处事原则,小额信用贷款会不会成为富人高利贷盘剥的工具,大概不难想象吧?

3、小额信用贷款促使银行回归本性

封建割据是高利贷盘剥赖以生存的土壤,高利贷盘剥反过来又会强化封建割据局面。现代商业银行在竞争机制作用下,以其低利率取代高利贷盘剥,为资本主义经济发展提供了强大动力。但是,现代商业银行制度在选择竞争机制的同时,却忽略了协同机制的作用,所以,嫌贫爱富成为现代金融理论和现代金融制度的核心价值理念。小额信用贷款模式使现代商业银行制度处在十字路口,是使银行回归融通资金的本来面目,还是回到高利贷盘剥的老路上去?

辩证法讲究否定之否定规律。现代商业银行制度否定了高利贷盘剥,否定之否定规律绝对不是让高利贷盘剥起死回生。否定之否定规律在这里的表现形式是,在保留竞争机制和低利率的同时,否定嫌贫爱富的价值取向,回复融通资金的本来面目。金融的"融"字,其本意就是互通有无、相互帮衬的意思。互通有无、相互帮衬在这里是经济范畴,而不是道德范畴,所以应该遵守等价交换、有偿使用的原则。但是,高利贷盘剥却是乘人之危、落井下石,把经济问题变成为道德问题了,所以历史上的穷人"仇富"不能说毫无道理。

很显然,小额信用贷款要争取第三种前途和命运,促使银行回归本性,真正起到互通有无、相互帮衬的作用,必须借助既代表着现在又代表着将来的新的生产方式的支撑;反过来看组合生产方式,没有金融支持,再新的生产方式,也是"巧妇难做无米之炊"。

小额信用贷款模式与组合生产方式存在着依存关系

第五节 有借有还的秩序新解与维护

前面我们讨论游戏规则时,极力反对政府直接干预金融活动,并不等于说政府在金融活动中无所作为。反对政府直接干预金融活动,如同在生产企业反对政府直接干预一样,一是源于社会分工,提高工作效率;二是使政府超脱,便于监督,预防权力腐败。

一、有借有还的秩序新解

有借有还是基本的游戏规则,所谓维护金融秩序就是坚持有借有还的游戏规则,但在小额信用贷款游戏规则里面,对有借有还规则有着新的含义和内容。

千百年来,有借有还游戏规则其指向是借款人。这里的"有"当动词解,指一种行为,意为发生或出现的意思,就是说借款人向贷款人借了钱之后一定要按时偿还,所以后面跟了一句,再借不难。这个游戏规则对借款人没有约束。借款人是愿意借还是不愿意借,愿意借给谁还是不愿意借给谁,完全是借款人自己的事情。如果是私人或邻里之间的借贷行为,有借有还游戏规则的这种解

社会经济学 shehuijingjixue

释和实践没有什么问题。但是,这种解释和实践用在银行身上就不合适了,因为银行行为带有公共性质。说到底,银行的钱不是银行自己的钱,银行的钱是社会的钱,银行的行为必须受到社会的严格约束。换句话说,银行的钱,是愿意借还是不愿意借,愿意借给谁还是不愿意借给谁,不完全是银行的事情,银行没有随心所欲的权利。

现代金融活动的有借有还游戏规则,对贷款人和借款人双方都有约束力。这里的"有"当名词解,指某种事实或情况,是"有"还是"没有"。"有借"是对贷款人(银行)的要求,贷款人(银行)有没有钱,如果"有"就必须"借",不"借"就要说个一、二、三;"有还"是对借款人(客户)的要求,借款人(客户)有没有钱,如果"有"就必须"还",不"还"同样要说个一、二、三。这才是公开、透明、合理的游戏规则。

二、政府在维护金融秩序中的职责定位

市场竞争中的弱势群体(农民、工人、个体工商户和中小企业主)融资难,也就是商业银行有钱不借,已经成为制约国民经济发展的瓶颈,问题出在什么地方呢?

首先,我们看借款人(客户)即市场竞争中的弱势群体(农民、工人、个体工商户和中小企业主)方面存在什么问题。国际小额信用贷款模式的"联户担保、分期还款"机制已经解决了"贷得出去、收得回来"的问题。我们发现的"自我管理、自我受益"办法是为了解决高利贷盘剥问题,这就是说,借款人(客户)能做到"有"钱一定"还",不"还"也一定会说个一、二、三。

其次,我们看贷款人(银行)方面存在什么问题。如果说西方商业银行只存在规模歧视和苦力歧视的话,也就是拒绝向中小企业和普通劳动者发放贷款,那么中国的商业银行还存在所有制歧视,拒绝向非国有企业发放贷款。中国商业银行"三重歧视"根深蒂固,这是历史形成的,要从根本上改变这种东西,只能借助新的历史潮流加以荡涤。所以,我们并不期望一个早晨就改变中国商业银行"三重歧视"偏好。问题在于,我们社会、我们政府做了些什么。

再次,我们看社会即立法机构做了些什么事情。中国立法机构没有出台面对农民、工人、个体工商户和中小企业主这个群体融资难方面的法律,对单个市

场活动主体融资难问题却有明确的法律规定,如对中小企业主和农民的金融支持。

中华人民共和国第九届全国人民代表大会常务委员会第二十八次会议于2002年6月29日通过的《中华人民共和国中小企业促进法》,涉及缓解中小企业主融资难的主要条款有:"第十四条 中国人民银行应当加强信贷政策指导,改善中小企业融资环境。""第十五条 各金融机构应当对中小企业提供金融支持,努力改进金融服务,转变服务作风,增强服务意识,提高服务质量。""各商业银行和信用社应当改善信贷管理,扩展服务领域,开发适应中小企业发展的金融产品,调整信贷结构,为中小企业提供信贷、结算、财务咨询、投资管理等方面的服务。""第二十一条 国家鼓励中小企业依法开展多种形式的互助性融资担保。"

2006年10月31日第十届全国人民代表大会常务委员会第二十四次会议通过的《中华人民共和国农民专业合作社法》,涉及缓解农民融资难的主要条款有:"第五十一条 国家政策性金融机构应当采取多种形式,为农民专业合作社提供多渠道的资金支持。具体支持政策由国务院规定。""国家鼓励商业性金融机构采取多种形式,为农民专业合作社提供金融服务。"

最后,我们看政府的作为。当然,在缓解市场竞争中的弱势群体融资难的实践中,不能说政府完全不作为,但到目前为止,政府确实没有具体的系统的支持政策出台,即便有行动也是当作政治任务在做,一阵风就过了。政府在维护金融秩序中的职责定位,的确是一个迫在眉睫的现实问题。

1、制定政策,落实法规

政府要根据现有法律,制定具体政策,落实国家对市场竞争中的弱势群体"提供金融支持"的规定。所有商业银行的经办人员,如果顽固坚持"三重歧视"的价值偏好,"有"钱不"借",也不说个一、二、三,那么政府就有义务和责任代表市场竞争中的弱势群体的利益,监督商业银行的行为,向中央银行直至向法院提起民事诉讼,要求商业银行"不换思想就换人"。

2、普及金融,学会理财

市场竞争中的弱势群体中的成员,特别是农民,文化普遍较低,金融知识就更加贫乏,一般都不会理财。不管是家庭,不管是企业,不会理财,必穷无疑,必破产无疑。政府帮助市场竞争中的弱势群体普及金融知识,维护金融秩序,让他们懂得,"有"钱一定要"还",不"还"就一定要说个一、二、三。这个道理容易懂,也容易做到,因为这个群体没有社会地位,没有话语权,很守本分。但是,要让他们成为"有"钱的人,不用说区区小额贷款能做到按时偿还,还有余钱扩大生产规模呢!做到这一点,却是一项十分细致必须长期坚持下去的艰苦工作。这项工作算不算政府在维护金融秩序中的职责,当然可以讨论或另当别论,但这是建立金融新秩序十分有意义的一项基础性工作,则确定无疑。

3、调查研究,开辟新路

建设有中国特色社会主义是一项前无古人的开创性事业,市场竞争中的弱势群体(农民、工人、个体工商户和中小企业主)是中国特色社会主义建设事业的主力军。他们在生产和交换活动过程中,毫无疑问应当获得金融的大力支持,现存的金融制度和金融理论不适应新的形势和新的要求,开辟新路是唯一选择。

所谓开辟新路就是要求我们,既不能照搬资本主义的金融制度和金融理论,守住嫌贫爱富不放,又不能拣起封建主义的金融制度和金融理论,让高利贷盘剥死灰复燃。只能根据中国特色社会主义建设实际,吸纳传统金融制度和金融理论科学合理的成分,坚持小额信用贷款模式"扶真贫、真扶贫"的革命方向,建立健全适合中国特色社会主义建设事业发展要求的金融制度和金融理论。

做好或做成功这项工作,就必须深入实际开展大量的、系统的调查研究工作,没有各级政府的坚强领导、主动配合和积极参与,不可想象。这些事实说明,维护"有"借"有"还的金融秩序,没有政府不行,建立金融新秩序同样没有政府不行。政府不直接参与金融的借、贷和担保活动,不是说政府在金融活动中的地位不重要,而是有更加重要的工作等着政府去做,说白了,金融的借、贷和担保活动,只要制度一旦定下来,那就是程序化的日常工作,政府或政府官员如果不想与民争利,根本就没有必要把精力耗在这上面。

第三编　宏观经济与金融制度

第十四章　风险存在与风险分散

国际小额信用贷款模式的第二个致命缺陷是追求98%以上的高还款率,第一个致命缺陷就是上一章分析的高利贷盘剥。所谓致命缺陷是说国际小额信用贷款模式的这两个缺陷如果不克服,小额信用贷款不可能坚持下去,即使硬着头皮坚持下去,穷人也得不到实惠,与小额信用贷款的初衷相悖。

第一节　98%以上高还款率的虚假性与非公平性

国际小额信用贷款模式反复宣称,小额信用贷款还款率在98%以上。小额信用贷款经验这样总结,其用意大概是出于两个目的:一是想说明穷人的信用度或诚信度不比富人低,银行可以放心地向他们贷款;二是想说明小额信用贷款没有破坏有借有还的金融秩序。问题在于,小额信用贷款98%以上的高还款率,情况不真实。笔者不止一次地向四川仪陇县"项目办"负责人高向军女士打听和分析,市场风险是客观存在,小额信用贷款不可能达到98%以上的还款率,农民贷款后万一不能偿还贷款怎么办?她回答说,她到孟加拉国考察,也是多次向孟加拉国乡村银行工作人员询问这个问题。得到的回答是,实在偿还不了,银行只得消账。高向军女士的做法是,实在偿还不了,就从保证金里面抵扣。这就是说,98%以上的高还款率做不到,假使做到了,也是强行把市场风险转嫁到农民身上,很不公平,不值得效法和推广。我们这样提出问题,是不是又在暗示,向市场竞争中的弱势群体发放贷款,特别不放心,特别不安全,特别没有保障？这是两个性质不同的问题。

首先,了解中国四大商业银行的资产质量。下面提供几组数据。第一组数据,根据中国银监会公布数据显示,2007年第一季度至第四季度,商业银行不良贷款率分别为6.63%、6.45%、6.17%和6.17%,呈不断下降的态势。第二组数据,2003年11月17日,新华社报道说,中国人民银行行长周小川近日谈到《关于完善社会主义市场经济体制若干问题的决定》中的有关金融问题时称,到今年6月底,四家国有商业银行五级分类不良贷款余额20070亿元,不良贷款率22.2%。第三组数据,四大商业银行2003年呆账率为22.2%,还是在1999年国家从四大国有银行剥离出呆账1.4万亿人民币之后的事情,之前的呆账率是在30%左右。为了降低呆账率,国家只得继续从四大商业银行往外剥离呆账。那么,中国四大商业银行的呆账率从30%左右(1999年前)下降到6%左右(2007年)的钱从何处来？巨额资金由国家财政、中央银行再贷款、发行金融债券三部分组成。说到底,是由每个中国人共同埋单的。

现在,我们不管是谁埋的单,我们只想强调一个事实,四大商业银行贷款发放条件那么好,国家一次又一次地把呆账剥离出去,呆账率都还在7%左右,我们根据什么要求小额信用贷款的还款率必须是在98%以上呢？

其次,了解国外商业银行的资产质量。国外商业银行资产质量不同时期情况不一样。比方说,1997年亚洲金融危机爆发期间,泰国商业银行的呆账率达49%,俄罗斯商业银行的呆账率达51%。最近美国"次级贷款"(滥发钞票)引发的"次贷危机"对美国银行资产质量的影响有多深,呆账率是40%还是60%,有待观察。正常时期美国商业银行的呆账率只有1%,其中的原因值得我们分析解剖。美国商业银行之所以能够在资产质量方面取得如此好的效果,主要原因有如下几点:(1)有一个好的信用环境;(2)有一套有效的和惩罚债务人违约措施;(3)贷前对市场进行全面分析;(4)严格复杂的贷款审批制度;(5)有独立的贷款检查制度;(6)有充足的呆账准备制度;(7)有及时的核销制度。

美国商业银行资产质量好的原因可以分为两个大类,前面5类属于市场建设和强化管理方面的内容,与我们现在的议题没有关系,后面两类涉及准备金制度和核销制度,恰恰是我们关注的问题,下面就讨论。

再次,了解准备金制度对银行资产质量的影响。准备金制度实际包括两种:一是存款准备金制度,二是呆账准备金制度。存款准备金制度,一方面是中央银行利用货币的乘数效应,作为调控货币流通量的一个重要手段;另外一方面也是中央银行根据历史经验,预防银行大批倒闭给社会经济生活带来伤害的必要储备。比方金融危机有可能爆发时,中央银行向商业银行提供的低息或无息贷款,动用的就有存款准备金。呆账准备金制度内容还要复杂些,现在以我们国家的"金融企业呆账准备提取管理办法"(财金[2005]49号)为例。呆账准备金,包括一般准备和相关资产减值准备。两者的区别是,相关资产减值准备金是根据国家认定的特殊情况,直接从金融企业总额中提取,而一般准备金是金融企业按照一定比例从净利润中提取,然后进行核销。这样做有什么意义呢?其实这就是国家向社会、如果是上市公司就是向大小股东证明,该金融企业(银行)内部治理结构完整、健全,管理坚强有力,资产质量好,呆账率低(不良资产率低),信用没有问题,大家放心吧!

呆账率低与还款率高不是一回事情。还款率高,呆账率肯定很低;呆账率低,还款率不一定高,因为部分还款无望的贷款按照规定核销了。这就是说,还款率高意味着由贷款客户全部承担风险后果,而呆账率低却是由政府(少收所得税)、银行(减少利润)、贷款客户等几方面共同承担风险后果。所以我们说,98%以上的高还款率做不到,假使做到了,也是强行把市场风险转嫁到农民身上,很不公平,不值得效法和推广。

最后,说说风险分散的基本思路。所谓风险分散是指,金融风险是客观存在且是一个社会问题,我们按照各个社会活动主体在金融风险中的责任和应承担的义务,对风险进行分解,然后由各个社会活动主体分别承担各自的风险。我们初步把金融风险划分为道德风险、经营风险、创新风险三种类型。这样分解之后,明确承担相应后果的社会活动主体,金融风险就分散了。这里的社会活动主体,一是指政府或其职能机构;二是指银行或泛指发放贷款的金融机构;三是指依据《中华人民共和国担保法》成立的正式的信用担保机构;四是指承担连带责任的联户担保机构,如我们在前面提到的农民专业合作经济组织、工人贷款担保小组、个体工商户组合、中小企业集群等及其内部的联户担保小组；五是指具体的贷款客户。

第二节 道德风险的设计与发展趋势

道德风险是指贷款客户把钱拿到手之后，吃、喝、嫖、赌花光了，或者把钱拿去搞短期投资、炒股票、炒房地产，被"套"死了，或者把钱拿去放高利贷，结果被金融诈骗犯坑了，等等。小额信用贷款的贷款对象是中小企业、家庭和个人，贷款出现道德风险的机率很大，国际小额信用贷款模式为了防范道德风险，规定贷款只贷给女人，不贷给男人。躲避不是办法，要用制度加以限制、约束和引导。我们的设计是这样，道德风险损失，负有连带责任的联户担保机构承担80%的损失，出资机构（银行）和信用担保机构各承担10%的损失。

1、联户担保机构承担道德风险80%损失的依据

我们必须反复重申一个观点，向市场竞争中的弱势群体贷款或者说向穷人贷款，这是贷款不是救济。贷款需要偿还。金融机构贷款，一不要你的财产作抵押，二不要第三方全额担保，凭借什么相信你？出了问题谁负责？联户担保机构承担道德风险80%损失，这是他们生存和发展试图获得金融支持应尽的责任和义务。联户担保机构中的成员，常年在同一个地方活动，来往频繁，彼此知根知底，信息不对称的偏差极小，透明度极高，具有把道德风险降到最低的条件和能力，所以，一旦出现道德风险，他们承担主要责任是理所当然的事情。

2、中介机构分别承担道德风险10%损失的原因

这里所说中介机构是指发放贷款的金融机构和信用担保机构。中介机构承担道德风险损失10%的份额，是教育和监督不够所承担的责任，体现为一种社会职能。信用担保机构资金构成，很大部分由财政划拨，银行呆账准备金有政府的间接支出，它们承担部分社会职能也应该是理所当然的事情。

3、贷款客户除保证金不再承担风险损失的理由

贷款客户获得贷款之后，联户担保机构要扣下10%的保证金；贷款客户如果按期偿还贷款,保证金要连本带利(银行贷款利率为依据)退还本人,如果因道德风险和经营风险而不能按时偿还贷款,损失只能以扣下保证金为限。

创新风险损失不纳入生产和交换过程,贷款客户就不承担损失责任,后面还要讨论。需要说明的是,道德风险和经营风险损失只能以扣下保证金为限的理由。这是适应市场竞争中的弱势群体实际而设计的风险分散办法:一是体现"一方有难、八方支援"的互助精神,或者说体现市场的协同机制;二是体现人道主义,因债务逼得贷款客户妻离子散、家破人亡,或者是破产关门,既不人道又造成新的社会问题;三是体现不搞株连政策,道德风险的当事人,如果触犯了刑法,依法惩办就是了,不能伤及无辜。

4、道德风险损失日趋衰减是设计道德风险的目的

随着制度的不断完善,人们信用意识的不断增强,道德风险损失日趋衰减是必然趋势,这也是把道德风险显现化的目的所在,所以,即便将来道德风险损失为零了,道德风险审核也不能取消。

第三节 经营风险的分摊与比例确定

除了道德风险和创新风险之外,其他的归类为经营风险。我们设计的方案是,联户担保机构、出资机构(银行)和信用担保机构各承担经营风险损失三分之一的份额。经营风险的类型中,有些是人力无法控制的,比方地震灾害、火灾、水灾、虫灾、病害等,而按照银行呆账准备金和信用担保机构的有关政策规定,是可以减免的,那么,经营风险这样分摊的依据是什么,又这样具体操作呢?

第一,按照"金融企业呆账准备提取管理办法"(财金[2005]49号)的规定,银行的呆账准备金包括一般准备和相关资产减值准备,我们说的各承担经营风险三分之一的损失指的是指一般风险损失,这个界限不难区分。

第二,金融企业(银行)在这里为什么只承担三分之一的损失责任?金融企业(银行)之所以承担部分损失责任,是因为金融企业(银行)主观无论怎么努力,市场风险不可避免,是社会各种不确定因素造成的,所以经营风险的损失责任不能完全由金融企业（银行）承担。

第三，信用担保机构的功能，就是为了预防因个别债权债务关系不能做到"有借有还"而波及整个社会信用关系的断裂，所以，信用担保机构承担部分经营风险损失也合情合理。

第四，联户担保机构承担三分之一的经营风险损失有没有根据？联户担保机构承担风险的责任主体实际分为两个层次，一个是由5个行为主体构成的联户担保小组，另外一个层次就是联户担保中心，在我们的范畴体系中指的是新的组合生产方式，如农民专业合作经济组织。承担风险的责任大小，如果是道德风险损失，"小组"大些，"中心"小些；如果是经营风险损失，"中心"大些，"小组"小些。"中心"承担经营风险损失实际只承担23％的份额，因为直接责任主体10％的保证金还在"中心"手中。联户担保机构承担部分经营风险损失，因为该机构在项目审查、资金运用、资源配置、信息服务等方面确有责任，让它承担部分经营风险损失责任，有利于调动其积极性。

第四节 创新风险的使命与完善机制

建设创新型国家已经确立为我国的一项基本国策。所谓创新型国家是指那些将科技创新作为基本战略，大幅度提高科技创新能力，形成日益强大竞争优势的国家。国际学术界一般认为，创新型国家应至少具备以下4个基本特征：(1)创新投入高，国家的研发投入占GDP的比例一般在2％以上；(2)科技进步贡献率高达70％以上；(3)自主创新能力强，国家的对外技术依存度指标通常在30％以下；(4)创新产出高。目前世界上公认的20个左右的创新型国家所拥有的发明专利数量占全世界总数的99％。

我们在物质生产和交换活动领域，设计创新风险的目的就是为了贯彻落实建设创新型国家这个大目标。把握设计创新风险与建设创新型国家的内在关联关系，需要从理论与实践的结合上弄清楚以下几个基本问题：一是建设创新型国家的主力军是谁；二是建设创新型国家应该选择什么体制；三是从观念上对什么是基础科学、什么是应用科学进行再认识。

一、建设创新型国家主力军的认识与定位

假若有人做一个问卷调查,建设创新型国家的主力军是谁?人们会不假思索地回答,高等院校、科研院所和大型国有企业。如果我们说建设创新型国家的主力军是市场竞争中的弱势群体(农民、工人、个体工商户和中小企业主),人们的第一反应是哑然失笑,第二反映会说,这是常见的理论研究工作者所犯的偏执症。为了真正弄明白这个问题,我们恐怕得从 ABC 开始。

(一)生产力定义、构成要素的见解与误区

生产力是人类与自然在交互过程中形成的一个关系范畴。工业社会的生产力定义是,人类征服自然、改造自然的能力叫生产力。本书的定义试图反映信息社会的真实状况,生产力是人类创造性地适应自然的能力。生产力的构成要素,一般认为包括劳动者、劳动资料和劳动对象。当邓小平提出科学技术是第一生产力的命题之后,生产力的构成要素就无所不包了,社会科学是生产力、文化是生产力、管理是生产力、信息是生产力、文学艺术是生产力,除了生产力自身之外,没有什么东西不是生产力了。显然,对生产力构成要素的认识进入了一个误区,生产力范畴被泛化了。

本书的认识是,生产力是人类创造性地适应自然的能力;生产力的构成要素,一是劳动者,二是劳动资料。劳动对象是生产过程的构成要素,是劳动过程的构成要素,不是生产力的构成要素。管理是生产力的构成要素。管理是伴随社会化生产而出现的生产劳动,用马克思的话来比喻,管理的地位和作用如同"乐队指挥",其重要性可想而知了。我们不涉及管理是因为管理与我们所要讨论的问题关系不大,而不是管理不重要。

(二)科学技术是生产力命题的背景和含义

1776 年,蒸汽机发明带来劳动资料的革命性变化,于是,蒸汽机发明成为工业革命的标志。马克思在 1857－1858 年的《经济学手稿》中,对"蒸汽机现象"进行了理论概括,提出了科学技术是生产力的科学命题。马克思说生产力中也包括科学,是从分析劳动资料变为固定资本的过程中得出来的结论。马克思分析认为,当劳动资料不仅在形式上被规定为固定资本,而且抛弃了自己的直接

形式,整个生产过程就带有科学的性质,而直接劳动则被贬低为只是生产过程的一个要素。比方说,铁匠铺的铁匠,风箱、铁锤是主要劳动资料,劳动对象加工成什么产品,产品质量又如何,基本上是从属于工人(铁匠师傅)的直接技巧;现在的锻造工厂,空气压缩动力机是主要的劳动资料,在形式上被规定为固定资本,生产过程不再取决于工人的直接技巧,而是表现为科学在工艺上的运用。所以马克思十分感叹地说:"固定资本的发展表明,一般社会知识,已经在多么大的程度上变成了直接的生产力。"

马克思关于科学技术也包括科学技术的命题,下面两层意思十分明确:第一,考察对象是固定资本的发展过程即劳动资料的演化过程,研究的直接对象是物而不是人;第二,科学技术不是直接的现实的生产力,必须转化为物、转化为劳动资料、转化为固定资本,才是生产力。

(三)科学技术是第一生产力是形容还是描述

1988年,邓小平提出科学技术是第一生产力命题之后,中国学术理论部门,不管是自然科学界的权威,还是社会科学界的泰斗,都用实用主义方法解读科学技术是第一生产力。人们众口一词地说,"第一"在这里当形容词用,是为了突出科学技术的地位和重要作用,科学技术不是直接的现实的生产力,科学技术需要转化才能成为直接的生产力。究竟怎样解读邓小平的理论命题,不能脱离邓小平理论命题的时代背景。

1978年,邓小平在全国科学大会上,讲了科学技术是生产力;时隔7年,1985年邓小平在全国科技工作会议上说:"我很高兴,现在连山沟里的农民都知道科学技术是生产力。他们未必读过我的讲话。他们从亲身的实践中,懂得了科学技术能够使生产发展起来,使生活富裕起来。农民把科技人员看成是帮助自己摆脱贫困的亲兄弟,称他们是'财神爷'。'财神爷'这个词,不是我的用语,是农民的发明。但是,他们的意思,同我在科学大会上讲的话是一样的。"农民称科技人员为"财神爷",邓小平知道后的激动、兴奋心情,已经溢于言表,大概不需要展开分析了。

又是时隔3年,邓小平高度评价农民称科技人员为"财神爷"是农民的发明之后的1988年,提出科学技术是第一生产力的理论命题。他还进一步提出:"要把'文化大革命'时的'老九'提到第一,科学技术是第一生产力嘛,知识分子是工人阶级一部分嘛。"很显然,邓小平关于科学技术与生产力之间关系的考察,已经从物(劳动资料、固定资本)转向对人(劳动者)的分析考察了。如果这些看法还停留在理论讨论的范围之内,我们用真人真事来讨论这个问题。中国工程院袁隆平院士,如果以身份归类,是科学家,还是农民?如果看知识结构,看理论水平,看社会贡献,袁隆平院士不仅是中国当代杰出的科学家,也是世界公认的杰出的科学家;如果看袁隆平院士的活动环境,看袁隆平院士的工作性质,看袁隆平院士的合作团队,袁隆平院士又是典型的农民。不同的地方在于,普通农民有农忙和农闲之分,而袁隆平院士似乎一年四季都是农忙季节。简言之,科学技术是第一生产力理论命题的分析考察对象,针对的不是劳动资料到固定资本的演化过程,针对的是科研技术人员直接进入生产和交换过程第一线的历史大趋势。如果说科学技术是生产力,是马克思对于"蒸汽机现象"的理论概括,那么科学技术是第一生产力,就是邓小平关于"袁隆平现象"的理论概括。

中国乒乓球队综合实力世界排名第一,"第一"不能当形容词看待,是事实判断,是客观描述。同样道理,科学技术是第一生产力,这个"第一"不能当形容词看待,这是一个事实判断,是客观描述。任何事物都是发展变化的。中国乒乓球队综合实力不可能永远世界排名第一,科学技术是不是第一生产力,关键要看科研技术人员是不是进入了生产和交换的第一线。如果像现在这样,科研技术人员呆在高等院校,呆在科研院所,那么,科学技术只能算作间接生产力,而不是第一生产力了。

(四)建设创新型国家路径的中美两国比较

按照现在的标准,美国已经是创新型国家,中国还不是。中美两国比较分析,当然是为了找差距。但是,要全方位寻找差距,既没有那个能力,也有篇幅的限制,这里只从三个具体事例说明观念的差距。

1、袁隆平院士"落选"、"选中"风波的性质认定

袁隆平院士是中国工程院院士。中国科学院评选院士(原来称学部委员),从1955年到2007年共计评选了12次,袁隆平始终未能当选中国科学院院士。2008年3月,中国科学院路甬祥院长认为,袁隆平完全有资格当选中国科学院院士,(没有当上)这只不过是一个历史上的误会。颇具喜剧色彩的地方还在于,袁隆平没有当选中国科学院院士,却获得了筛选条件更为严格的美国科学院外籍院士的称号。评选院士不存在长官意志,因为新院士由在籍院士通过公开投票产生。袁隆平不能入选中国科学院院士,却成为美国科学院的外籍院士,应该看成是中国科学院和美国科学院这两个群体意志的不同反映。我们在后面"基础科学与应用科学范畴的再认识"一节再展开讨论。

袁隆平院士"落选"和"选中"风波的性质认定,只想表达这样一种看法:中国科学院比较重视书本知识,轻视实践知识,重视所谓基础科学,轻视应用科学;美国科学院既重视书本知识,又重视实践知识,既重视所谓基础科学,又重视应用科学。如果不受意识形态的束缚,看看我们国家科研立项状况和科研技术人员的分布,恐怕否定不了上述看法。

2.固定资本折旧率高低对生产力水平的可能影响

马克思分析科学技术与生产力的内在关联,考察对象是固定资本的演化过程。加速固定资本折旧就是加速科学技术转化为生产力的进程。27年前,美国政府不但认清了这个问题,而且还上升为法律意志。1981年美国公布的《经济复兴税收法案》规定,凡研究开发使用的设备折旧期为三年,同时提高了其他固定资本的折旧率。这样企业每年的折旧率增多,利润总水平下降,应纳税额也就相应减少,企业从中得到实惠,有力地推动了企业固定资本在更高技术基础上进行更新,从而用扩大对新技术的需要来刺激科技进步。

真是无巧不成书。1981年中国新闻媒体曝光,天津市纺织系统的有些机器,还是北洋军阀时期从英国进口的。据说英国方面还想花高价购买,放回英国大英博物馆展览。时间过去20年,中国学术理论界对固定资本折旧率高低的看法是否有了根本的转变呢?中国面对加入WTO的挑战,2001年我国某重点大学的党委书记率领该校经济研究所包括所长在内的几名研究人员到美国考察,对中美两国农产品竞争优势进行比较研究。结论是中国农产品更具竞争优势,其理由除了中国人工资低等因素之外,还有一条重要原因,美国农产品的成本,固定资本折旧在总成本中占有29％的份额,中国农产品的固定资本折旧几乎为零!该研究报告全文发表在国务院研究中心办的《管理世界》杂志上,省政府评奖时,学会推荐意见说,这是一篇具有开创性意义的科研成果,强烈建议评省政府一等奖,后来评的是省政府三等奖。

提高固定资本折旧率是推动企业技术进步的强大动力,企业技术愈先进,竞争实力才愈强大。我们的具有开创性意义的科研成果结论却是,技术愈落后愈具有竞争优势！马克思如果知道后来的马克思主义者是如此领会科学技术是生产力,他恐怕只能用"我播下的是龙种,收获的却是跳蚤"来自我解嘲了。

3、科研技术人员分布与国家综合实力的内在联系

科研技术人员分布状况,我们只取了几组数据。美国和日本大学占13%,科研机构占7%,企业占80%。中国的科研技术人员在企业生产第一线的仅占总数的28%,这个28%主要还在军工系统。巴西大学里的科技人员占全国科技人员总数的73%,科研机构占17%,企业占10%。这几组按照顺序排列的数据,大概能说明科研技术人员分布与国家综合实力的内在联系了吧?!

科学技术是第一生产力是对"袁隆平现象"的理论概括,反映的是科研技术人员进入生产和交换第一线的历史大趋势。这样分析问题,是不是要恢复"文化大革命""左"的那样一套,大专毕业生到工厂和农村接受"再教育",科研技术人员到"五七干校"接受劳动改造？当然不是。但是,我们不能用极"右"批判和代替极"左"。如果把科学技术是第一生产力的"第一"当形容词看待,目的单单是为了提高知识分子的地位,恢复"劳心者治人、劳力者治于人"的旧秩序、旧传统,我们不得不痛心地说,邓小平收获的也是"跳蚤"！

讨论建设创新型国家主力军的认识与定位问题,从生产力的两个基本要素说起,目的是要证明,建设创新型国家的主力军是市场竞争中的弱势群体(农民、工人、个体工商户和中小企业主),不是无知妄说。这又是不是要否定高等院校、科研院所和大型国有企业在建设创新型国家中的重要作用呢？当然不是。我们的全部论述是想表明,马克思和邓小平关于科学技术与生产力之间内在关联的理论分析,美国国家政策和科研技术人员分布的实际情况,理论和实践都可以证明,建设创新型国家的主力军肯定在物质生产和交换活动的第一线;市场竞争中的弱势群体(农民、工人、个体工商户和中小企业主)现在是物质生产和交换活动第一线的主力军,可是,他们的现状没有能力承担建设创新型国家的使命,这是社会的责任。

二、建设创新型国家的体制模式与选择

现在的体制模式就计划经济体制模式和市场经济体制模式两种。我们在

前面反复强调，计划经济和市场经济是资源社会配置的两种方式，资源的社会配置政府官员说了算叫计划经济，老百姓自己说了算叫市场经济。资源如何社会配制，政府官员和老百姓要明确分工，但在分工的基础上，还应该有协作。正如邓小平所说："计划多一点还是市场多一点，不是社会主义与资本主义的本质区别。""计划和市场都是经济手段。"建设创新型国家，既要发挥计划机制的作用，又要发挥市场机制的作用，政府的主导作用却不能动摇。这样提出问题，似乎与经济改革目标、与发挥市场机制的基础性作用相矛盾。不矛盾。

我们先谈政府建设创新型国家的主导作用。

第一，建设创新型国家的规划，除了政府任何老百姓都无力承担这个使命。当然，政府制定规划要广泛听取老百姓的意见，这个没有问题，但最终要谁对规划负责，需要明确并记录在案。不然，出了问题用"交学费"一笔带过恐怕不行了。

第二，建设创新型国家的协调，除了政府任何老百姓都无力承担这个使命。建设创新型国家的主力军在物质生产和交换活动的第一线，这个已经没有问题了。"主力军"的学习、培养和提高，"主力军"后勤保障和给养，以及"主力军"同其他方面军的配合等等问题，没有政府的协调，"主力军"也打不了胜仗。

第三，建设创新型国家的代价，除了政府任何老百姓都无力承担这个使命。美国科学技术发达，得益于有个"鼓励成功、宽容失败、崇尚创新"的良好社会氛围。形成"鼓励成功、宽容失败、崇尚创新"的良好社会氛围，需要代价，需要成本，创新失败"政府埋单"就是代价，就是成本。美国政府加速固定资本折旧，不惜一切代价在全世界挖掘人才，都可以看成是美国政府建设创新型国家所花的代价。这值得我们学习和借鉴。

我们现在再看市场机制对建设创新型国家的基础性作用。

第一，科学技术人员如何配置自己独立决策。80％以上的科学技术人员生活工作在物质生产和交换活动第一线，这是创新型国家的基本标志。问题在于，科学技术人员的这个布局通过什么方式实现？用计划经济的办法，像"文化大革命"那样，由政府或者说由组织决定，把80％以上的科学技术人员弄到物质生产和交换活动第一线，这肯定不行。用"计划＋市场"的办法，像上个世纪90年代以来那样，用升官当"诱饵"，派科学技术人员到第一线"镀金"，然后这些人通过各种关系进入"实权"或者"实惠"部门,这除了强化"官本位",多几句"科学救国"的政治口号,什么实质问题也解决不了。

市场机制对建设创新型国家的基础性作用,在这里就体现为科学技术人员在自觉自愿、独立决策、双向选择、等价交换等游戏规则的支配下,走向了物质生产和交换活动第一线。

第二,绝大多数科研项目由生产者自己确立。目前我国一般科研项目立项过程是这样,国家颁布规划,有名望的专家、教授即博士导师或院士之类的权威领头,按照规划申报科研项目,经专家评审,通过之后由政府主管机关拨款,项目研究正式启动。这实际是计划经济的办法。当然,少数重大科研项目,比如航天科学、海洋工程等,政府直接参与仍然需要,但是,绝大多数科研项目的研究不能这样搞。科学家、专家、教授也是人,而不是神,就是神也有"打盹儿"的时候。看看某些博士导师,招收了一大堆博士,其潜规则是非厅长不招,非大老板不招,科研项目到了他们手中,会出高质量的成果?就是那些顾脸面的博士导师,课题到手一般也不亲自操作,自己只当"领导"不当"老师"了。

所以,市场机制对建设创新型国家的基础性作用,其科研项目一定是科研技术人员根据自己在生产实践和交换实践中遇到的问题,自己确定研究路径,自己说了算,自己动手。

第三,绝大多数科研成果成功与否由市场鉴定。现在的科研成果鉴定是由课题组负责人提出申请,主管机关组织相关专家验收,只要多数人赞成,就可结项。在鉴定经费由课题组负责的前提下,除了个别"不懂事"的专家之外,谁会讲真话?

市场机制对建设创新型国家的基础性作用,其科研成果成功与否,必须由市场鉴定。所谓市场鉴定就是科研成果出来之后,劳动生产率提高了多少?劳动强度降低了多少?在其他条件不变的情况下,因为科技创新多赚了多少钱?这就是市场鉴定。

建设创新型国家的体制模式与选择,如果没有姓"资"、姓"社"意识形态的束缚和干扰,划清不同体制模式的界限,按照实际,相机做出选择,应该不是很困难的事情。

三、基础科学与应用科学范畴的再认识

基础科学与应用科学范畴的再认识,需要从"袁隆平现象"说起。科学技术是第一生产力是"袁隆平现象"的理论概括。"袁隆平现象"是指科研技术人员进入物质生产和交换活动第一线的历史大趋势。这里所说的"袁隆平现象"则是指,袁隆平没有当选中国科学院院士,却获得了筛选条件更为严格的美国科学院外籍院士的称号。"袁隆平现象"涉及一个更为深层次的理论问题。什么是基础科学,什么是应用科学,怎么评价它们在历史进程中的地位和作用?这些问题需要再认识。

传统的学科分类方法是这样的。比如,月亮为什么绕着地球转,地球为什么绕着太阳转,回答这些问题所形成的知识体系我们定义为基础科学;人类怎么做才能克服地心的引力,到太空去转一转,到月球上去走一走,回答这些问题所形成的知识体系我们定义为应用科学。再比方,什么是商品,什么是货币,什么是资本,什么是劳动二重性,什么是等价交换,像这种解释、说明、揭示事物本质的知识体系我们叫基础科学;怎么做才能保证商品的质量,如何做好市场调查把商品卖出去,资本增值有些什么窍门,像这种做什么怎么做形成的知识体系叫应用科学。中国有着根深蒂固的"万般皆下品、唯有读书高"、轻视实践的封建传统,形成了知识分子的潜意识,基础科学才能登上科学殿堂。因为只有基础科学才能解决根本问题,而应用科学只不过是工程技术人员利用基础科学知识解决实际问题的方法汇总而已,所以应用科学进不了科学殿堂。有了这样的思想认识和学术氛围,"袁隆平现象"就不难理解了。说一千,道一万,袁隆平太像农民了,袁隆平做的事情太"下品"了!中国科学院路甬祥院长认为,袁隆平没有当选中国科学院院士,是"历史误会"。不对。这是"历史惯性",是中华民族封建记忆的再现。

"袁隆平现象"包含着双重错误。一是基础科学和应用科学的这种分类方法不科学;二是对两类知识体系在历史发展进程中的地位和作用评价不准确。马克思在《关于费尔巴哈的提纲》一文中明确指出:"哲学家们只是用不同的方式解释世界,而问题在于改变世界。"改变(适应)世界过程中所形成的知识体系即"下品"知识体系,归类为应用科学说得过去,而解释(说明)世界的过程中所形成的知识体系即"高贵"知识体系,归类为基础科学不准确,应归类为解释科

学。应用科学("下品"知识体系)有自己的基础理论,解释科学("高贵"知识体系)也有自己的基础理论;比基础理论更为具体的理论,应用科学("下品"知识体系)有各种对策理论,解释科学("高贵"知识体系)有各种释疑理论。至于两类知识体系在历史发展进程中的地位和作用怎么评价,马克思的原话是"问题在于改变世界"。

四、创新风险设计的理由与操作

通过讨论弄清楚了前面提出的三个基本问题,建设创新型国家的主力军是物质生产和交换活动第一线的劳动者;建设创新型国家的体制还是应该发挥市场机制的基础性作用。以前面两个判断为前提,所以我们认为,加强基础理论研究,力争基础理论研究获得更大的突破,主要不是指加强解释科学("高贵"知识体系)的基础理论研究,而是加强应用科学("下品"知识体系)的基础理论研究。根据这种认识设计,创新风险损失 80% 的份额由政府设立的创新发展基金承担,金融机构(银行)和信用担保机构各承担 10% 的创新风险损失。贷款客户 10% 的保证金无需扣下了。创新机制简单概括起来就是,"创新银行拿钱、成功政府奖励、失败政府埋单"。

第一,"创新银行拿钱、成功政府奖励、失败政府埋单",这个创新机制与加速固定资本折旧办法不矛盾。加速固定资本折旧能激发大中型企业和科研机构的创新热情,对于市场竞争中的弱势群体(农民、工人、个体工商户和中小企业主)来说,几乎不起作用,他们既没有固定资本,也没有流动资本,但他们之中不乏能工巧匠和身怀绝技之人,"创新银行拿钱、成功政府奖励、失败政府埋单"机制必然会激发他们创新的热情和积极性。

第二,"创新银行拿钱、成功政府奖励、失败政府埋单",钱被骗了怎么办?这个不用担心。钱被骗了,创新风险就转化为道德风险了,就是另外一套机制发挥作用。政府担心的东西是另外一类社会问题,预防联户担保人找骗子拼命。

第三,"创新银行拿钱、成功政府奖励、失败政府埋单",对于社会上的众多科研技术人员有着相当大的吸引力。到目前为止,中国社会经济发展还是计划经济体制占优势,行政力量推动为主,所以,怀才不遇、报国无门的人太多了!大批科研技术人员滞留国外不归就是证据。"创新银行拿钱、成功政府奖励、失败政府埋单",虽是政府主导,市场机制却起着基础性作用,这个机制隐含着的内涵是,谁有本事并真干事,社会就有给他甩开膀子大干的机会。"鼓励成功、宽容失败、崇尚创新"的良好社会氛围就会慢慢形成。

第四,"创新银行拿钱、成功政府奖励、失败政府埋单",政府财力承受得了吗?客观公正地说,为了实践"科教兴国"战略,政府真还花了不少钱,只是因为方法不当,钱花了,不一定把事情办好了。比方说,政府为了用科学技术帮助农民脱贫致富,优质果树嫁接、优良水稻栽培、良种家禽饲养、反季节蔬菜耕种等,很多时候都由政府无偿提供,这个过程出现"瞎指挥"的消极影响还在其次,关键是即便成功了,负效应也大于正效应。因为这种方法容易滋生帮扶对象的依赖思想,久而久之就蜕变为一种人身依附关系。

"创新银行拿钱、成功政府奖励、失败政府埋单",政府不但不需要多花钱,而且工作负担也减轻了,应该是个"多赢"格局。

第五节 风险分散的可行性与纠错机制

这一章题目是"风险存在与风险分散",想表达的意思是,风险是个社会问题,每个社会活动主体都有责任,风险一旦出现变为事实,各个社会活动主体就要根据责任的大小,承担相应的后果。这就是风险分散的本意,其可行性如何,我们提出三条标准供人们检验。

第一条,相关社会活动主体,政府、银行、信用担保机构、联户担保机构和贷款客户,负担是减轻了还是加重了?减轻了就有可行性,加重了就没有可行性。

第二条,操纵起来方法是简单了还是更加繁琐了?简单了就有可行性,繁琐了就没有可行性。

第三条,是不是"帕累托改进",简单说,富人的利益是否受到伤害?富人的利益没有受到伤害就有可行性,富人的利益受到伤害就没有可行性。

纠错机制很简单,因为各个社会活动主体的责任和应该承担的后果十分明确,只要公开透明就行了。

第三编　宏观经济与金融制度

第十五章　市场弱势群体金融支持的美日经验借鉴

市场竞争中的弱势群体生存和发展道路上获得金融支持的国际小额信用贷款经验来源于发展中国家孟加拉国,这里再简要介绍发达国家美国和日本的经验,力争在比较中做出科学的选择。

第一节　美国金融支持市场弱势群体的基本经验

美国市场竞争中的弱势群体所指对象同中国不一样。美国农民已经不是市场竞争中的弱势群体了。美国社会的工业化进程已经走完,农民在社会总人口中的比重不足3%,平均每个农场主耕种土地达600英亩,特别是美国政府对农业一直采取支持和保护政策,这使得美国的农民在世界上就最具竞争力了。市场竞争中的弱势群体是一个比较范畴,在美国是指工人、个体商贩和中小企业,金融支持的重点对象是中小企业,而社区银行经验则具有普遍意义。美国金融支持市场竞争中的弱势群体的基本经验,按照三个层次作了分类:一是社会层次,政府为中心;二是经济层次,社区银行为中心;三是管理层次,企业职工持股制为中心。

一、社会层次:以政府直接干预为特征的融资结构

1、政府直接拿钱资助中小企业

政府直接拿钱资助中小企业有三种形式:(1)由中小企业管理局向那些有较强技术创新能力,发展前景较好的中小企业发放直接贷款,但数量很有限。(2)中小企业管理局向受自然灾害的中小企业提供的自然灾害贷款。(3)中小企业的创新研究资助。为了促进美国中小企业的科研开发,根据《中小企业创新发展法》,美国国会于1982年制定了中小企业创新研究计划。该计划规定,所有划拨研究与开发费用超过1亿美元的,政府有关部门必须按一定的比例向中小企业创新计划提供资金,用于资助中小企业开展科技开发和技术成果转化。

2、政府直接拿钱成立金融投资公司

这包括两种形式,即中小企业投资公司与风险投资公司。

第一,中小企业投资公司是为中小企业提供融资服务的创业投资公司。1958年,美国在通过《小企业法案》后,由政府成立了中小企业管理局并规定由中小企业管理局审查和许可成立中小企业投资公司。它可从联邦政府获得很优惠的贷款支持,一般能得到不超过9000万美元的优惠融资。具体的融资形式可以是低息贷款,也可以是购买和担保购买该公司的证券。但获得许可和融资支持的中小企业投资公司,只能投资于合格的中小企业,不能直接或间接地长期控制所投资的企业。投资方向主要是中小企业发展和技术改造。

第二,风险投资公司亦属民间机构。在美国,以微电子技术、信息技术为代表的新技术产业发展迅速,这就促使许多科技型企业家从美国的大学、研究所、大企业、大公司中独立出来,成立开发型的中小企业。风险投资公司预期于创新可能产生的高收益,对此类勇于创新投资的中小企业进行资金投入,为那些难以得到贷款的中小企业提供贷款,以促进中小企业的科技开发和创新。

3、政府直接出面向商业银行担保

由于中小企业的经营风险较大,资信度比大企业低,商业银行一般不愿为中小企业提供贷款。美国中小企业管理局通过向商业银行担保使中小企业获

得金融机构的贷款。当然,贷款利率会因为风险较大而比大企业贷款要高出 2—5 个百分点。一旦担保成立,即中小企业管理局向金融机构承诺,当借款人逾期不能归还贷款时,保证支付不低于 90% 的未偿还部分,但中小企业管理局提供的担保贷款不超过 75 万美元,担保部分不超过贷款总额的 90%。管理局担保的平均贷款额是 24 万美元,偿还期为 11 年。在 1980 年至 1998 年间中小企业管理局共提供 28 万笔担保贷款,总额达 410 亿美元。

二、经济层次:靠"求异型战略"立足的社区银行

美国社区银行是指在特定地区范围内组建并独立运营,主要为当地中小企业和个人客户提供个性化金融服务,并保持长期业务合作关系的小银行,资产额介于两百万到数十亿美元之间。经过 100 多年的发展,美国社区银行已形成了成熟的运作模式,成为中小银行发展的成功典范。而选择"求异型战略"是美国社区银行长盛不衰的重要原因之一。所谓"求异型战略"就是避开大银行的优势,根据自身的特点,扬长避短,选择、确定"客户—地缘—产品"最佳组合步骤和方法,与大银行形成互补之势。

1、客户定位

美国的社区银行以中小企业、社区居民和农户为主要客户,凭借其深厚的信息积累和优良的服务,通过简便的手续和快速的资金周转,用少量的资金解决客户之急需,因此深受美国下层社会和中小企业的欢迎。在美国,资产规模在 5 亿美元以下的银行(大多是社区银行)对中小企业的贷款占其总资产的比重达到 10% 以上,占其贷款额的比重达到 50%—80%;而资产规模在 100 亿美元以上的大银行的上述比重分别为 2.3% 和 15.6%。社区银行与中小企业之间存在着明显的共存共荣关系,社区银行的存在和发展成为中小企业能否顺利获得发展所需要的外部资金的重要条件,而中小企业旺盛的融资需求也是支撑社区银行在激烈的市场竞争中生存下去的重要支柱。

2、地缘定位

美国社区银行以"社区"为自己的主要竞争地。"社区"并不是一个严格界定的地理概念,既可以指一个州、一个市或一个县,也可以指城市或乡村居民的聚居区域。从实际情况来看,社区银行多为州立银行,是为州及更小范围的地

方经济服务的。社区银行将从一个地区吸收的存款又投入到该地区,从而推动当地经济的发展,有效防止了基层金融的空洞化,因此也比大银行更能获得当地政府和居民的支持。2004年美国独立社区银行协会(ICBA)网站公布:美国社区银行的网点分布从城乡分布看,有54%分布在农村,26%分布在城市的郊区,17%分布在城市。从地域分布看,44%分布在中部,25%分布在东南部,18%分布在西南部,9%分布在东北部,4%分布在西北部。不同地区对社区银行的需求和偏好也是不同的。东北地区对社区银行的需求最小,社区银行分布也较少,而南部、中部和西部地区对社区银行的需求旺盛,其分布比例也大,在20世纪90年代的银行兼并浪潮中保留和新建的社区银行大多集中在这些地区。

社区银行地区分布的差异和不同地区对社区银行需求偏好的不同,从根本上来说是由不同地区中小企业发展状况决定的。东北地区是垄断资本的根据地,中小企业较少,因此该地区对社区银行的需求少,而南部、中部和西部过去是农业地区,目前中小企业和农户的经营仍然十分活跃,所以这些地区对社区银行的需求旺盛。社区银行以特定区域为自己的竞争地,服务地方经济,而地方中小企业及农户的发展是社区银行生存的基础。

3、产品定位

美国社区银行最为突出的特点就是针对客户提供个性化服务。鉴于自身的资金规模,社区银行以向客户提供零售服务为主,包括:中小企业贷款和农业贷款、较低收费的支票和一些投资产品、不同种类的楼宇按揭和消费者贷款产品、较低费用的信用卡和借记卡服务,以及自动提款机和电子银行等服务。同时,社区银行十分注重业务创新,为了在激烈的市场竞争中生存下去,由过去单纯经营存贷款业务转为多元化经营,积极开发信托、保险、证券、咨询等新业务,以满足顾客的多样化需求。

三、管理层次:激励和化解矛盾的企业职工持股制

早在19世纪上半叶,法国空想社会主义者傅立叶就提出职工股份制的理论,实践中也有个别企业进行尝试。20世纪70年代中期以后,职工持股在西方发达资本主义国家获得进一步的发展。

西方国家实行的职工持股制,是在缓解传统劳资矛盾的宏观背景下产生的。进入60年代以来,西方资本主义国家阻碍经济发展的劳资矛盾越来越突出。资本主义私有制下资本家雇佣劳动者,造成资本家独占利润,而劳动者的工资却呈刚性,使得社会财富日益集中在少数资本家手中,社会分配不公日益严重。特别是利润与工资的这种差别,进而导致投资与消费的矛盾,引起经济危机。为此,美国前参议员、律师路易斯·凯尔索(Louis kelso)提出要建立一种法律体系,让劳动者在获得劳动收入之外,还有可能获得资本收入。作为一种解决方式或途径,他开始积极倡导职工持股计划,使得它迅速风行起来,而今这项制度已得到人们更广泛的支持。

根据实行职工持股制的动因,可将实行这一制度的企业大致分为两类:一是为拯救本企业而动员职工持股的公司;二是以大部分美国公司为代表的实施职工持股计划(ESOP)的企业。前者是经营不景气、濒临倒闭的公司,其内部职工通过入股计划购买本企业部分或全部股份,以拯救公司,保住自己的职位。这种由员工重组企业的实例广泛存在于英、美、法等发达国家,并已成为对付经济衰退的一种手段。后者是指公司有计划地组织员工购买本企业股份,让员工分享企业一定比例的财产所有权,以此来促使职工更加主动、勤奋工作,并使员工分享由此带来的经济效益。目前发达的国家的员工持股制多数属于后一种,因为ESOP可以在企业内部建立一种激励机制,能增强员工与企业利益上的认同感。

ESOP有两种主要形式:一是非借贷型ESOP。从公司利润中拿出一部分资金(通过公司章程规定的程序)购买本公司股票或直接由公司提供一部分股票作为职工部分劳动报酬,分到职工个人名下。无论是哪一种,都无需员工个人出资。也有一些并不规范的员工持股计划,如从职工薪水中扣除与股票价值相当的款额,然后把股票分给职工(如美国西南航空公司);给职工发配股证(如百事可乐公司)等等。职工对这些股份的权益逐年增加,通常不超过10年即可获得全部权益。在ESOP中,"职工提供劳动被作为享有公司股权的依据",通常"职工所持股权就按工资水平而定"。ESOP实质是将一部分利润,采用按劳分红的办法实行分配。分配的结果不是直接让职工得到现金,而是一种投资凭证(职工劳动股)。这些股票一般由信托机构或信托人代管,只是在职工退休,达到规定年限离开公司时才交到本人手中,而员工离开时又必须将所持股票卖还给 ESOP,以确保这部分股票始终掌握在内部职工手中。

职工持股制在实践过程中各企业所采取的规定和做法不尽相同,但其基本原则一般有以下三点:(1)参与原则,即要求公司职工广泛参与,至少要求 70% 的职工参与;(2)有限原则,即限制每个职工所得股票的份额;(3)按劳分配原则,凡付出劳动的职工就应获得收入,如同投入资本,就能获取利润一样。此外,一般规定,新职工必须要认购企业的股份。新工人的初始股份一般与其工资水平相适应,必须在规定的认购期购买。

职工持股制没有明确的法律规定,目前仅仅是作为企业内部的一种管理手段,目的是想激发职工的劳动热情,化解日趋尖锐的劳资矛盾。由于不规范,其社会效果就完全决定于管理者的能力水平和价值偏好,所以,西方学者对职工持股制也褒贬不一。尽管如此,这一制度毕竟已在西方各国盛行起来,而且也受到了越来越多的关注。

第二节 日本金融支持市场弱势群体的基本经验

日本市场竞争中的弱势群体所指对象同美国又不完全一样。最大的区别是日本"三农问题"十分突出,所以,我们介绍日本金融支持市场弱势群体的基本经验,就从"三农问题"入手,再讨论其他相关问题。

一、日本的"三农问题"源于日本人的短视

中国的"三农问题"源于中国人的短视,日本的"三农问题"则源于日本人的短视。全世界都在攻击美国农业政策。日本是仅次于美国的发达国家,看看日本的"三农问题",人们不攻击日本的农业政策,偏偏攻击美国的农业政策,这究竟是认识原因还是价值偏好所致,值得当代人反省。

(一)日本存在着的令人担忧的弃耕现象

日本本身就是一个人口多耕地少的国家,现在,耕地面积却还在不断减少。

日本的耕地面积从 1965 年的 600 万公顷减少到 2005 年 469 万公顷,减少了 22％。耕地面积的减少还呈现愈演愈烈之势,1975 年～1985 年间,耕地面积减少 13.5 万公顷;1985 年～1995 年间,减少 24.4 万公顷;1995 年～2005 年间,这一数字更减少 38.6 万公顷(达到了总耕地面积的 8％)。

日本农业耕地面积的另一特点是,农家每户平均耕地面积较小。2006 年日本每户农地面积为 1.8 公顷,而欧盟国家 2005 年平均是 16.9 公顷,美国 2005 年是 180.2 公顷,澳大利亚 2004 年每户有 3423.8 公顷。

日本耕地面积的减少的直接原因,一是农民弃耕而使土地撂荒(为主要原因);二是耕地被用作住宅用地。据介绍,弃耕严重的背后原因包括,日本的土地贵,人力贵,而农产品的价格却相对不高;农民高龄化,而其子女却不想从事农业,农地没有后继耕作者等。

(二)日本农业的后继无人的高龄化倾向

2007 年日本的农业就业人口为 312 万,占日本总人口的 3％左右。在这 312 万农业人口中,真正在农业一线耕作的为 224 万。

日本农业人口有两个特点:一是就业人口不断减少,1965 年日本农业就业人口为 1151 万,到 2005 年减至 335 万,减少了 71％;农业一线耕作者,从 1965 年的 894 万减至 2005 年的 224 万,减少了 75％;总农家户数,从 1965 年的 566 万户减至 2005 年的 285 万户,减少了 50％。二是农业从业人员高龄化。在日本农业就业人口中,65 岁以上的农业从业者,1985 年为 19.5％,1995 年为 39.4％,2005 年达到了 57.4％,目前已经在 59％以上。

(三)日本国民农产品消费完全依赖进口

日本自 1984 年以来,一直是世界第一大农产品纯进口国。2006 年,日本农产品自给率仅为 39％(1965 年为 73％)。从总量来看,2006 年,日本农产品总进口额达到了 5.41 万亿日元约为 3710.34 亿元人民币。

日本进口的农产品品种越来越多,且加工的成品半成品比例大幅度增加。日本进口的多种农产品,对外依赖程度非常高,玉米几乎是 100％依赖进口;大豆、小麦进口率在 90％左右;水果和肉类进口率也增长很快,由 1965 年的约 10％增至 2005 年的 50％左右。日本有识之士担忧,一旦输出国停止供应,对日本的食品供应影响极大。

(四)日本政府亡羊补牢的三农振兴政策

1、解决弃耕背后的制度障碍

最近,日本政府希望通过有力的政策措施来缓解弃耕的情况。2007年日本政府正式开始实施"稳定品种经营对策",这一政策的核心是,对想干农业、能干农业、且耕种面积在一定额度以上的农户(4公顷以上)或村落农业组织(20公顷以上),给予认定(称为认定农业者)。然后以多种政策性补贴资金以及贷款优惠政策向其倾斜,促使农地更多地集中在这些"农业中坚户"手中,而在这些"中坚户"那里,农地一般是不会被撂荒的。

2、引导社会人口向农村流动

为了让更多的人了解农村,走向农村,目前日本主要采取三项措施来引导人们从事农业。一是各地农协积极致力于发展农村医疗、社会福利等各项事业,同时呼吁政府完善农村医疗体制、提供低价房屋和土地。二是鼓励二战后生育高峰期的所谓"团块一代"退休后到农村务农。三是通过组织学生等到农村体验学习,让他们了解农村,增加他们对农村和农业的兴趣,为未来农村增加生力军。

3、调节消费建立多样化农业

建立多样化农业要同调节国民消费偏好相结合。据日本农业人士介绍,自上世纪80年代以来,日本民众的饮食习惯发生了巨大变化,大米消费量大大减少(日本大米价格也因此降了一半,出现供过于求的状况),而畜产品的摄取量大大增加。由于日本的畜产品主要依靠进口,这也就造成了日本进口依赖程度的加剧。为了应对这一饮食结构的改变,日本农业部门主要采取了两项措施:一是增加供给,通过建立多样化的农业体系,控制大米的生产量,鼓励生产多种农作物。二是调节消费。在全国范围内开展"食育"国民运动,出台了"食育基本法",并组织编写《均匀进餐指南》,倡导健康饮食,以实现"日本型饮食生活",减少对进口畜产品的依赖。据了解,目前日本各地农村、学校、地区活动小组组织的"食育"宣传活动越来越活跃。

在国内,为了提高食品自给率,在国际,为了提高农业的竞争力,日本政府和各地农协还做了不少的工作。一是确定"进攻型农政"。改变以往防守型的农业政策,而代之以进攻型的农业政策,开展出口高品质农产品的相关活动。此举的目的之一就是让日本的农产品参与国际竞争,从而推动其提高自身生产效率。二是着眼于鼓励生产高附加值的农产品。其主要从品牌、绿色、文化等多个角度提升其附加值。三是通过是产学研的紧密结合,使农产品更加贴近市场。

一个国家政策向"三农"倾向,就是向环境倾斜,向生态倾斜,向后代子孙利益倾斜,美国的农业政策没有什么可指责的,可取的态度是向美国人学习。

二、日本中小企业提供融资服务的基本做法

1、健全的法律规范,畅通的金融环境

日本是中小企业立法方面较健全的国家之一。二战后,为了解决高速增长的大企业与落后的中小企业"经济双重结构"的矛盾,日本于1963年制定了《中小企业基本法》。这部法律对日本中小企业发展做出了纲领性的规定,被誉为日本中小企业"宪法"。1999年12月,日本政府对其又进行了重大调整。此次调整以使中小企业成为富有机动性,灵活性和创造性的"日本经济活力的源泉"为目的,提出了三方面的扶持重点:一是促进经济革新和创业,扶持企业的自主能力;二是巩固、充实经营基础,继续在资金、人才、技术等经营资源方面提供支持,促进交易公正化;三是建立安全保证网络,使中小企业具备适应环境变化的适应能力。在此基本法的指导下,先后制定了30余个中小企业的专门法律,涉及到金融方面的有《中小企业现代化促成法》、《中小企业金融公库法》、《中小企业信用保险公库法》、《信用保证协会法》等8部。这一套完备的法律制度体系为中小企业的发展提供了宽松而畅通的金融环境。

2、政策性融资机构,民间的融资活动

在日本为中小企业提供资金融通的机构可分为政策性金融机构和民间金融机构两类。全国性政策金融机构有3个,即中小企业金融公库、国民生活金融公库,商工合作社中央公库。中小企业金融公库是日本政府依据《中小企业金融公库法》于1953年设立的。业务范围主要是:提供长期固定利息贷款,提供政策性特别贷款,重点支持新事业,建立新企业,改善经营,开发新技术等活动。国民生活金融公库是由原国民生活金融公库和环境卫生金融公库合并而成,成立于1999年10月,是日本政府专为20人以下的小企业和公民个人提供小额资金支持而设立政策性金融机构。商工合作社中央公库成立于1936年,

是一家半官半民性质的金融机构,股本构成为政府占78％,另外的22％来自中小企业组合机构。除政策性金融机构外,在日本还存在着大量的民间金融机构,如地方银行,互助银行,信用组合和信用金库等,贷款对象主要为会员中小企业和所在地的中小企业。这些民间金融机构的大量存在和蓬勃发展,与政府的积极引导和宽松的监管是分不开的。这些民间金融机构被允许建立全国信用联合会,组成了真正的全国性经营系统,能在更大的范围内进行资金调剂。

3、贷款靠信用担保,风险靠保险公库

为了降低金融机构对中小企业提供金融服务所面临的风险,提高金融机构对中小企业的信心,扩大中小企业信贷资金的来源,日本政府还建立了一套独特而有效的信用担保制度,由信用保证协会和中小企业信用保险公库来运作。信用保证协会是依据《信用保证协会法》设立的,为中小企业提供公共信用保证的政策性金融机构。其设置是按行政区划进行的,每一个地方机构都具有独立的法人资格。信用保证协会的基本财产是由政府出资、金融机构捐款和累计收支余额三部分组成。地方政府根据当地开展中小企业信用保证业务的实际需要,及时给信用保证协会补充资本,开支列入政府预算。各金融机构也根据信用保证协会提出的要求,参照本机构保证额和具体的风险情况向其提供捐款,这项支出直接列入成本费用支出。信用保证协会开展业务是以其基本财产作为信用保证基金,承保金额以基本财产的60倍为法定最高限额。经营资金除基本财产外,还有来自中央和地方的贷款。这些资金由信用保证协会存入金融机构,并据此向金融机构请求对有关中小企业的贷款。金融机构可以向有融资需求但又没有合适抵押物的中小企业提供最高不超过信用保证协会存款7倍的贷款。信用保证协会要和有关金融机构签订贷款担保协议,要求降低对中小企业贷款的利率,而中小企业将按照担保合同向信用保证协会支付每年不高于1％的担保费用。中小企业信用保险公库是日本政府为了保证信用保证协会的正常运作,于1958年出资107亿日元成立的专门对信用保证协会进行保险的机构。按照法律规定,当信用保证协会对中小企业实行信用保证时,只要担保是在法定限额内,则自动取得中小企业信用公库信用保证保险。信用保险协会向保险公库缴纳相当于保证费收入40％的保险费,当保证债务实际代偿后,即如果中小企业到期不能偿还贷款,信用保证协会按照合同替中小企业偿还金融机构的贷款后,保险公库应向信用保证协会支付相当于代偿额70%的保险赔偿金,即信用保证协会只承担30%的损失。代偿发生后,信用保证协会要尽最大的努力向中小企业追回代偿款项,如果款项被追回,70%的保险赔偿金将重新归还给保险公库。

三、日本民间中小银行发展思路和经验教训

与美国社区银行结构功能相类似,日本也有大量的民间中小银行。由于发展思路不同,其结局迥异,这个经验教训值得我们记取。

1、政府严管下的民间中小银行

20世纪80年代前期,日本政府对银行业的管制很严,存款利率限制竞争,地域之间限制竞争等。比方说,中小银行多余的钱可以拆借给都市大银行,而都市大银行的钱却不可以存入中小银行。在这一时期,严格管制使地方中小银行获得了良好的发展环境,与都市银行之间一贯保持着利益平衡关系。

2、金融自由化中的民间中小银行

日本从20世纪80年代开始,加快了以取消银行经营业务范围限制和实行金融业务的自由化、利率自由化、国内外资金交流自由化为核心内容的金融自由化的步伐。在这个过程中,地方中小银行吸纳社会闲散资金,为振兴地方经济做出了自己的贡献,因此有"故乡银行"的美誉,同时,对地方引进外资也起了促进作用。其祸根也就在这时候埋下了,中小银行与都市大银行相比,失了自我。

3、经济泡沫破灭后的中小银行

20世纪90年代至今,日本经济泡沫破灭后,进入了萧条时期。地方中小银行的经营状况受到严重影响,不良贷款和经营亏损增加,自有资本下降,几乎到了一蹶不振的地步。

日本民间中小银行到了今天这样的艰难处境,除了"倾巢之下无完卵"这个因素之外,自身的发展思路也存在很大问题。美国社区银行采取的是典型的"求异型战略",在目标客户、服务区域及业务的选择上突现自身特色,与大银行形成互补之势,从而提高了自身的竞争力,获得了良好的发展;而日本地方中小银行由于种种原因偏离了"求异型战略"方向,虽然在服务区域的选择上体现了自身的特色,但在目标客户的选择上出现了偏差,业务选择上与都市大银行趋

同,业务创新方面能力较弱,影响了自身的发展。

第三节 金融支持市场弱势群体国际比较与选择

市场竞争中的弱势群体生存和发展道路上的金融支持,了解了孟加拉国小额信用贷款经验,介绍了发达国家美国和日本由政府直接出面干预和发展民间中小银行的经验。我们只要采取解放思想、实事求是的科学态度,通过比较,对这些基本经验的长短优劣不难识别,什么经验才适合中国国情,什么经验又不适合中国国情,应该说也不难选择。

一、小额信用贷款高利贷和高还贷率不可取

小额信用贷款,20%以上的高利贷利率,98%以上的高还贷率,为什么不可取,我们在前面几章已经分析了。这里重提"旧话",是从实证角度进一步强调这个问题。美国也好,日本也罢,它们不但没有高利贷放款,也不追求高还贷率,相反,有时还由政府出面提供长期低息贷款,风险损失也主要由信用担保机构承担。

中国主流经济学家十分强调与国际游戏规则接轨,而美国的游戏规则常常又成为国际游戏规则的代名词,那么请问,在这里我们为什么又不同美国的游戏规则接轨,进而也就实现了与国际游戏规则接轨的目的,却偏偏要同带有封建割据色彩的游戏规则接轨,且还要使之在中国合法化?

二、发达国家强化政府干预不合国情和时情

为缓解市场竞争中的弱势群体融资难问题,美国政府和日本政府都直接干预了,要么借款,要么担保,这个经验不值得借鉴和推广。

1、政府直接参与金融活动是无可奈何的选择

政府直接参与金融活动,有两个历史前提。一是市场竞争中的弱势群体特别是中小企业在国民经济和社会发展中的地位越来越重要,并被社会广泛认同。比如美国,现有中小企业 2140 多万家,占了全美企业总数的 99%,中小企

业就业人数占总就业人数的60%,新增加的就业机会有2/3是由中小企业创造的,中小企业的产值占国内生产总值的40%。更重要的是,中小企业有很强的创新能力,美国有一半以上的创新发明是在小企业实现的,小企业的人均发明创造是大企业的两倍。美国总统布什就说过:"小企业是美国经济的心脏。"二是融资难制约着市场竞争中的弱势群体的生存和发展。市场竞争中的弱势群体经营规模小,居住分散,信用度低,贷款风险大,政府不直接参与到金融活动中来,这个矛盾确实无法解决。

中国为什么不能借鉴发达国家政府直接参与金融活动的经验呢？因为时代不同了。小额信用贷款创造的"联户担保、分期还款"经验,能保证银行的钱"贷得出去、收得回来",解决了发达国家当年面临的矛盾,我们没有必要照抄照搬它们的经验。

2、惯性会使政府直接参与金融活动职责不清

所谓惯性会使政府直接参与金融活动职责不清是指,中国原来选择的是计划经济体制,市场经济体制只能说是经济改革选择的方向,离真正的市场经济体制还远得很。其中重要原因之一,是我们的政府官员长期生活在计划经济体制内部,习惯于亲手亲为,包办代替,现在再强调政府直接参与金融活动,必然重复过去的种种做法,其后果肯定是职责不清,工作效率低下,因为这样做与社会分工原理相悖。

我国各级和各地政府官员到美国和日本考察,都对政府直接参与金融活动特别感兴趣,其偏好就是惯性的自然流露。其实,不管是美国还是日本,政府直接参与金融活动只是一种政治姿态,是一种导向。美国中小企业融资活动,政府资助即由中小企业管理局向中小企业提供的直接贷款,大约占中小企业融资总额的1%；政府出面担保,从1980年至1998年共计18年间,中小企业管理局共提供28万笔担保贷款,总额达410亿美元,可美国的中小企业是2140多万家！真正能解决一点问题的还是民间中小银行,但从根本上说来,市场竞争中的弱势群体融资难问题仍未解决。

3、诱惑会使政府直接参与金融活动以权谋私

权力本身就存在以权谋私的诱惑,政府直接参与金融活动,实际是让权力和资本融为一体,这是制度设计缺陷,作为一般人来说,很难不受诱惑。邓小平说:

"制度好可以使坏人无法任意横行,制度不好可以使好人无法充分做好事,甚至会走向反面。"权力和资本融和就是一个使好人走向反面变坏人的腐朽制度!

三、金融体系症结,关键在观念,出路在机制

中国金融体系的症结,一是结构畸形,二是功能紊乱,三是机制失调。

中国金融体系结构畸形主要表现在两方面:一是只允许政府办大银行,不允许民间办中小银行;二是允许外国金融资本在大陆活动,却不承认本国金融资本在大陆的合法地位。

中国金融体系功能紊乱表现为"三重歧视"(所有制歧视、规模歧视、苦力歧视),与西方国家比较,"所有制歧视"是中国金融体系特有的。

中国金融体系机制失调是指科学发展观在金融系统成为一句没有实际意义的空洞口号。

所以我们说,解决中国金融体系的问题,关键在观念,出路在机制。或者说是,继续解放思想,深化金融体制改革。

四、"小额贷款"与"次级贷款"风马牛不相及

美国"次级贷款"引爆全球金融危机,引起一些人对小额信用贷款的疑虑和担忧。"小额贷款"与"次级贷款"风马牛不相及。

第一,对象不同。"小额贷款"对象是市场竞争中的弱势群体,"次级贷款"的"次"是指那些没有信用等级可查考和不讲信用的市场活动主体。"小额贷款"用于生产和交换,而"次级贷款"却是用于资本市场,用"小额贷款"的眼光来看属于违规贷款。

第二,机制不同。"小额贷款"为保证"贷得出去、收得回来、效果好",有一整套的制度规范。"次级贷款"能贷出去就行。

第三,目的不同。"小额贷款"目的是为了发展生产,壮大经济。"次级贷款"目的是为了有人去购买金融衍生品,为上市公司制造一个庞大客户群,所以,贷款者如果不会弄虚作假,信贷员还会主动帮忙做假。

第四编 国民经济与政府职能

核　心　提　示

　　政府职能科学定位,核心是各种社会活动主体之间的合理分工,不存在姓"资"还是姓"社"的问题。

　　一是分权,邓小平在《党和国家领导制度的改革》讲话中提出的分权问题,说的是执政党在"一元化"口号下,不适当地把政府的权力归入党委。分权的"权"指的是权力。二是放权,放权是管理体制内部涉及到的问题,具体是指国务院同地方政府的关系。政府承担经济社会发展的规划、监督和矫正职能,中央政府必须调动和发挥各级地方政府的积极。放权的"权"指的是工作职权。三是还权,还权就是国家应把普通民众生存和发展的生产资料所有权无条件地归还给普通民众,当然还包括教育、科学、文化、艺术等社会活动主体的权利。还权的"权"指的是权利。中国现存的生产关系,民族资本家的权利归还了;农民的权利只归还了经营权,还没有归还所有权;工人的权利没有归还,仍在政府手中。四是复权。复权的"权"指的是权威,针对的是改革开放过程中理论和实践上的一个重大误区。人们把中央集权制与专制独裁两个风马牛不相及的事情混为一谈。中央集权制就是中央权威制,而专制独裁是权力不受任何约束的社会现象。中央集权制是中华民族统一、强盛的法宝,万万不能丢。什么"分灶吃饭",什么"市管县",什么"省管县",矛头所向是中央集权制,而根基则是分封割据制。

第十六章　微观经济、宏观经济与国民经济

如何给微观经济、宏观经济和国民经济的行为主体科学定位并准确规范其社会功能，这不但是当代资本主义制度下国民财富生产过程面临的基本问题，也是当代社会主义制度下国民财富生产过程面临的基本问题，因此，我们就选择不涉及姓"资"姓"社"问题的一般经济社会结构模型作为探索上述问题的分析工具。

第一节　社会经济结构及其分析工具

一、一般社会经济结构模型

一般社会经济结构模型指的就是马克思发现的历史唯物主义。马克思在《"政治经济学批判"序言》一文中，对人类经济社会结构做了准确的描述："人们在自己生活的社会生产中发生一定的、必然的、不以他们的意志为转移的关系，即同他们的物质生产力的一定发展阶段相适合的生产关系。这些生产关系的

总合构成社会的经济结构,即有法律的和政治的上层建筑竖立其上并有一定的社会意识形式与之相适应的现实基础。物质生活的生产方式制约着整个社会生活、政治生活和精神生活的过程。不是人们的意识决定人们的存在,相反,是人们的社会存在决定人们的意识。社会的物质生产力发展到一定阶段,便同它们一直在其中活动的现存生产关系或财产关系(这只是生产关系的法律用语)发生矛盾。于是这些关系便由生产力的发展形式变成生产力的桎梏。那时社会革命的时代就到来了。随着经济基础的变更,全部庞大的上层建筑也或慢或快地发生变革。"

二、社会经济结构模型解读

我们在第七章"微观经济功能定位"中,对马克思揭示的社会经济结构作了如下解读:

生产力、生产关系(经济基础)和上层建筑,在社会经济结构中,是相对稳定的物质要素,是社会经济的深层结构,社会各个系统的职能(功能)决定于社会经济的深层结构。生产关系所有者派出专家内行作他们的代理人,组织生产力,反映生产力与生产关系的愿望和要求,并协调两者关系所进行的活动,就是经济管理;同理,联系经济基础与上层建筑所产生的活动,就是行政管理。经济管理和行政管理,在社会经济结构中,是传递物质要素作用力与反作用力的中介环节,是社会经济的浅层结构,通常又称社会经济的运行机制。分析、解剖现代社会经济结构,我们不难发现,经济管理活动的行为主体就是现代企业家;不言而喻,行政管理活动的行为主体,就是各种官吏,或曰公务员。行政管理古已有之,经济管理则是伴随近代社会化大生产而出现的社会现象。当生产者是"自己指挥自己"时,社会没有经济管理这种专门职能;只在出现规模经营,社会生产需要"乐队指挥",且"两权分离"也普遍化时,经济管理才作为一种独立的社会职能发挥自己的作用。其结构模型如下图:

第四编 国民经济与政府职能

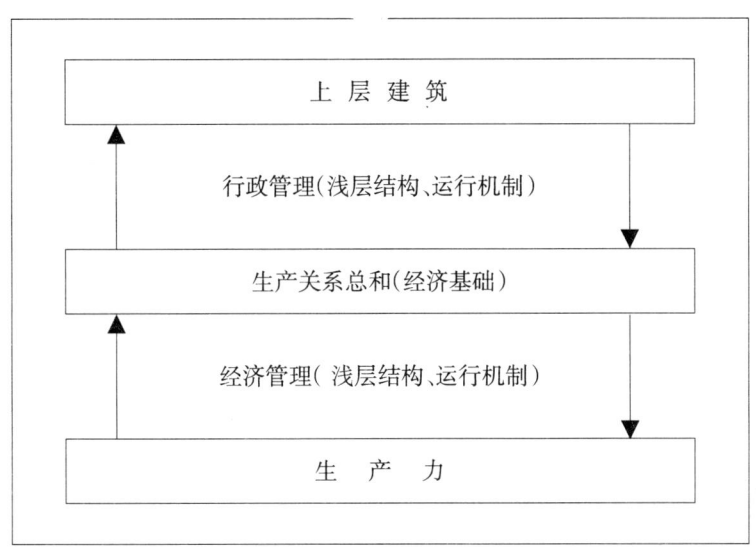

我们说这个结构模型不涉及姓"资"姓"社"问题,不仅是因为获得结构主义和系统论领军人物的肯定性评价,诺贝尔经济学奖得主、产权理论大师诺斯在他的《经济史中的结构与变迁》一书中也高度评价马克思的历史唯物主义:"在详细描述长期变迁的各种现存理论中,马克思的分析框架是最有说服力的,这恰恰是因为它包括了新古典分析框架所遗漏的所有因素:制度、产权、国家和意识形态。马克思强调在有效率的经济组织中产权的重要作用,以及在现有的产权制度与新技术的生产潜力之间产生的不适应性。这是一个根本性的贡献。"

第二节 社会主义经济结构与改革

一、社会主义经济制度的一般结构模型

中国传统的社会主义社会经济结构,上层建筑与经济基础、政治权力与经济权利是合为一体的,城市的表现形式是"政企不分",农村的表现形式是"政社合一",用图形表示就是:

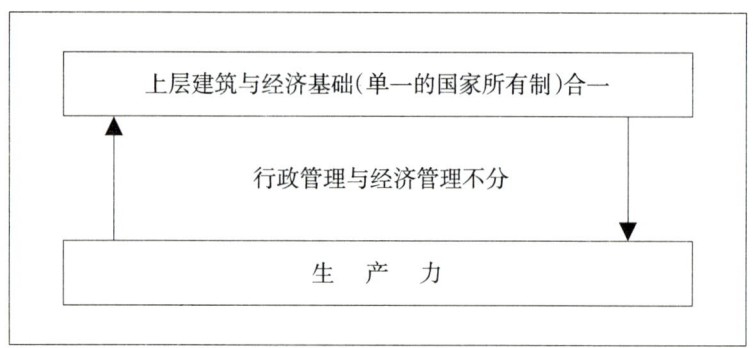

所谓生产关系"缺位"和社会经济结构严重扭曲,指的就是这种社会经济结构。这种结构里,上层建筑(政府机构)直接作用于生产过程,对生产力进行组织和协调,社会只有行政管理没有经济管理,或者说经济管理与行政管理合二为一了。我们用三个案例具体说明,社会经济结构严重扭曲、只有行政管理没有经济管理意味着什么。

案例一 农民怎样插秧种田

农村在没有插秧机的时候,为了保证所插秧苗分布均匀,避免出现"牛滚凼",农民的办法既简单且有效。小水田或窄水田,几个人分先后下田,顺弯滚弯,插完之后,除了个别角落需要补几苗之外,总的还算还可以。困难的是几亩或十几亩的大水田,怎么让所插秧苗分布均匀?一般情况是这样,找两个经验丰富的插秧高手,一人看,一人在田里插,笔直地把田分做两半边,其余的人就从中间向两边展开,结局肯定不错。

1958年人民公社化时,国家组织城里人下乡支农,城里人不会插秧,就用两个人拉一根绳子,大家挨着绳子插秧,既直且还能保证下插秧苗的方向性。1959年,政社合一的人民公社就推行这个"先进"经验,强制所有农民拉着绳子插秧。情景的确十分壮观。几十个人排成一排,插得快的等插得慢的插完之后,大家一声吼,伴着绳子退后一步,再接着插。一季秧苗插下来,4个月还不能完工。1959年确实有旱灾。前面半个月插下去的少量秧苗,收获的是稻谷,后面种下去的多数秧苗,收获的还是秧苗!"三年困难"时期,几千万无辜饿殍,我们究竟是怪天灾,还是怪人祸?

案例二　农产品的流通过程

1969年,本人大学毕业分配到一家距贵阳市有80公里路程的军工厂,工厂在山沟里头,围墙外边住的就是农民。我读的专业是政治经济学,却无法解释与农民生活直接相关的粮食流通过程。每年到了秋季,你会看见农民成群结队地把粮食背到公社粮库,时间过去不到3个月,到了腊月或第二年的正二三月,你又会不时看见农民络绎不绝地把粮食从公社背回去。当时就想,这是何必呢?既然农民粮食不够吃,秋收就没有必要强行农民把粮食交给国家;现在看到农民活不下去了,国家发救济粮,又让农民把粮食背回去,这背来背去的不浪费人力吗?1982年,我到贵州省委党校理论研究班学习,向老师请教这个问题。老师说,"背来"和"背去"意义不同,"背来"强调的是农民对国家的义务,"背去"体现的是党和政府的关怀和社会主义制度的优越性。我问:这不造成人力的浪费吗?老师说,我们算账,不能只算经济账,首先要算政治账。

2002年,国家开始算经济账了。国家每年收缴农业税有380亿元,而农民承担的税费负担是1200亿元,为了减轻农民负担,于是国家进行税费改革。税费改革目标是,去掉不合理的费,税收修改为750亿元,并强化征管。笔者当时对税费改革做了一个课题。国家为了收缴农业税,我们算了三笔成本:一是生产成本(税务所和税务人员的支出);二是交易成本(收缴农业税所花的宣传和监督费用);三是机会成本(国家为收缴农业税所花的人力、物力和财力,转而用去打击走私、贪污和盗窃而获得的收入),不管是380亿还是750亿,国家是"拣了芝麻、丢了西瓜"。

时间到了2005年,国家取消了农业税,不管是算经济账,还是算政治账,应该是"赢双"吧!

案例三　工业"大三线"布局

现在,时不时看到理论分析文章说,1978年以来中国经济建设取得的成就不能算到改革开放的头上,计划经济时期已经给中国打下了现代工业的基础,改革开放拣了个便利。我们是过来人,多少有些发言权。本人原来在国营3037厂工作,3037厂是011系统下面的一个分厂。011系统是由沈阳、哈尔滨、株洲三家合建的一个军用飞机制造厂。011系统下面41个分厂,北边钻进遵义县的山沟里,南边钻进镇宁县的山沟里,西边钻进大方县的山沟里,011系统遍布半个贵州省。

要说当时国防工厂的工人,干活真的很玩命。我们经常三班倒,特别是从深夜1点到早晨8点那一班,太难受了,一个星期下来,身体就像散了架一样,而且加班更是家常便饭,我记得最久的一次是在磨床旁边站了36个小时。现在回过头来看,作为个人,我们无怨无悔,问题在于,十几万人拼命工作了十多年,也许对产值有所贡献,每年的GDP或许也有我们的份,可没有1架军用飞机是通过我们之手飞上天的呀!这能不叫人沮丧?! 1958年大炼钢铁我们也有幸参与了。那时候,还是中学生娃娃,我们背木炭上山,居然有那种本事,一边走路还能一边打盹睡觉!1070万吨钢材是什么东西大家已经明白了,却有人说"计划经济时期已经给中国打下了现代工业化的基础",实在是弄不明白。

二、解放思想 深化经济改革 深向何处

(一)社会经济结构的"红线"

1980年,邓小平在《党和国家领导制度的改革》讲话中,借用毛泽东的话说,前苏联"肃反扩大化"和中国"文化大革命"在英、法、美这样的西方国家不可能发生。我们用一个历史故事说明为什么,再研究什么是社会经济结构的"红线"。

众所周知,"二战"时期是丘吉尔领导英国人民战胜了德国法西斯。按照我们的说法和逻辑,丘吉尔在危难之际挽救了英国,"二战"结束,丘吉尔理所当然是英国的领袖。历史给丘吉尔开了个玩笑,竞选的结果,丘吉尔落选了。丘吉尔同普通人一样,很伤心地哭了,但他随即又笑了。他很欣慰英国人民成熟了,知道怎样选择自己的领袖。后来,丘吉尔调整了极端仇共的冷战思维,又才重新当选首相。

丘吉尔的故事告诉我们,英、法、美不会出现前苏联"肃反扩大化"和中国"文化大革命"这样的事件,除了他们法制建设比较完善之外,更为根本的原因是社会经济结构没有扭曲。公共权力没有掌握和控制整个社会的物质财富。反观历史,一旦公共权力掌握和控制社会物质财富,社会灾难必然降临。中国

封建社会发展史证明了这一点,每当封建官吏大量霸占土地,就必然民不聊生,社会动荡不安,战祸连年。近代资本主义发展史也证明了这一点,因为"二战"的德国和日本,社会经济结构的突出特征就是公共权力掌握和控制社会物质财富。社会主义发展史就不介绍了。所谓社会经济结构的"红线"就是公共权力不能掌握和控制社会物质财富。上层建筑和经济基础不能合二为一。无论谁,无论打着什么旗号,只要踏过这根"红线",什么人间悲剧都可能上演。用这根"红线"可以解释前苏联的"肃反扩大化"和中国的"文化大革命",也可以解释中国当前遏止不住的官场腐败现象。

(二)生产关系复位障碍及排除

中国深化经济改革,深向何处?简单一句话,国家所有制的性质和作用需要重新认识。国家所有制与社会主义制度没有必然联系。生产关系复位,恢复生产关系作为民事行为主体交往关系的本来面目。政府必须从掌握和控制社会物质财富这根"红线"退回去。上层建筑就是上层建筑,经济基础就是经济基础,不能混为一谈。

下面是目前一些人为坚守这根"红线"设置的各种障碍,都应该排除。他们说:

1、没有国家所有制,共产党的执政地位就失去物质基础

任何政党要想取得执政地位并能巩固下去,只能依靠自身路线、方针、政策是否科学,是否英明,是否代表绝大多数人民群众的根本利益,而不是通过国家机器把社会物质财富牢牢地控制在自己手里面。前苏联、东欧国家的共产党通通失去执政地位,说明这东西靠不住;国民党在中国台湾被民进党赶下台,其要害就是"党产"问题;2008年,国民党在中国台湾重新获得执政党地位,"党产"不但没有被强化,反而要进一步"切割";等等。我们还可以举出无数事实证明,一个政党把社会财富掌握和控制在自己手中,不但不能巩固执政地位,反而是失去执政地位的根本原因。

2、建立国家所有制,体现共产党代表劳动人民根本利益的要求

这种说法表面似乎有理,实际荒诞得很。第一,共产党代表劳动人民的根本利益不能蜕变为代替劳动人民的根本利益。资产阶级政党代表资产阶级的根本利益,如果资产阶级也学我们,把物质财富让渡给他们的代表,资产阶级也就一无所有了。科学史上没有这种"委托代理"关系。第二,所谓共产党顾名思义是指,无产阶级政党率领劳动人民"共"剥削阶级的"产",然后归还劳动人民;共产党不能"共"劳动人民的"产"(赖以生存和发展的物质条件),这是共产党同"刮民党"的根本区别。

3."非国有化"后职工当家作主会导致"内部人控制"

提出这种责难的人根本就没有搞懂什么是"内部人控制"。"内部人控制"理论是日本经济学家青穆倡彦提出的,指什么现象呢?主要指上市公司出现的损害投资者利益的一种经营状态。上市公司某些少数高层管理人员勾结起来,用欺诈或其他非法手段损害公司利益,投资者在外部无法实现有效监督,而知道他们犯罪行为的内部职工因为与自身利益没有直接的关联,也就睁一只眼闭一只眼、多一事不如少一事,所以,"内部人控制"问题正好说明资本家私人私有制和国家私有制走到了历史的尽头。确认每个职工在企业中的"三重身份"(生产要素、合作者和投资者)之后,职工同外部单纯的投资者之间肯定有矛盾,但这种矛盾与少数人经济犯罪的所谓"内部人控制"问题,根本就是牛头不对马嘴的事情,不能扯到一起。

4."非国有化"后职工当家作主常常干扰经营管理决策

这个问题另外一种表述是:老板不会当老板怎么办?我们到企业调查也多次遇到这个问题。有些职工持股会的职工不明事理,为了个人私利无理取闹,胡搅蛮缠,以为自己是老板了就可以为所欲为,妨碍了企业的日常管理工作。这是众多职工持股会夭折的基本原因。其实,老板不会当老板的问题一句话说不清楚。地主、资本家当了几千年、几百年的老板,就会当老板了?就会掌握和运用两权分离了?美国汽车大王福特三世,担心总裁功高盖主,就不明不白地炒了亚可卡的鱿鱼,我们是不是也要把福特三世从老板位置上撵下来?如果从1917年十月革命计算起,政府当老板差不多有一百年的历史了,政府就会当老板了?就会掌握和运用两权分离了?烟草大王储时健不能善终,是怪储时健道德太低下,还是怪他的老板太混账?谁能说清楚?社会经济结构模型和社会经济学提出的反问是:职工在公司该不该当老板?如果答案是肯定的,那么社会就应该公平地给他们机会和时间,学习、培养、锻炼,他们逐渐地就会懂得怎么当老板了。

第四编　国民经济与政府职能

第三节　宏观经济归类及其与微观经济国民经济的关系

一、宏观经济关系就是物质生产过程的信用关系

宏观经济不属于生产力之内的关系范畴,这个没有争议。如果按照当代西方经济学的分类,把政府当作宏观经济的行为主体,那么宏观经济就属于上层建筑之内的关系范畴了。我们在第一章"国民财富研究"中曾问到:"厂商、家庭属于经济系统,政府属于行政系统,这是性质完全不同的两个独立系统,怎么能进行量的比较和分析呢？何处来的'大'与'小'的关系？又何处来的'上'与'下'的关系？"很明显,宏观经济不能归类型为上层建筑之内的关系范畴。通过排除法,宏观经济只能属于生产关系之内的关系范畴了。

生产关系是人们在物质生产过程中结成的一种社会联系,包括的具体内容,目前有两种理论概括。第一种是我们比较熟悉的斯大林的"方面法",(一)生产资料的所有制形式;(二)由此产生的各种不同社会集团在生产中的地位以及他们的相互关系,或如马克思所说的,"互相交换其活动";(三)完全以它们为转移的产品分配形式。第二种是马克思的"过程法",生产、分配、交换、消费及它们之间的关系。

中国改革开放后,社会经济发展抛弃了斯大林创造的"苏联模式",于是,斯大林对生产关系的分析也受到批判,说他太突出生产资料占有方式在生产关系中的地位和作用了,人们研究生产关系的重心就从斯大林的"方面法"转移到马克思的"过程法"上面去了。问题并没有那么简单。斯大林"方面法"出现的背景是社会主义制度和资本主义制度作为客观存在,需要人们进行理论上的概括和说明。斯大林理论上的根本错误是把国家所有制、计划经济和按劳分配"三位一体"作为社会主义制度的本质特征,而"方面法"本身没有什么问题,他突出生产资料占有方式在生产关系中的地位和作用就更没有什么问题了。《共产党

宣言》这样宣称："共产党人到处都支持一切反对现存的社会制度和政治制度的革命运动。在所有这些运动中，他们都特别强调所有制问题，把它作为运动的基本问题，不管这个问题当时的发展进程怎样。"所有制问题也是中国经济改革的基本问题，农村就是废除人民公社，城市就是废除国家所有制，因为国家所有制没有从根本上废除，所以经济改革就有半途而废的危险。马克思的"过程法"服从于揭示资本主义本质这个目标。生产、分配、交换、消费是社会生产总过程的四个相互联系的环节，是相互依赖、相互制约的关系，可是，资本主义生产总过程的四个环节却经常被打断，出现周期性的经济危机。现在我们选择市场经济，马克思的"过程法"仍然是我们观察社会经济生活十分有用的分析工具，但不能代替斯大林的"方面法"。

信用关系也是人们在物质生产过程中结成的一种社会联系，所以信用关系属于生产关系之内的关系范畴。我们研究信用关系，既不用马克思的"过程法"，也不用斯大林的"方面法"，而是在这两种方法的基础之上运用"整合法"。信用关系经历了三个大的历史发展阶段。最初是在邻里之间、商品生产者之间发生的直接的相互赊欠行为。其实，这种相互赊欠行为现在还存在。发展到后来就是专门机构的借贷活动，专门的借贷机构分两种：一种是带高利贷盘剥的钱庄，另外一种是低息贷款为资本主义发展提供强大动力的现代商业银行。第三个阶段，就是中央银行出现之后，通过调节和控制，对物质生产过程进行有意识的整合。

生产关系中的信用关系从相互赊欠开始，经历专门机构的借贷活动，最后进入有意识的调节和控制活动。整个演化过程向我们清晰地展示了，社会化程度越高，生产关系中的信用关系对经济的整合作用，就越来越突出，越来越重要。宏观经济的基本职能就是运用信用关系对整个经济进行整合，所以我们说，宏观经济关系就是物质生产过程的信用关系。

二、西方宏观经济理论再批判

（一）凯恩斯播下的是龙种，收获的也是跳蚤

马克思生前对他学说的遭遇曾用戏谑的语气说到："我播下的是龙种，收获的却是跳蚤。"西方业界所说的"凯恩斯革命"与马克思学说的遭遇恐怕差不多，

凯恩斯播下的龙种，收获的也是跳蚤。

首先，我们要弄明白"凯恩斯革命"播下的是什么样的龙种。从历史唯物主义揭示出的社会经济结构"红线"观察，新古典主张政府和市场要有严格的分工，这个没有什么疑问。问题出在以下两点。一是把问题绝对化了。经济危机爆发之后，市场（家庭和企业等）已经丧失信心，无能为力维持正常的生产和交换活动，需要外力帮助的时候，新古典还死抱住"市场神话"不放，鼓吹市场依靠自己的力量，能实现供给与需求的平衡。二是把意识形态放在高于一切的地位。20世纪30年代，希特勒搞国家社会主义，政府掌握和控制整个社会的物质财富；苏联斯大林的社会主义模式，也是由政府掌握和控制整个社会的物质财富。于是，新古典把政府直接参与物质生产活动与德国法西斯和苏联共产主义等同起来，拼命反对政府干预。凯恩斯伟大之处就在于，不受传统观念和意识形态的束缚，从实际出发，从解放、发展和保护生产力出发，用大批企业倒闭和工人失业等客观事实，否定"市场神话"。对于政府的干预，用邓小平的话来说："计划多一点还是市场多一点，不是社会主义与资本主义的本质区别。""计划和市场都是经济手段。"所以凯恩斯大胆主张："因为要使消费倾向与投资引诱二者互相适应，故政府机能不能不扩大，这从19世纪政论家看来，或从当代美国理财家看来，恐怕要认为是对于个人主义之极大侵犯。然而我为之辩护，认为这是唯一切实办法，可以避免现行经济形态之全部毁灭；又是必要条件，可以让私人策动力有适当运用。"在当时那种历史条件下，后人把凯恩斯的理论主张冠名为"凯恩斯革命"并不为过。

其次，我们再看凯恩斯收获的是不是跳蚤。如果一户居民家里遭遇突然失火，或房屋突然漏水，或闯进抢匪、或钻进小偷等天灾人祸，自己又无力消除，邻里出手帮助战胜了灾祸。可问题来了。出手帮助的邻里发现这家很富裕，很有钱，就寻找各种借口，比方说，又失火怎么办？房屋再漏水怎么办？抢匪和小偷再光顾怎么办？总归一句话，赖着不走了。相似的情景出在政府身上。经济危机爆发，市场（家庭和企业等）处在危难之际，政府及时援手了。政府援手过程中有种新感受，手中既有权又有钱，既能升官又能发财，就一个字"爽"！政府呆在市场不走了。打着凯恩斯主义旗号的宏观经济学降生了。西方宏观经济理论是政府赖在市场不走、与民争利的一大堆借口。西方宏观经济理论就是一只跳蚤！

(二)宏观经济的行为主体，西方也十分尴尬

如果涉及具体的社会行为主体之间的关系，西方宏观经济理论更是漏洞百出。前面我们分析了，家庭、企业等微观经济活动主体与政府不是一个系统，按照历史唯物主义揭示的社会经济结构模型，也不在同一个社会层次，既不存在上和下的关系，也不存在大和小之间的关系。就宏观经济行为主体自身来说，新凯恩斯主义的领军人物斯蒂格列茨这样说："我时常将金融比作经济的'大脑'，它一方面聚集储蓄，另一方面又对之进行分配，形成生产力。"这个比喻太失水准了。谁都清楚，金融(银行)输送的是种物质(货币)，且这种物质(货币)还具备能量传递职能，而"大脑"传输和处理的是信息。可控制论创始人维纳说："信息就是信息，不是物质也不是能量。"如此看来，金融(银行)只能比作经济的"心脏"，不能比作经济的"大脑"，而大脑及其中枢神经系统功能与政府系统功能类似。

(三)中国理论界望文生义，中观经济的出现

望文生义，跟风，追赶时髦，作为年轻人何尝不可，比如各种各样的"粉丝团"，作为学术理论界恐怕不能有这种风气。西方宏观经济理论传入中国，人们就按照字面理解：既然有宏观，宏观之上，必然有宇观；宏观之下，必然有中观；中观之下才是微观。中国就有学者出来创造中观经济学和宇观经济学了。

其实，我们只要稍微花点工夫了解量子力学发展史，就不会去做这种劳而无功的事情了。宏观就是探索天体宇宙运行规律的研究方法，微观则是探索基本粒子世界运行规律的研究方法。宏观世界物体运行规律是确定的、测得准；微观世界物体运行规律不确定、测不准。微观世界物体运行规律不确定、测不准，这在自然科学界没有分歧，为什么不确定、测不准，爱因斯坦和以玻尔为首的量子力学主流派辩论了30多年，认识也没有统一。所以，宏观和微观是从物理科学衍生出来的观察客观世界的研究方法，如果要把这种研究方法延伸到社会科学领域，就目前看有两点是需要注意的：一是不能望文生义，不能别出心裁地杜撰出一个什么宇观和中观出来；二是特别注意社会科学领域的观察对象离不开人，每个人都有自身的物质利益且有自由意志。根据这两条，我们不讨论什么宇观经济学，只讨论中观经济学。因为中观经济学不仅涉及过去"分灶吃饭"的财政体制,还涉及省、县两级职能定位和整个政府职能改革的走向。

1、中观经济学的研究状态

据介绍,"中观经济"这个概念是20世纪中叶,德国爱登堡大学的国民经济学教授汉斯·鲁道夫·彼得斯博士首次提出的。80年代中期,中国学者王慎之出版了《中观经济学》一书,2006年,周扬明等人又出版了《中观经济本论》一书。

2、中观经济学的概念游戏

中观经济学的基本概念由空间、结构、环境、效益、公益、发展、规划和管理等构成。写作的基本方法是,先说西方经济学对这些概念没有涉及或者是研究得很不够,然后就论证这些概念是如何重要。比方空间概念,说西方经济学只重视时间概念,"使得空间概念这一理论范畴与传统经济学失之交臂"。说话太不负责任了。微观和宏观取的角度不是空间难道是时间?再比如结构,虽然讲了些新名词,也提出了一些有意义的问题,如果说西方经济学没有研究这些问题,恐怕证据不足。马歇尔《经济学原理》一书中的第四篇"生产要素—土地、劳动、资本和组织","组织"讲的就是结构问题,而且比"中观经济学"讲的深刻得多。其他概念不值得分析了。

3、"中观经济"思维方式在实践中的影响

中国旧体制的一个重要特征是中央高度集权,为了调动地方的积极性,改革往往在宏观和微观之间以"中观"为突破口。中国20世纪80年代财政体制的"分灶吃饭"和当前区域经济领域的"发展壮大县域经济",就属于"中观经济"思维方式在实践中的表现形式。"分灶吃饭"已经取消不讨论了,"发展壮大县域经济"是热门话题。1998年12月,中郡县域经济研究所成立,刘福刚任所长。该所是全国唯一一家专门从事全国县域经济研究和服务的独立性社会机构,被称为中国县域经济第一所。中国共产党十六大和十七大报告中都有"壮大县域经济"的提法,县域经济问题更值得关注了。

县域经济与"三农问题"、社会主义新农村建设和城乡统筹有直接的关联,受到最高决策层的重视是理所当然的事情。把县域经济作为一个经济实体来处理,会不会带来"分灶吃饭"的社会后果?比如地方保护,地方割据,有令不行,有禁不止,不惜代价招商引资,不计后果大搞工业等行为,这是很难把握的事情。看看百强县的排行榜,县域经济的发展方向不能不令人担忧。百强县排名第一的就是江苏省的昆山县,为什么排名第一?不就是有个工业园区,引进了以台资为主体的大批外资吗?从整体来说,究竟有多少推广价值?这个问题还在其次,最主要的问题还在于,"壮大县域经济"作为社会经济发展目标,"壮大"了的好说,没有"壮大"的就得有人出来"背书",承担责任和后果,那么"上有政策、下有对策"这个当代中国特有的奇怪现象,就会经由"分灶吃饭"到"壮大县域经济"一直传递下去。道理很简单。作为行政系统的活动主体及其行为,县对省、省对国务院,确实存在一个下级服从上级和政令畅通的问题,但是,当"分灶吃饭"和"壮大县域经济"把各个行政活动主体变为市场活动主体之后,这就是我们在商品交换中常见的讨价还价亦即博弈关系,"上有政策、下有对策"又有什么错?

由此观之,"中观经济"思维方式在理论上一窍不通,在实践中十分有害,应当引起理论研究工作者的高度重视。

三、微观经济、宏观经济、国民经济的各自内涵

(一)微观经济与微观经济学

微观经济是指直接从事国民财富生产和交换过程的个人、家庭和企业,微观经济学就是以他们的生产和交换活动为考察对象而形成的知识体系。具体涉及的产出、就业、价格、工资、福利、激励、竞争、垄断、联合、技术结构、产品结构、规模结构、生产成本、交易成本、机会成本等,都是围绕人类与自然如何交换这个主题而展开的,目标是收益最大化。在一般社会经济结构模型中,微观经济属于生产力层次的关系范畴。

(二)宏观经济与宏观经济学

宏观经济是指现代社会化生产条件下地位和作用越来越突出的信用关系,宏观经济学是研究信用关系及其变化发展规律的一门学问。提出并回答三个问题,简要说明给宏观经济及宏观经济学内涵下这样定义的理由。

1、这样下定义的理论和实践依据是什么?

理论上已经阐明宏观经济或信用关系属于生产关系(经济基础)这个社会层次的关系范畴,且要比照人体心脏功能规范金融系统功能;实践上的事实早就存在,只是人们没有朝这个方向去思考罢了。列宁在20世纪初就说过,银行

已经由普通的中介人变成为万能的垄断者;邓小平也明确指出:"金融很重要,是现代经济的核心。"

2、这样的宏观经济学与现存的"货币银行学"或"金融学"有什么区别?

第一,内容不一样。现存的"货币银行学"或"金融学"的基点是研究自身,与实体经济的关系仅限于"三大法宝"的传递和把握,宏观经济学会保留这些知识,但不是重点,重点是探讨金融系统怎么贯彻落实科学发展观的"五个统筹"。简单说,一个比照水龙头规范银行功能,一个比照人体心脏规范银行功能,内容不可能一样。

第二,导向不一样。现存的"货币银行学"或"金融学"受货币主义学派影响很深,主张"金融自由化"。宏观经济学反对"金融自由化",不完全是理论偏好的原因。看看这几十年在"金融自由化"推动下所引发的金融危机,新兴国家及其劳苦大众若干年用血汗创造出的一点财富,几乎在一夜之间就"自由"地"化"到国际金融大鳄的荷包里!当前由美国"次贷危机"引发的全球金融危机,全球财富不就"自由"地不知不觉地"化"到美国白宫和华尔街的保险柜里了吗?

宏观经济学认为,金融应该独立自由,就同医院学校应该独立自由一样,不是政府的附属机构,但其功能必须服从和服务于实体经济的发展,偏离这个方向,政府就要干预。对付国际金融大鳄和美国政府通过滥发钞票掠夺世界财富的行为,宏观经济学主张动用国家机器,这里没有什么自由可言。

3、这样的宏观经济学与西方宏观经济学有什么区别和联系?

第一,行为主体不同。西方宏观经济学的行为主体是政府,我们的对象是以银行为主的整个金融系统。

第二,具体内容具体处理。西方宏观经济学的货币政策内容应该承继,而财政政策内容则属于国民经济的研究范畴。

第三,四大指标作为一个整体没有借鉴价值。经济增长率、通货膨胀率、失业率和国际收支平衡是西方宏观经济学的四大指标,作为一个整体它是政府赖在市场不走、与民争利的借口。某些具体参数或许有用。

(三)国民经济与国民经济学

国民经济就是一个国家每个居民切身的物质利益,政府无疑是调节国民经济的活动主体,所以国民经济仍然是政府如何面对国民财富的生产和交换问题。但是,政府是属于上层建筑层次的关系范畴,不能直接作用于国民财富的生产和交换过程,而是提供一种制度框架,协调各种社会活动主体的关系,引导国民财富的生产和交换过程沿着健康、有序、可持续的方向发展。具体协调的内容,就目前看至少要涉及三方面的关系。

1、人同自然的关系

国民财富的生产再也不能对自然进行掠夺性开发了,征服自然、改造自然的历史该结束了,人同自然和谐相处要制度化、法制化。

2、物质生产系统与非物质生产系统的关系

这种关系就是我们熟悉的经济系统同教育、卫生、科技、国防、体育、文化等系统的关系,核心是国民收入再分配问题。

3、本国经济与国际经济的关系

经济全球化大背景下,国民财富生产和交换过程已经不再是一个国家的事情了。一国国民财富的生产和交换过程同国际游戏规则接轨是历史大趋势。同国际游戏规则接轨有两种"接轨"方式,需要发展中国家认真、谨慎地选择:

第一种,按照发达国家的要求,在经济全球化的过程中实现经济一体化,把各国国民财富的生产和交换过程纳入现存的秩序和轨道。

第二种,按照各个国家独立自主的要求,在经济全球化的过程中坚持经济多元化,所谓"接轨"就是在现有成就基础之上,朝着新的方向架桥铺路,修筑新的轨道。

中国无疑应该选择第二种"接轨"方式,特别是通过美国掀起的金融海啸的洗礼,更应该坚定选择第二种"接轨"方式的决心。

从国民经济协调所涉内容,就知道什么是国民经济学了。国民经济学是政府规划、协调、保障国民财富生产和交换过程的知识体系。

第四编　国民经济与政府职能

第十七章　政府职能及其历史演变趋势

按照历史唯物主义揭示的一般社会经济结构模型,政府机构是社会上层建筑的重要组成部分。一般系统论认为,结构决定功能,这样表述也可以:"结构(即部分的秩序)和功能(过程的秩序)完全是一回事。"所以,政府职能定位,政府职能改革,政府职能演变,这些问题都属于上层建筑领域涉及到的研究课题。

第一节　政府职能定位依据

我们在第二章"社会学评介"中介绍奥古斯特·孔德对社会学的贡献时有下面这样几段话:

初期社会学受自然科学、特别是受生物学的影响,与生物有机体相比较,孔德把社会看成是一个社会有机体。社会有机体理论由两方面的内容组成:一是以人体结构为参照系,对社会进行重新构建;二是以综合认识整个社会现象作为目标,把社会学看成是社会科学或社会科学基本学科。这样就产生了两方面的后果。

第一种后果,社会学与生物学相提并论使得社会学理论变得粗制滥造,社会学的综合性造成了内容上的空洞,因而它必然要受到批判。但是,孔德用有机体论为指导重新组织社会应该说是天才的构想。人体结构精美绝伦,以人体结构为参照系构造社会、构造事物,是人类适应环境自觉或不自觉地所遵循的规律。可惜,孔德的天才构想,后来的社会学并没有继承下来,更不用说发扬光大了。

第二种后果,把社会学看成是社会科学或社会科学的基本学科,突出了社会学的地位和作用,鼓舞了人们的热情,推动了社会学的研究。如果说孔德用有机体论为指导重新组织社会是天才构想,那么把社会学看成是综合的包罗万象的所谓社会科学,则是不切实际的幻想。

社会学的悲剧就在于,应该继承的东西扔掉了,不该继承的东西,反而始终摆脱不掉,力图把所有的东西都装进贴有社会学标签的口袋里。这样一来,随着经济学、政治学、管理学等学科的日益繁荣,社会学不得不从口袋里把这些学科"掏"出来,渐渐地社会学成为"捡破烂"学科了。社会学的路越走越窄。

"以人体结构为参照系,对社会进行重新构建",这是本书的一条基本思路。人体大脑及中枢神经系统是政府职能定位的基本依据。

一、人体大脑定位政府职能,不受意识形态干扰

社会活动主体职能定位实际是个分工问题,只与效率相关,与姓"资"姓"社"没有直接的关系。但是,政府机关属于上层建筑,与意识形态又有分离不开的联系,寻找一个中立的、不涉及意识形态的事物作参照系,就显得尤为必要。

我们就以十分敏感的话题共产主义为例。2007年6月12日,美国现任总统布什在华盛顿举行的"共产政权受害者纪念碑"落成仪式上说:"共产主义以邪恶和仇恨为基础。""左"派则强调:"当年在共产主义指导下,苏联才能运用国家政权力量推进现代化进程,开展社会主义工业化运动,成为超级大国。"现在我们要给政府职能定位,涉及思想文化建设,共产主义是绕不开的话题。那么,我们是选择布什总统的观念呢,还是选择"左"派的观念?人们觉得很为难。如果多一个参照系,选择就不一样了。

第四编　国民经济与政府职能

职能定位(社会分工)多一个参照系,最完备、最方便、最现实的事物是人体自身。大脑的作用一是想问题,二是及时处理身体各个部位反馈回来的各种信息。我们不能因为在足球场上看见运动员用头顶球就认为头可以代替脚的功能,用头触地走路;同样道理,我们不能因为看见有些少数民族妇女用头顶了个水罐,就认为头可以代替肩背的功能,用头运送东西;等等。大脑就是想问题和处理信息,不能代替脚走路,不能代替手抓拿东西,不能代替心脏输送血液,不能代替肠胃系统消化食物,不能代替眼观六路耳听八方等。当然,大脑应该提供信息,告诉脚朝什么方向走,但是,如果大脑嫌弃脚走的姿势不对,速度太慢,于是倒栽过来,用头走路,那就是另外一个问题了。中国改革或者政府职能定位跟上述问题的性质完全一样。我们要正面回答,"用头走路"十分错误,必须用脚走路。方向或姿势可以选择,用脚走路无可选择。

多了一个参照系,选择情况就是这样:

(A)20世纪,共产主义遭受严重挫折或者说共产主义失败了(正好像1927年中国第一次大革命失败一样),共产主义必须放弃。

——按照布什总统的思路进行选择。

(B)20世纪,共产主义取得了辉煌胜利,苏联成为超级大国,中国摆脱了"一穷二白"面貌,共产主义必须发扬光大。

——按照"左"派的思路进行选择

(C)20世纪,共产主义遭受严重挫折或者说共产主义失败了(正好像1927年中国第一次大革命失败一样),共产主义必须继续探索。

——这个选择的意思是,承认"用头走路"失败了,现在要用脚走路,但走路的方向或姿势还要探索。用邓小平的话来表述就更明白。中国社会主义是不合格的社会主义,但不等于我们应放弃社会主义,我们还必须坚持社会主义,继续探索就是走前无古人的中国特色社会主义道路。

第三种(C)的选择也可以这样提出问题进行反问:如果人民群众中有许多人"共产从我做起",他提供劳动条件只取得他所作贡献应该得到的回报,而不作为无偿占有他人剩余劳动的条件,难道这也是"邪恶"?会播下"仇恨"的种子?人们还有必要视共产主义为洪水猛兽?

二、人体大脑定位政府职能,是深化改革之必须

人体大脑定位政府职能,是深化改革之必须,这包含两方面的意思:一是说应该改革的东西没有改革;二是说应该加强的东西却被改掉了。

针对高度集中统一的中央集权制度,中国其实已经进行了多次改革。1956年毛泽东《论十大关系》中提出的"放权让利"确立了中国改革的主基调。但是,中国改革但始终没能跳出"一放就乱,一乱就收,一收就死,一死就放"的逻辑怪圈。最根本原因还是没有一个清晰、完备的参照系,改革目标不明确,改革路径太具随意性。比如,人的大脑其内部结构还分大脑和小脑,左脑和右脑,功能不一样,如果出现功能紊乱,涉及的问题一定是"分权"而不是什么"放权";大脑和中枢神经以及神经末梢,它们不仅是统一系统还有"上下级"关系,出现功能紊乱,对症下药的办法肯定是"放权让利";人的心脏和血管如果出了问题,请问,大脑有什么"权"可放?有什么"利"可让?中国社会经济结构改革是完全一样的道理。中国政府系统,从国务院往下到省政府,到县政府,到乡政府,的确存在一个"放权让利"的问题。某些集团公司内部,母公司和子公司之间或许也有一个"放权让利"的问题。"放权让利"是系统内部的一种授权行为,"放"和"让"随内外环境的改变需要随时调整。政府和公司正好比大脑和心脏,有什么"权"可放?有什么"利"可让?如果有什么扭曲或功能紊乱,那也应该是"还权还利"而不是什么"放权让利"!

第二节 政府职能改革内容

改革是权力的重新配置和利益的再分配。政府职能改革内容,我们现在所能观察和认识到的,一是分权,二是还权,三是复权。

一、分权

分权的"权"是指权力,分权属于政治体制改革的范畴。邓小平在《党和国

家领导制度改革》的讲话中指出:"权力过分集中的现象,就是在加强党的一元化领导的口号下,不适当地、不加分析地把一切权力集中于党委,党委的权力又往往集中于几个书记,特别是集中于第一书记,什么事都要第一书记挂帅、拍板。"分权问题也就是执政党的建设和执政方式问题。改革开放30年来,政治体制改革有了长足的进步,分权有很多实质性的动作。比如,人民代表大会的立法权威,政府独立的工作职权,党外人才担任政府职能部门的第一把手,强调司法独立判案,社会舆论的广泛监督,科学研究禁区的打破等,应该说是有目共睹。影响政治体制改革进程的还是观念问题,比如最为敏感的两党制、三权分离、普选制度、新闻自由等问题,人们还是讳莫如深。其实没有必要这样,也不应该这样,社会主义国家劳动人们当家作主,什么问题都可以谈。

1、政治体制改革要吸取姓"资"姓"社"争论的教训

计划和市场的关系,经济理论界曾经把它们比喻为哥德巴赫猜想,因为从十月革命开始,计划和市场的关系就一直争论不休,始终不能获得共识。最基本的原因是人们把计划经济当作社会主义制度的根本特征,市场经济则被当作资本主义制度的本质特征。当邓小平揭示出计划经济和市场经济的本来面目,认识到计划经济和市场经济只是资源社会配置的两种方式的时候,障碍打破,剩下的就是如何操作了。

其实,一党制和两党制,人民代表大会制和三权分离制度,间接选择制度和普选制度,新闻审查制度和新闻自由制度等,如果我们客观地把他们看成是执政党治理国家的两套方式方法,就心平气和多了。每个国家的执政党都可以根据本国历史和现实的实际,对两套方式方法进行认真的比较分析,各有什么长处,各有什么缺陷,根本区别在什么地方,有没有融合的可能,如果不能融合,核心问题又是什么,将来有没有机会融合等,笔者认为这些问题都可以讨论,都可以研究,不能各说各的长处,然后就是互相攻击。

2、政治体制改革要善于吸取"资"创造的文明成果

中国政治体制改革还任重道远。过去照搬苏联的政治体制模式是错的,当然现在也不能照搬西方的政治体制模式,但是,这不能成为我们拒绝向资产阶级政党学习治理国家的先进经验。前面我们曾经说到英国首相丘吉尔的遭遇。"二战"战胜德国法西斯,丘吉尔作出了杰出的贡献,"二战"结束他能接受竞选失败的现实,不是他本人的觉悟有多高,而是制度使然。中国的传统和制度安排是:天下是"朕"打下的,所以天下就属于"朕"的。这种体制,无论对个人还是对一个政党,都十分有害。

向西方资产阶级政党学习治理国家的先进经验,不能走慈禧太后的老路,搞什么"中学为体,西学为用"。中华民族确实是一个有着 5000 年历史的优秀民族,那么近代为什么落后了呢?说一千,道一万,制度落后是根本原因。"中学"的核心就是封建等待级制度,"中学"不能为体。"中学"不能为体,是不是就等于主张"西学为体"呢?"二中择一"是计算机的工作原理,人不能这样思考问题。

3、政治体制改革要勇于接受"资"的各种挑战

巩固执政党的执政地位不能作为至高无上的原则,坚持社会主义制度也不能作为至高无上的原则,人民幸福安康,国家繁荣昌盛,这才是至高无上的原则。资产阶级政党或者资产阶级学者,在中国向中国共产党的执政地位提出挑战,向社会主义制度提出挑战,社会能不能以平和的心态认识和处理,这是政治体制改革是否到位的标志。

我们大家都知道,马克思是德国人而不是英国人,我们不应该向普鲁什政府学习,而应该向英国政府学习。马克思在《资本论》第一卷的末尾宣告:资本主义私有制的丧钟就要响了!如果英国资产阶级政府看见这样的思想和言论,像我们过去那样,用野蛮的很愚蠢的办法对待马克思,世界上会有马克思主义吗?资产阶级政党有气度让无产阶级领袖给它敲丧钟,而且一敲就是一百多年,难道无产阶级政党没有这样的气度?

二、还权

还权的"权"是指权利,还权属于经济体制改革的范畴。还权规范的主要对象是政府机构与经济组织之间的关系。思考过程是这样。政府机构与经济组织不是一个系统,"放权让利"显然不合适。20世纪80年代提出"两权分离",大家很高兴,认为找准了改革的切入点。"两权分离"确有两点值得肯定,一是把改革从凝固在调整政府内部关系的思维中解放了出来,转向调整政府机构与经济组织之间的关系,这确实是一个不错的切入点;二是"两权分离"是从实践中抽象出来又得到实践验证的科学理论。但是,"两权分离"改革有个基本问题回避了,那就是政府凭借什么拥有生产资料所有权?凭借什么坐在老板的位置上不下来?很快,"富方丈、穷庙子"暴露了改革思路的缺陷。20世纪90年代因"抓大放小"导致政府功能紊乱,应该政府自己做的事情交给社会,不该政府自己做的事情却又牢牢抓住不放,于是转变政府职能成为社会的强烈呼声。在转变政府职能的呼声中,就业、医保、社保、上学、劳动者基本权益等问题进入政府视野,问题在于,世界上有没有这种万能政府?所以,还权除了规范政府机构与经济组织之间的关系之外,政府与银行、医院、学校、科研等机构同样存在一个还权的问题。现在我们要讨论,还权问题为什么不能进入议事日程。

1、既得利益集团放弃既得利益是一件很难的事情

既得利益集团不是贬义词是事实判断。改革是权力的重新配置和利益的再分配。谁是改革的对象?改革改什么?不确认既得利益集团,这些问题就说不清楚。中国新民主主义革命,帝国主义、官僚买办资产阶级和地主阶级是既得利益集团,是革命的对象,革命任务既要摧毁他们的反动统治,还要在经济上没收他们的全部财产。中国社会主义革命以"一化三改造"为起点,农民、手工业者和民族资产阶级是既得利益集团,是革命的对象,革命任务是把他们的财产收归国家和集体。中国改革是社会主义制度的自我完善,政府是既得利益集团,政府既是改革的领导者又是改革的对象,改革任务是把民主革命用暴力没收来的财富和社会主义革命和平改造来的财富,通通归还老百姓。出让既得利益是件很痛苦的事情。民族资产阶级"公私合营",白天虽然敲锣打鼓,晚上却是一家抱头痛哭;农民失去土地照样难受,安徽省小岗村的农民写血书、留遗言,争的东西还不就是属于自己的土地;改革开放过程中,许多干部抱怨说,"辛辛苦苦革命几十年,一夜回到解放前",维持现有既得利益格局的意愿很鲜明。我们这里没有涉及是非,没有讨论正义和非正义,也没有区分革命和改革等问题,只强调一点,不管既得利益集团是谁,放弃既得利益很难。

2、"抓大放小"进一步强化了既得利益集团利益

"抓大放小"进一步强化了既得利益集团利益,表现在两方面:一是非规范性的"放小"玷污了改革,使社会对"还权"(非国有化)产生了莫名的恐惧。"放小"的核心思想是甩财政包袱,其过程就是官商勾结变国家财产为资本家私人所有制,导致的结果就是两极分化。所以,人们现在再谈"还权"(非国有化)就特别觉得理亏,再谈改革似乎就是别有用心。二是"抓大"获得超额垄断利润,掩盖了"还权"(非国有化)的必要性和紧迫性。"抓大"强化了"下岗分流"等内部控制手段,这有利于提高效率,但最为根本的原因是国家通过设置市场门槛,控制市场不可或缺又紧俏的生产和服务部门,比如电力和通讯,就稳赚不赔。中国历来就有"一俊遮百丑"的习惯,既然政府把社会财富抓在自己手里,管得很好哇,何必还归还给老百姓呢?

3、政府还权社会需要一支人格独立的知识分子队伍

政府把控制在自己手中的社会财富归还给老百姓,是一个历史过程,恐怕需要几代人才能完成。一支人格独立的知识分子队伍是促进政府还权不可或缺的社会力量。社会能否产生一支人格独立的知识分子队伍,一是看是否具备唐太宗贞观之治那样的政治生态环境,二是看谁管知识分子的吃饭问题。俗话说,"拿人钱财,替人消灾",知识分子拿政府的钱财,必然要为政府消灾。所以,政府应该不应该把不属于自己的权利归还给老百姓,一旦发生分歧,掌握和控制话语权的知识分子很难做到客观公正了。很多问题,做出是非或对错的判断并不难,难的是说清楚道理。知识分子缺乏独立人格,恰恰是在最容易判断是非或对错的时候做出错误的判断。

比方,中华民族是不是劣等民族?一个普通正常的人对这个问题很快就会做出正确的判断。可中国的"左"派经济学家队伍中居然有人对这个问题做出肯定性回答,并以此证明中国老百姓人与人之间不愿意合作,自己管不好自己,搞不了大生产,必须把财产交给国家,由国家统治起来才搞得了大生产。这样顽固坚持国家所有制,反对政府还权,是水平问题吗?

再比方,同一时间同一支股票(中国某国有商业银行股票),卖给外国人1股1元钱,卖给中国人1股10元钱,请问,中国某国有商业银行资产是否被"贱卖"?准确回答这个问题不需要很高深的理论。可是,我们的经济学家只承认"贱卖"事实而不承认"贱卖"说法。原话如下:"引进战略投资者主要不是因为缺钱需要引进资金,而是要引进先进的经营理念、管理经验和技术,帮助中国银行加强公司治理,完善风险管理和内控机制,提高产品创新能力和盈利能力,增强核心竞争力。"很明显,这段文字(2005)是在给"贱卖"寻找理由。到了2008

年,经济学家连"贱卖"事实都不承认了,说产品在"不同的时点"出现"不同的价格"是市场经济规律在起作用,是十分正常的现象。

其实,如果不是因为"拿政府钱财,替政府消灾",上面的问题既容易做出正确的判断,也容易说清楚理由。比方"贱卖"国家商业银行资产问题,从体制上看,"贱卖"国家商业银行资产与"贱卖"国有中小企业性质一样。区别在于买主不同:国有中小企业的买主是国内资本家,国家商业银行的买主是国外资本家。再从认识上说,我国官员有个十分天真的想法,改革可以"花钱买机制"。中国联通很大方,出手就是几千万美元,向美国的咨询公司麦肯锡购买了一套先进的体制模式。他们根本就不明白,先进的制度,先进的体制,先进的经营方式,花钱是买不到的。人们不妨深入中国联通和中国建设银行内部调查了解一通,花钱买到新的先进机制了吗?

三、复权

复权的"权"是指职权,一种工作责任,属于因改革失误需要纠偏的矫正范畴。还权与复权是一个问题的两个方面。还权就是政府不与民争利,割让不属于自己职权范围内的事情;复权就是恢复和强化政府作为公共机关的职权,认真做好自己分内的事情。

1、恢复中央权威的集中统一之职权

复权的首要任务是恢复中央权威的集中统一之职权,解决"政令不出中南海"的严重弊病。我们把政府系统比喻为人体大脑及中枢神经系统,大脑肯定是指中南海了。如果大脑发出指令,要求脚迈步,手举高,手和脚却不听使唤,不医治这个人就算瘫痪了。"政令不出中南海"的严重后果可想而知。

改革开放以来,人们长期把中央权威(集权)与独裁专制等同起来,一味强调放权、放权、再放权,花样百出,一会儿是"分灶吃饭",一会是"市管县",现在又搞什么"省管县"。总之,好像是中央权威(集权)越少越好,这就越民主,越接近现代文明。先不说这种放权在实践中只会导致破坏统一市场、强化割据的严重后果,在理论上也有点文不对题。独裁专制是指某个人或某个组织拥有不受约束、不受制衡的至高无上的权力,而中央权威(集权)制是与分封制(现代的邦联制)或联邦制相对应的一种政治体制。秦始皇统一中国之前就是分封制(现代的邦联制),后来汉朝的刘邦又搞分封制(现代的邦联制),出现"七国之乱",汉武帝刘彻取消了分封制(现代的邦联制)。我们现在认为古代社会兴旺发达、中华民族处在鼎盛时期的几个朝代,隋朝、唐朝、明朝、清朝等都实行的都是中央权威(集权)制,后来衰败,问题出在封建独裁专制制度,与中央权威(集权)制无关。

现在人们推崇联邦制,认为联邦制封建残余少,民主化程度高,美国联邦制就是他们心中的偶像。联邦制封建残余少,民主化程度高,这个认识没有问题;中央权威(集权)制容易与封建制度、专制制度结缘,这个认识也符合历史事实;但是,中央权威(集权)制约束在运行机制的范围内,一是不拥有至高无上的权力,工作业绩好坏必须承担后果,二是不掌握和控制社会物质财富,还利于民,那么中央权威(集权)制就有可能是一个高效、廉洁的政治体制。具体说到中、美两国的政治体制,美国政治体制的优势不在于联邦制,而是政府不与民(资本家)争利。他们大小政府官员活得好潇洒,一门心思只想做好本职工作,争取早日升官;我们的官员活得好累、好辛苦,既要谋升官,又要图发财!

至于有人说社会调控体制的发展方向是水平式网状结构,中央权威(集权)制不适应未来时代的发展要求。这恰恰把问题说反了。农业社会和工业社会,由于交通和信息不发达,中央或指挥机关对系统的控制只有通过对人的控制才得以实现。而人的控制能力又受管理跨度的限制和约束,这样就出现了金字塔结构或科层制。金字塔结构或科层制的最大弊端是因中间层次太多从而造成信息失真。水平式网状结构是伴随信息化到来出现的新的体制结构模式,所要否定的是容易造成信息失真的金字塔结构或科层制,这不但不会削弱中央权威(集权)制,反而会强化中央权威(集权)制。人体神经系统就是水平式网状结构,那么人体哪个部位、哪个系统不受大脑的控制和约束并敢于挑战大脑权威(集权)?

中国政府职能改革真正要解决的问题,一是执政党分权的问题,二是政府还权于民的问题,千万不能把改革的矛头对准中央权威(集权)制。中央权威(集权)制是中华民族迅速崛起的法宝,所以,行政系统哪些权该放,哪些权不该放,权放了之后又在什么时间收回,的确是中央政府的职权。

2、恢复政府在改革名义下放弃之职权

20世纪90年代,我国政府推行的以掏空老百姓腰包为宗旨的教育改革产业化、住房改革货币化和医疗改革市场化,其社会反响可以用怨声载道描述。"三化"改革声名狼藉。"三化"改革没有再提,作为每个居民应当享受到的教育、住房和医疗等基本权利,政府已在实践中纳入自己的职责范围。比方说,为落实《义务教育法》,国务院已于2005年、2008年先后决定,免除农村和城市中小学生的学杂费,所以我们对这个问题不展开讨论了。

现在需要做的事情是纠正一个错误认识。"三化"改革的初衷或理论根据是物质待遇要拉开距离,打破"大锅饭"和平均主义。"三化"改革混淆了事物的性质,不懂得不同性质的矛盾要用不同的方法去解决。"大锅饭"和平均主义是指劳动过程的一种分配制度,干多干少一个样,干与不干一个样,或者干的不如看的,看的不如捣蛋的;而教育、住房和医疗等则是人的生存权、发展权的基本内容。当然,有钱的人和没有钱的人,贡献大的人和贡献小的人,享受教育、住房和医疗等权利的机会和范围肯定不一样,但那是程度的差别而不是有无的差别。

第三节 政府职能演变趋势

社会经济发展史表明,政府职能演变沿着"无为而治——直接干预——间接调控"(否定之否定)的轨迹行进,决定性的因素是科技水平和生产力水平。科技发展和布局的不平衡性决定中国多元经济结构十分典型,所以,政府职能转变恐怕不能一步到位,要因时因地制宜,具体问题具体分析。

一、农业社会——政府职能"无为而治"

农业经济时代,生产工具简陋,生产力水平极为低下,人类只能消极、被动地适应自然,或曰听天由命。商品流通数量和范围都十分有限,所谓市场就是上午兴市下午散场的集市贸易。这种小商品市场政府怎么管理?中国历代比

较开明的帝王接受了"无为而治"的治理办法。孔子说:"无为而治者,其舜也与!"这就是说"无为而治"并不是无所作为,而是强调统治者的行为要顺应自然和人性,不强做干预,让下属和老百姓各得其所,各尽所能,相安无事。农业经济时代晚期,资产阶级作为新的生产方式的代表登上了历史舞台,提出了"国家不要干预"、"元首不要干预",让"看不见的手"自发调节市场的经济自由思想。

"无为而治"与"看不见的手"虽然政治理念、意识形态不一样,前者出于巩固封建统治的需要,后者却有着鲜明的反封建色彩,但其两点共识却符合历史实际,很有科学价值:(1)生产力当中还不包括科学技术,其水平十分低下,作为一个健康社会的明智政府,没有必要干预经济;(2)物质生产过程的活动主体,社会给予的自由越多,其活力就越大。

二、工业社会——政府职能"直接干预"

所谓直接干预就是政府拿钱办工厂、办商店,直接干预有两种模式:一种模式是以前苏联为首的整个社会主义阵营选择的计划经济体制,整个社会财富都掌握和控制在政府的手中,"二战"时期的德国和日本选择的也是这种体制模式;另外一种是美国罗斯福总统的以参与为特征的"新政"模式,所谓凯恩斯主义只不过是罗斯福"新政"模式在理论上的表现而已。

政府直接干预有历史的必然性也有历史的偶然性。直接干预的必然性是指工业革命形成社会化大生产后的内在要求。蒸汽机的发明宣布工业革命时代的到来。工业革命的发生源于科学技术转化为生产力。科学技术成为生产力,一方面,使人类物质财富极大丰富;另一方面,无限扩张的社会化大生产使商品内含的私人劳动与社会劳动矛盾尖锐化。私人劳动与社会劳动的矛盾也就是我们通常说的市场不确定性。经济危机是市场不确定性的极端表现。面临经济危机,政府直接干预能在一定时期内,缓解矛盾,起到解放、发展和保护生产力的作用。所以,把政府直接干预"妖魔化"不是科学态度。

政府直接干预的偶然性是指意识形态的渗透。原社会主义阵营包括现在的中国在内,把政府直接干预作为社会主义制度基本特征,这样就把问题复杂化了。

三、信息社会——政府职能"间接调控"

工业革命与信息革命的关系,计算机专家、管理理论权威、诺贝尔经济学奖得主西蒙在《管理决策新科学》一书中,有十分精辟的分析。工业革命解放人的体力,是人手和脚的延伸;信息革命解放人的脑力,是人大脑和中枢神经的复制和模拟。信息革命使人类调控能力出现了质的飞跃,发生了革命性变化。给市场带来的影响是,市场的不确定性缓解了,政府失去直接干预的理由和基础。

市场的不确定性缓解了,另外的问题则成为主要矛盾了。矛盾之一,过去人们把亚当·斯密的"主观为自己、客观为社会"当作教条,只承认生产者的正外部性。现实情况却是"主观为自己、客观害社会",负外部性严重威胁着人类的生存和发展。矛盾之二,征服自然、改造自然,对自然进行掠夺性开发,社会经济的可持续发展受到严重威胁。矛盾之三,市场竞争竞争机制的泛化和极端化使社会两极分化更加严重。

经济发展过程出现的这种危害社会、危害子孙、危害穷人的危险倾向遏止不住,根本原因之一就是政府也是当事人,是上述危险倾向的推动力量,监督不力也就在情理之中了。因此,政府超脱出来,对市场进行间接调控,既是事出必然,也是情势所迫。

四、当代中国——政府职能"综合调控"

当代中国政府与市场的关系,既不完全是农业社会的"无为而治",也不完全是工业社会的"直接干预",同时又完全不是信息社会的"间接调控",而是"综合调控",做出这个判断,源于以下几方面的理由。

1、当代中国社会经济结构是个典型的多元经济结构

人们认定中国国情是典型的"二元"经济结构。一元指完全凭体力的手工操作,另外一元指体力获得解放的机械化生产。实际生产活动还有一元。比方上海市的宝山钢铁工厂,从矿石进入传送带开始到各种型号的钢材出厂,全是自动化,工厂的战略重心已转向技术和市场的开发了。如此看来,中国国情是典型的"三元"或多元经济结构了。

社会经济发展史已经证明,政府与市场的关系受科技水平和生产力水平的限制和约束,中国国情既然是典型的"三元"或多元经济结构,所以,政府对市场就不能用一种方式进行调控,而应当进行综合调控。

2、"综合调控"是调控特色不是政府与民争利的借口

"综合调控"的着力点是指中国广大农村或指中国的中西部地区,科技不发达,生产力水平还很低下,抵御自然灾害和市场风险的能力还很弱,既需要政府的直接干预,又需要政府的直接服务。所谓政府直接干预就是政府拿钱办实业,比如交通、能源、通讯等。没有政府的直接干预,他们走出困境很难,至少说时间很慢长。所谓政府直接服务主要是针对市场、技术、财务等各种知识的培训,以期提高他们适应市场、适应环境的能力。相应地像上海市宝山钢铁工厂这样自动化程度很高的物质生产单位,政府呆着不走已经没有任何理由了。

"综合调控"是调控特色不是政府与民争利的借口,那么,"特色"与"借口"在实践中怎么鉴别呢?以"抓大放小"为例。表面看,"放小"是突出市场作用,是为了搞活,实际是为了甩财政包袱;表面看,"抓大"是保留计划的长处,是为了稳定,实际是与民争利。那么"综合调控"又怎么体现社会主义中国特色呢?我们仍然以国有企业改革为例,把"抓大放小"转变为"抓差放好"就是中国特色社会主义的"综合调控"办法。在这种思路下,抓,还是放,既不以大和小为标准,也不以姓"资"姓"社"为界限,而是以现代政府职能作依据。"好"的企业政府放开之后,一般来说只会更好,企业更上一层楼,政府就可把精力集中起来做它应该做的事情。所谓"抓差"就是说那些经营不善、濒临倒闭的国有企业,政府应该抓在手中,逐步释放,不能扔下不管。政府把这样的国有企业抓在手中,能不能起死回生,然后再放掉,对此我们姑且不论,单从责任出发,政府也应该把"差"的国有企业抓在手中。这个责任有两方面的意义。就一般市场规则而言,市场活动主体平常为社会为国家作了贡献,遇到困难有过不去的坎,政府出手援助是分内之事。中国的情况还不一样,过去这些企业活得好好的,是政府通过"一化三改造"运动弄到自己名下,搞得一塌糊涂之后就不管了,道义也说不过去。

3、"间接调控"是改革目标而不是空洞的政治口号

从历史的长河看,"直接干预"是为"间接调控"做准备,政府进去是为了出来,"间接调控"是改革目标而不是空洞的政治口号。我们强调特殊性,强调因时因地制宜,不等于否定普遍性,不等于放弃经济体制改革目标。由于我们长期生活在计划经济体制下,"穿新鞋,走老路"是常有的,有此情况不奇怪,也不可怕。可怕的地方在于,一批官员从"直接干预"中尝到了甜头。他们深知,放弃"直接干预"就等于放弃"寻租"的大好机会。他们把"直接调控"变成了一句轻松、美妙而又动听的政治口号。所以,我们把改革限制在观念和认识领域,恐怕有问题。

第十八章　国民财富与国民财富分配

马克思评价西斯蒙第的学说"在政治经济学上开辟了一个时代",其代表作《政治经济学新原理》一书的另外名称为《论财富同人口的关系》。这充分表明,国民财富分配无论是在国民财富研究学说史上,还是在社会经济发展史上,其地位和作用可见一斑。

第一节　维持公平与效率的统一是政府的基本职责

资本主义主张效率优先、兼顾公平,传统社会主义主张公平优先、兼顾效率,科学发展观主张公平和效率有机统一。2006年4月22日,胡锦涛在美国耶鲁大学的演讲中明确提出,"公平和效率有机统一"。2008年3月18日,温家宝在会见中外记者时说:"如果说发展经济、改善民生是政府的天职,那么推动社会公平正义就是政府的良心。"公平和效率本身是人类的美好诉求,可在漫长的历史发展中,人类面临的却往往是顾此失彼的两难选择。从理论与实践的结合上进行反思,我们就会明白,在当代,公平与效率为什么可能统一,又为什么必须统一,从而确认,维持公平与效率的统一是政府的基本职责。

一、历史以牺牲公平为代价是社会发展的无奈选择

历史以牺牲公平为代价是社会发展的无奈选择,是指历史以牺牲多数人的利益为代价,以牺牲穷人利益为代价,以牺牲市场竞争中的弱势群体利益为代价,换得社会的发展和进步。历史的无奈选择是说人们的理想、信念和道德能否变为现实要受科学技术和生产力水平的限制和约束。

资产阶级领导的工业革命所形成的社会化大生产,效率高,是资本主义战胜封建主义的物质力量。与封建割据制度相联系的农民、小手工业者和个体商贩等小生产者,他们的两重身份使社会上演出一幕又一幕的人间悲剧。作为生产力要素来看他们是劳动者,应该受到社会的关爱和尊重,他们应该安居乐业,过着衣食无忧的生活。可是,作为生产方式他们是落后的小生产,为社会化大生产所不容,他们的前途和命运只能是破产、关门,进入失业人群,成为现代工业的后备军。政府能做什么?又该做什么呢?工业革命出现的难民群和社会问题,成为封建势力维持统治或复辟的借口,所以亚当·斯密呼吁"国家元首不要干预","政府不要干预";赞成资本主义制度又同情劳动者不幸遭遇的政治家和学者,主张社会救济,不能放任不管。这既是"效率优先、兼顾公平"社会治理理念形成的历史背景,也是小资产阶级社会主义(早期社会经济学)诞生的土壤。斯蒂格利茨的《经济学》被西方誉为第四个具有里程碑意义的入门教科书,仍然这样认为:"市场分配导致一些人拥有几十亿美元,而另一些人则无家可归,得不到足够的食物和医疗保障。因此,收入再分配的根据通常并不是对经济效率的追求。它是基于超越其上的社会价值观:社会各界一致同意,当市场导致一些人收入很低以至于他们不能维持一个最低的生活水平时,政府应当救助这些人们。但是当政府这样做时必须小心从事,因为再分配计划常常会影响经济效率。"

二、公平与效率限制在分配领域使之为矛盾对立体

中国的"红头"文件一直把公平与效率的关系处理为分配问题。1993年这样要求:"个人收入分配要坚持以按劳分配为主体、多种分配方式并存的制度,

体现效率优先、兼顾公平的原则。"2002年又是这样规定:"坚持效率优先、兼顾公平,既要提倡奉献精神,又要落实分配政策,既要反对平均主义,又要防止收入悬殊。"直到2007年提法还是没有改变:"初次分配和再分配都要处理好效率和公平的问题,再分配要更加注重公平。"把公平与效率的关系约束和限制在分配领域,公平与效率的关系实际就成为一个如何做大"蛋糕"和如何切割"蛋糕"的问题。把公平和效率的关系演变为矛盾对立体,这无须细想,公平和效率很难有机统一。

认真仔细推敲,分配涉及的是公正问题而不是公平问题。不管是初次分配还是再分配,谁个贡献大,谁就多得,谁个贡献少,谁就少得,没有贡献就不得。认同效率体现的是社会公正问题。至于老、弱、病、残的救济,那也不属于公平范畴的问题,是道义问题,是长远利益和眼前利益的关系问题。公平涉及到的是个机会问题。比如,国民待遇,外资享受的各种优惠政策凭什么?外国金融资本家可以在中国大陆活动,本国金融资本家却不让存在,又凭什么?再比方,贷款问题,资本家贷款以公司作抵押,实际也是以工人的前途和命运作抵押,因为公司破产关门,工人自然就失业了,那么资本家可以向银行贷款,为什么工人就不能向银行贷款?至于说农民、个体工商户和中小企业主贷款难也是众所周知的事情,这又为什么?还比方,教育问题,城市小孩7岁准时上学读书,山区贫困地区小孩有多少能7岁上学读书?社会似乎觉得这个差别还不够显著,进一步出台政策,国家统一高考,北京市的考生400多分可以读重点大学,贫困地区考生400多分一般本科学校还进不了,而教我们这些学生的老师,还经常拿不到工资,谁能给出一个让人信服的说法?最后比方,城乡差距问题,国家以象征特权的户籍制度为杠杆,通过高考制度、征兵制度和民工潮,把农村的人才、强劳动力和能人变为城市人口,剩下老、弱、病、残、妇女和儿童。这样一来,农民不贫穷、农村不落后、农业不脆弱,还会是个什么结果?所以我们一再强调,公平研究的是"众生平等、一视同仁",是个机会问题。公平追求的目标不是为谁多切割一块"蛋糕"而是要把"蛋糕"做得更大、更香、更甜,不再含有肮脏的血腥味!公平与效率能够也完全应该做到有机统一。

三、公平优先兼顾效率最终是公平和效率双双受损

公平优先兼顾效率最终是公平和效率双双受损,这是事实判断无须证明。问题是,上世纪90年代中国选择"效率优先、兼顾公平"的政策,造成很大负面影响,现在又有人觉得应该"公平优先、兼顾效率"了,他们以为处理公平与效率的关系是坐跷跷板呢!这种"公平优先"的思潮很危险。

说一千,道一万,公平、公开、公正仅仅是一套制度设计,而效率却是摸得着、看得见、可以用数字精确计算的成果,只是在不同的部门表现形式不一样。在物质生产系统效率表现为单位时间里增加了多少社会财富,在非物质生产系统效率表现为单位时间里多做了多少事情。我们当然不能说效率是检验公平与否的尺度,但我们可以借用邓小平"空讲社会主义不行,人民不相信"的话来表明公平与效率的关系。空讲公平(没有效率)不行,人民不相信。

"效率优先"是个片面性问题,而"公平优先"却是一个社会歧途问题,后果不一样。"效率优先"和"公平优先"共同的认识基础是社会化大生产必然代替小生产,区别在于:"效率优先"是顺其自然,出了问题再"兼顾公平";"公平优先"是越俎代庖,出了问题不是"兼顾效率"而是从公平程度如何寻找出路。所以,中国的"穷过渡"是揠苗助长和越俎代庖双重性质的失误。特别是主张和坚持"公平优先"的人,自以为占据道德优势,可以不顾后果,为所欲为,那就更可怕了。"公平优先"是一个不可接受的政策选项。

基本观点:

国民财富分配不管是初次分配还是再分配,不存在公平分配问题,公平是指事物发展的初始环境和条件。这是马克思主义理论的基本观点。以效率为对立面的"公平优先"和"兼顾公平"都不可取。维持公平与效率的有机统一是政府的基本职责。

第二节　确立以马克思再生产理论为基础的税收制度

国民财富分配有学者归纳成有三次分配。初次分配是在创造它的物质生产领域进行的分配,分配结果主要由市场机制形成。再分配是指在初次分配的基础上,政府通过税收、政策、法律等措施,调节各收入主体之间现金或实物的分配过程。第三次分配是指带慈善性质的各种捐助活动,比如四川"5.12"大地震后的各种捐款捐物活动。这里着重讨论国民财富再分配中的税制问题。

一、税的内涵与税收制度的理论基础

揭示社会给予税收的不同性质的内涵,既可以了解税收制度的历史演变过程,也能在一定程度上认识政府职能的发展趋势。

(一)以特权思想为基础的税收制度

我们一直这样给税收下定义:税收是国家凭借政治权力,依照法律规定对经济单位和个人,无偿地、强制性地征收的实物或货币。这里强调了税收的强制性、无偿性和固定性。强调纳税是每一个社会成员应尽的义务,那么纳税人应当享有什么样的权利呢?至少是没有说清楚。纳税人权利与义务的严重非对称状态必然导致纳税人心理失衡,妨碍纳税意识的增强。

人们或许觉得这样给税收下定义太恐怖、太没有人情味,于是又给予补充,说社会主义的税收是强制性和自觉性相结合的制度,是无偿性和返还性相结合的制度,因为社会主义的税收是取之于民且用之于民。越说越不沾边了。税收的强制性是客观存在,无须否认,纳税人或纳税单位,自觉也好,不自觉也罢,税收征与不征、征收多少,不取决于纳税人或纳税单位的什么态度,是多少就是多少。有无偿还性是税与非税的根本区别。如果用"取之于民、用之于民"证明社会主义税收的偿还性,那么封建主义的税收也同样具备偿还性,因为地主也是

民,不能说地主是官吧?所谓偿还性,一般是指行为主体之间的借贷关系,例如公债,张三购买了500元的公债,国家对张三就承担了500元还本付息的偿还义务。国家在预算上列有发行公债收入,就必然在公债还本到期时,在预算上列有公债还本付息支出,这就叫偿还性。税收不具备这种特性。

如何给税收这种具体事物定位,关键看取什么角度。比方说,什么是国家,我们过去说国家是一个阶级镇压另外一个阶级的暴力机器,那么国家是不是暴力机器呢?对于打、砸、抢、烧、杀的"恐怖分子"来说,国家是暴力机器,但这能反映国家这个事物的全貌吗?所以,你以阶级斗争为纲解释国家,国家就是暴力机器,以经济建设为中心,就不能用暴力机器给国家定位。认识税收是一样的道理。如果你认为政治权力相对于单位或个人来说具有某种特权,用无偿性和强制性来描述税收的本质就没有什么错误,如果你认为政治权力没有特权,同单位或个人一样,只是因为社会分工不同做着不同的事情罢了,就不能用无偿性和强制性等表面特征来描述税收的本质。

(二)以市场交易原则为基础的税收制度

西方国家,基于"公民思想"产生和形成的"税收价格说",是一种服务于市场、服务于公民的税收理论,并为西方国家政府当局普遍接受和奉行。该理论认为政府是为社会提供公共产品的,税收则是公民为获取公共产品而支付的价格。这样,社会成员将个人的部分收入以税收形式让渡给政府,使之能够提供公共产品而服务于公民自身利益。将税收看作公共产品的价格,就如同支付个人产品价格一样,也具有了货币支付与利益获得之间的交换关系,从而将公民纳税置于利益交换的天平上,建立起政府与公民的等价交换关系。政府则必须提供与税收价格相对称的公共产品,包括在数量上和质量上。这样,征纳关系就成为税务机关为纳税人做事的服务关系。"为纳税人服务"与拥有特权的"皇粮国税"所产生的社会后果不一样。"皇粮国税"把征纳双方主体地位本末倒置、主仆颠倒,将纳税人置于从属和被动地位,征纳关系不仅呈现强制性,甚至带有一定程度的对抗性。

但是,从科学的意义上讲,"税收价格说"并不适当。再好的比喻都有缺陷,事实上税收多少不是通过讨价还价确定的,这是其一;其二,"税收价格说"忽略了政府的主导作用,既不符合实际也没有什么好处;其三,税收既然是货币或实物,征收多少就应该有客观的可计算的标准,而不能由供求关系决定。

(三)以马克思再生产理论为基础的税收制度

马克思再生产理论有以下基本点:再生产过程区分为简单再生产和扩大再生产;扩大再生产有外延扩大再生产和内涵扩大再生产;再生产过程既存在价值补偿也存在实物补偿,所以成比例协调发展是再生产过程的内在要求;等等。以马克思再生产理论为基础,税收就是政府协调社会各种关系的物质手段。

税收是政府协调社会各种关系的物质手段,具体包含以下内容:第一,税收是物质手段,与政策法规相区别,比如《劳动合同法》调整劳资关系,国家运用的是法律而不是物质手段;第二,税收是物质手段,那么物质财富(货币或实物)的征用就应该有个底线或标准,单位或个人有扩大再生产能力是征税的底线或标准;第三,协调社会各种关系政府起主导作用。这里不存在强制或不强制诸如此类的问题。因为单位或个人都存在一个能否扩大再生产的问题,协调发展是其内在要求,按时、足额缴税就是日常生活的一部分,正好比自由是人日常生活一部分一样,不偷、不抢等不犯罪,自由就不会失去,同样道理,按时、足额缴税,就不会发生强制这样的情况。

以科学发展观作为税收制度的理论基础同样会得出上述内容。如果单位和个人没有扩大再生产的能力,国家再征税无异于"杀鸡取卵"、"竭泽而渔",还谈得上什么科学发展?科学发展的重要内容就是做到"五个统筹","五个统筹"的协调主体当然是政府了。科学发展对于单位或个人的生存和发展来说,不应该成为外来的强制性力量,除非你逆势而行。

二、税的种类与我国现实的税制结构

税的种类与税制理论基础虽然不一定是一一对应关系,但也可从中看出个大的端倪。

(一)什一税

什一税是一个很古老的税种。什一税的基本理念是"你从上帝那里得到了100%,你应该将其中的10%送还给上帝",所以又叫教会税。从这个理念出发,你家有多少个人、多少亩土地、多少头牲口就是征税依据和计税单位。什一税叫摊派税也可,比方屠宰税、公粮(老百姓俗称"皇粮")就属这种性质的税种。

什一税是最落后的税种。什一税的社会效果是可以保证国家能够及时、稳定、可靠地取得财政收入,而对生产者会造成什么样的影响就顾不得那么多了。就是说,不管什么原因导致生产者连简单再生产都不能维持的时候,生产者都必须按照规定缴纳什一税。

现代社会化生产条件下,相比较而言农业本身是个弱质产业,需要保护。中国是一个有13亿人口的大国,源于农业的供给只能立足本国。农业问题与其说是个经济问题,倒不如说是个社会问题、是个政治问题更为确切。任何不利于保护和提升中国农业综合实力的政策、法规和方法都在取消之列。什一税既然存在着伤害生产者的可能性,适时加以取消就顺理成章了。

(二)流转税

流转税不是单独的一个税种,是对商品的交易行为以及非商品交易的营业额为征税对象的一类税收。我国现阶段开征的产品税、增值税、营业税、关税等都属于对流传额征税的范畴。流转税是我国目前的主体税种,需要作进一步的了解。

1、流转税按照流转额征税

流转税征税的依据是产品销售收入全额或商业经营业务收入全额,它不受产品(商品)成本和盈利水平的影响,只要发生销售收入就要征税,或者说只要有交易行为就应该纳税。现在,针对收入全额征税有可能存在着的重复征税问题,对产品正致力于推行和完善增值税。

2、税款寓于价格之中

流转税实行从价征税。产品价格由成本、利润、税金组成,流转税金是价格的组成部分,所以流转税是国家稳定而可靠的财政收入。因为纳税人在取得收入后,税金也得到体现。

征税和价格是两个不同的经济杠杆,对国民经济发展起到不同的调节作用。这种调节作用,主要通过流转税征税范围的确定、税率高低、减免税等政策来实现。

3、流转税税源大、范围广

由于流通领域包括从商品生产到消费前的各个环节,业务范围极其广泛,经营活动大量地经常地发生,所以流通领域的产品流转额存在普遍。现行税法规定,凡在流通中取得的流转额,不论纳税人的经济性质、经营方式,不论其所在地区是城市还是乡村,除国家规定减免税外,都应缴纳流转税。显而易见,流转税具有税源大、范围广的特点,是国家财政收入的主要来源。

(三)所得税

所得税又称所得课税、收益税,指国家对法人、自然人和其他经济组织在一定时期内的各种所得征收的一类税收。所得税1799年创始于英国。由于这种税以所得的多少为负担能力的标准,比较符合公平、普遍的原则,并具有经济调节功能,所以被大多数西方经济学家视为良税,得以在世界各国迅速推广。进入19世纪以后,大多数资本主义国家相继开征了所得税,并逐渐成为大多数发达国家的主体税种。

我国现行税制中的所得税的税类税收,只有企业所得税、外商投资企业和外国企业所得税、个人所得税等3个税种。

三、中、美财政结构比较与税制改革思路选择

从2006年起,中国财政收入达到3.9万亿人民币,已经超过日本(3.2万亿人民币)仅次于美国了。2007年中国财政收入为5.1万亿人民币,美国为2.568万亿美元,我们不足美国财政收入的三分之一。这么两笔巨额财产是怎么形成的,对其内部结构进行比较分析,或许有助于中国税制改革思路的选择。

(一)中、美两国财政结构状况

1、美国财政结构(1990年数据)

个人所得税为45%;工薪税为37%;公司所得税为9%;营业税(流转税)为3%;财产及馈赠税1%;关税及其他收入为5%;没有什一税。

2、中国财政结构(2007年数据)

流转税为40.8%;所得税为26.2%;其他收入33%。其他收入中的证券交易印花税为3.9%,如果加到流转税上,那么流转税所占份额就为45%,总的来看,流转税在财政收入总额中所占份额在逐步减少,2005年国内增值税、消费税和营业税等流转税所占份额为53%(16564亿元/30866亿元)。

3、几点看法

第一,美国财政是一个鼓励创新、科技兴国的体制结构。根据是什么?公

司所得税不足10%,证明公司把钱大量用于技术改造并加速固定资本折旧了,公司所得才这么少。马克思说科学技术是生产力指的就是固定资本。

中国虽然也倡导创新和科技兴国,但是,公司是不是搞创新和科技投入,得由政府说了算,然后在税收上实行相应的优惠政策。这种体制会带来两方面的消极后果:其一,强化了官本位,弱化了公司的独立自主性;其二,给了少数不良官员权力"寻租"的机会。

第二,美国财政是一个引导科技人员进入生产第一线的体制结构。根据是什么?工薪税为37%,这既可以作为解释公司所得税所占份额很少的原因,说明公司劳动成本很高,另外一方面也明白无误地告诉世人,到公司合算,收入很高。邓小平说科学技术是第一生产力,指的就是科技人员进入生产第一线的发展趋势。

中国学术界鼓吹的理论是,中国人工资低是我们的竞争优势!直到2007年,十七大报告才提出,"加大劳动者在初次分配中的比重",但愿这是一个良好的开端。

第三,美国财政是一个朝着"民富国强"方向发展的体制结构。

根据是什么?没有什一税,流转税所占份额才3%,这就是说民不富,没有"所得"即没有剩余,国家不会征税。

中国的什一税(农业税)2005年才废除,流转税所占份额接近50%,这是不是一个"国富民穷"的财政体制结构?除了人们的感受,说两组公开了的数据,人们可以进行理性分析。(1)2007年的证券交易印花税是2006年的10倍,而中小投资者从2007年到现在(2008)本钱缩水60%－70%;(2)1995年财政收入为0.6242万亿元,2005年为3.0866万亿元,翻了5倍,而在全国经济发展最快的珠江三角洲,打工仔和打工妹工资10年间(1995～2005)只增加了34%!

(二)不能借鉴美国财税结构的种种借口

1、中国人素质低,所得税代替流转税不能保证财政收入

"中国人素质低"这几乎成为一些人的口头禅,也是他们拒绝接受世界各个国家先进文明成果的借口,同时还是崇洋媚外的理由。

如果说"中国人素质低"是指一些人的偷税、漏税和避税行为,那么外国人的表现毫不逊色。我国的税制结构设计,大概是考虑到外国人素质高的原因,外资企业只征收企业所得税。到了2005年,在华外资企业亏损面接近50%,企业亏损没有"所得"当然就不缴纳所得税了。奇怪得是,外资企业亏损那么厉害,但到中国投资的势头却有增无减,这是为什么?很多外资企业"两头在外",从母公司进口比国际市场价格高得多的原材料、半产品和技术资料,加工后又以极低的价格回母国倾销,以期扩大市场占有率。这些外国人到中国投资,一是看中了政府给的属于非国民待遇的优惠政策,二是看中了中国人不值钱(工资低),三是运用"高价进、低价出"的办法造成亏损局面,进行"合理"避税。请问,外国人是素质高还是素质低?

所得税代替流转税能不能保证财政收入,这与国人素质高低没有直接的关联,主要考虑两个因素:一是财政收入总量是否合理,也就是税率高低要合国情;二是要设计一套与所得税配套的政策法规,所得税的设计肯定比流转税科学,但无论怎么科学的东西变为实践都是一个创造性的活动过程,所以不能套用流转税的思维模式和工作经验。

2、中国人贫穷,"所得"太少,税源税额有限

中国人贫穷,"所得"太少,税源税额有限,所以只能征收流转税。这个理由太出格了。老百姓贫穷,国家就应该轻徭役,薄税赋,这是历代开明的封建君王都懂得的道理,我们怎好意思以此为根据,打着国家利益的幌子,想方设法强化税收征管呢?

大家都承认中国人贫穷,而通过税收集中到政府手中的财富又太多,最近,耶鲁大学管理学院金融学终身教授陈志武先生建议国家减税1万亿元(《北京晨报》,2008.8.28),以刺激经济发展。与其这样,我们倒不如借机把征税结构从以流转税为主转换到以所得税为主的轨道上来,这样大家就不必担忧税制结构转换过程的风险了。

3、坚持中国特色,不能照抄照搬别国经验

坚持中国特色社会主义道路,不能照抄照搬别国经验,这个原则没有问题。我们在讨论税收制度的理论基础时就阐明,什一税、流转税和所得税三种税收制度,不管是用科学发展观分析,还是用马克思再生产理论分析,三种税收制度中的所得税设计比较科学合理,而美国只不过是用实践给我们做出了判断,这里谈不上照抄照搬别国经验的问题。

我们也应该承认一个基本事实，什一税、流转税和所得税三种税收制度的选择，既是社会资源不同配置方式的选择，同时也是不同思想理念的体现。什一税就是封建主义的东西，流转税则还带有封建色彩，因为这两种税都同特权不同程度地搅和在一起，而所得税追求的唯一目标就是社会资源的合理配置。

基本观点：

所得税发展方向是"民富国强"，什一税和流转税的发展方向是"国富民穷"；把征税结构从以流转税为主转换到以所得税为主的轨道上来，这是中国启动内需的必由之路。

第三节　树立以社会和谐为目标的财富分配理念

我们在第一节分析了，公平既不是社会财富分配的尺度，也不是社会财富分配所要达到的目标，社会和谐才是财富分配的尺度和目标。说得通俗一点，社会和谐就是大家都高兴，大家都满意，人人心情舒畅；财富分配不可能完全做到大家都高兴，大家都满意，人人心情舒畅，但同样不能动摇这是财富分配的尺度和目标。

一、抛弃只要抓总量增加、不必管分配的错误观念

"只要抓总量增加，不必管分配"，这是18世纪末期经济学家为了掩盖资产阶级剥削、抹杀两极分化提出的理论主张。社会经济学的创始人西斯蒙第早就一针见血地指出其伪善面孔，要求我们"提防不看事实的思想普遍发展，特别提防不考虑创造财富的人的痛苦、认为财富就是大家利益的谬论"。使人十分遗憾的是，历史已经进入21世纪了，中国主流经济学家中还有人主张"不必管分配"。他们认为，"为了达到改革的目标，必须牺牲一代人，这一代人就是3000万老工人。8亿多农民和下岗工人是中国巨大的财富，没有他们的辛苦哪有少数人的享乐，他们的存在和维持现在的状态是很有必要的。"后来又主张政府管

分配了,同时还提出了一个"相对既得利益"新概念。"相对既得利益"包含的内容是这样:改革开放过程中,由于种种原因一部分人先富裕起来了或者是暴富了(相对利益上升了);西部地区,农民或城市贫民,生活停步不前(相对利益下降了);这是改革追求的效果。所以,"相对利益受损了,不应该补偿","如果相对利益损失都要补偿,无异于回归旧体制"。说来说去,就是要让工人和农民为改革付出代价,为改革做出牺牲!

谢天谢地,"只要抓总量增加、不必管分配"的理论主张只风行了一段时间,现在的提法变了。"十一五"规划建议已经明确提出:"使全体人民共享改革发展成果。"相对利益下降了的社会群体应该补偿,富人和穷人共享改革发展成果,恐怕这才叫以人为本吧。

二、确认国家＜单位(集体)＜个人的财富分配关系

确认国家、单位(集体)和个人之间的关系,这是一个意识形态十分浓烈的议题,太短的文字恐怕很难说清楚,这里只把各自的主张客观地列出来,然后表明我们的想法。

(一)处理国家、单位(集体)和个人关系的几种模式

A. **意识形态化了社会经济关系:**

东方文化(集体主义):国家＞单位(集体)＞个人

西方文化(个人主义):个人＞单位(集体)＞国家

B. **正常的社会经济关系:**

政治道德原则:国家＞单位(集体)＞个人

财富分配原则:个人＞单位(集体)＞国家

(二)本书对"正常的社会经济关系"的理解和解释

意识形态化了社会经济关系我们这里不讨论了,只交代对"正常的社会经济关系"的理解和解释。

1、**政治道德原则,为什么国家利益高于一切?**

政治不管是革命政治还是反革命政治,从来都不是个人行为。外敌入侵,山河破碎,国家利益当然处于至高无上的地位,如果有谁为了个人利益出卖国家利益,那就是不为人齿的叛徒。就是在和平时期,议会政治,个人的力量也很

渺小,当然你不参与政治是另外一回事情。道德和政治有相同的地方,也从来都不是个人行为。四川"5.12"大地震中的"范跑跑",为什么人们都骂他"无耻、刻薄、寡恩"呢?因为他用极端个人主义(西方文化)为自己的错误辩护。"范跑跑"错误有两点十分明显。其一,作为一名教师走上讲台,下面坐着的人不管是小学生、中学生、大学生,还是干部,危难之际就承担了一份责任,逃跑有违职业道德;其二,他违背了人与人之间应相互帮助这个真正的普世价值。所以,在政治场合,只有把个人融入集体、融入国家,才有力量;在道德领域,为了国家、集体和他人而牺牲个人利益,道德才高尚。

2、财富分配原则,个人利益为什么高于一切?

财富分配领域个人利益高于一切。如果人不存在了,什么集体(单位),什么国家,不就是一句空话了吗?这是一般老百姓都明白的真理,理论证明起来确实就有点复杂了。"左"的教条主义者至今都不承认个人利益高于一切的财富分配原则,这恐怕是根本原因。

个人利益高于一切的财富分配原则,这不仅是以人为本理念的要求,也是唯物主义的基本要求。人作为自然物质的生存和发展,就同动物、植物等生命体一样,新陈代谢是其内在规定性,既要消耗物质和能量,也需要物质和能量的补充。人所需要的物质和能量决定于财富的多少,人的生存和发展自然也决定于财富的多少。财富丰富,人生存和发展得好些,财富缺少,人生存和发展得差些,没有财富,人只得死亡。那么这些财富是谁创造的呢?是人自己。资本主义制度下,社会的主流意识是资本家养活了工人,马克思的剩余价值理论颠覆了这种意识;传统社会主义制度下,社会的主流意识是国家、是单位养活了个人,马克思的剩余价值理论被传统社会主义颠覆了。马克思的剩余价值理论使个人利益高于一切的财富分配原则立于科学基点之上。

3、两个"高于一切"互为条件、互为因果

政治道德领域国家利益高于一切,财富分配领域个人利益高于一切。两个"高于一切"互为条件、互为因果。蒙牛集团董事长牛根生的经典语录"财聚人散,财散人聚",讲的就是这个道理。

"财聚人散,财散人聚",牛根生董事长说的是企业管理,国家管理是一样的道理。如果国家把社会财富集聚到自己手里,不关注老百姓的生存和发展,形成"国富民穷"的财富分配格局,人心不散才是怪事;反过来,国家把老百姓的利益放在第一位,把财富"散"给老百姓,老百姓财富有剩余的国家再按比例拿走一点,老百姓财富没有剩余国家不但不拿,反而还会倒补一点,其结果就像互联网上说的话,"不让他爱国恐怕都不行"。

我们以 2008 奥运火炬传递过程为例

2008 奥运火炬传递过程,全球华人爆发出来的空前的爱国主义热情,应该怎么全面认识。是我们长期爱国主义教育或道德说教的结果吗?如果答案是肯定的话,问题又来了,怎么会有那么多、成批的社会精英跑到外国去发扬爱国主义精神?

还是看看中国近几年悄然发生的变化。2003 年 3 月 20 日,孙志刚以"三无人员"为由在广州一家"收容所"伤害致死。同年 6 月 18 日,国务院发文废除 1982 年颁布的"收容办法",改为"救助办法"。当时人们一方面感叹政府办事之高效率,另外一方面还形成了一个"共识",说死者孙志刚是大学毕业生,才引起国家的高度重视,如果死的是一个农民,恐怕就另当别论了。所以到现在不少"精英"还认为,废除"收容办法"不应该。2003 年 10 月 24 日,共和国总理到贫困山区视察工作,直接为农民工讨要工资。社会舆论似乎开始转向了。向总理反映问题的农家妇女熊德明成为 CCTV2003 年的"年度经济人物",各级地方政府不但先后出面为农民工讨要工资,还制定了不得低于道德底线的最低工资制度。当然,又有"精英"说这违反了市场经济游戏规则。2006 年 3 月 14 日,十届全国人大四次会议表决通过了国务院总理温家宝作的政府工作报告。报告庄严宣布,今年在全国彻底取消农业税,标志着在我国已实行了长达两千六百年的这个古老税种从此退出历史舞台。随后,国家每年还给农民补贴。这一次虽然仍然有"精英"说这些政策延缓了工业化进程,是给农民帮倒忙,不过,在互联网上和民间一个新的词汇"亲民政府"则广为流传。

在这种背景下,西方政客和新闻媒体借奥运火炬传递之机,攻击、污蔑人民群众心目中的"亲民政府",当然就不答应了。所以,全球华人爆发出的这种热情,说他们是爱国主义当然可以,说他们是仗义执言也未尝不可。

(三)个人＞单位(集体)＞国家的财富分配原则实践

个人＞单位(集体)＞国家的财富分配原则实践,西方资本主义国家接近这个分配顺序,社会主义国家用道德或政治原则代替财富分配原则,顺序被颠倒了。中国在改革开放之后,奉行的仍然是国家＞单位(集体)＞个人的财富分配原则。

"交够国家的,留够集体的,剩下的都是自己的",这是中国农民改革开放后用十分形象、生动的语言所描述出来的国家＞单位(集体)＞个人的财富分配关系。"交够国家的,留够集体的,剩下的都是自己的",出现的后果大约会是以下几种情形:

第一,"交够国家的,留够集体的"之后,"自己"什么也不剩,再生产无法维持,自己成为饿殍,像 1959－1962 年那样;

第二,"交够国家的,留够集体的"之后,"自己"还剩下一点,但生活很艰难,国家出面救济才能维持简单再生产,如 10 年(1966－1976)"文化大革命"那样;

第三,"交够国家的,留够集体的"之后,"自己"有剩余,维持正常生活没有问题了,但扩大再生产还是不行,其表现形式是国家富强,内需却始终上不去——目前就是这样。

如果我们把关系颠倒过来,按照"留够百姓的,剩下才是国家的"财富分配原则统一征收所得税,大约会出现以下几种后果:

第一,"剩下"的财富不能维持国家机器正常运转,政府只有发行公债向老百姓借钱,第二年除了大力发展经济外,还可以重新审视"留够"的标准即对所得税的税率和结构进行适当调整,或者从根子上反思是不是政府机构本身太过臃肿,太过庞大?

第二,"剩下"的财富不但能维持国家机器正常运转,还有节余以应不时之需,应该说这是一种比较理想的财富分布状态;

第三,"剩下"的财富不但能维持国家机器正常运转,还节余太多,第二年就应该减税了。

我们假设了两种财富分配思路在实践中已经产生过的后果和可能产生的各种后果,当然这是以公共财政为讨论前提,如果是像现在的"建设财政",国家还要投资办各种实业,政府再多的钱也不够花了。

三、政府的调控职责是雪中送炭而不是雪上加霜

现在有种观点很流行,说中国"部分人先富裕起来政策"已经结束了,平均主义旧体制有恢复的危险性。也有国外媒体做出了这样的评估。笔者认为,这是对科学发展观的误解。

不平衡,或者非均衡,是事物发展的普遍规律。一部分人先富裕起来,一部分人后富裕起来,一部分人生活比较拮据,这都是十分正常的社会现象。新中国几十年的实践情况是这样:计划经济年代,搞同步富裕,"不让"部分人先富裕起来,结果是共同贫穷;改革开放后,否定同步富裕,"让"部分人先富裕起来,结果是两极分化。问题究竟出在什么地方呢?两方面的教训告诉我们,"杀富济贫"("左")不可取,"杀贫济富"(右)同样不可取;部分人先富裕起来,"不让"("左")不可取,"让"(右)也不可取,唯一的选择是"允许"。所谓"允许"部分人先富裕起来,就是尊重事物发展的客观规律,"不让"("左")或"让"(右)部分人先富裕起来,政府都犯了越俎代庖和揠苗助长的错误。

科学发展观不会也不可能结束部分人先富裕起来政策。先富的人政府"锦上添花",贫穷的人政府还"雪上加霜",这样的政策肯定不能延续了。先富的人继续富下去,贫穷的人政府"雪中送炭",帮助他们渡过难关,慢慢富起来。"见死不救"不等于市场经济。如果说科学发展观也有什么"不让"的话,那就是"不让"部分人永远贫穷下去,难道这是平均主义?是恢复旧体制?

第四编 国民经济与政府职能

第十九章　西方社会核心价值评介及其对当代中国的影响

西方资本主义国家在推动经济全球化的进程中,必然会传播他们社会的核心价值。西方社会核心价值的影响是客观存在。我们无论是贯彻落实科学发展观,还是开创国民财富研究的新篇章,都必须科学评介西方社会核心价值,并正确取舍。

第一节　英国社会的核心价值评介

提起英国,中国人记忆犹新的事件:一是1842年"鸦片战争"后强迫清朝政府签订了《南京条约》;二是1860年英法联军攻进北京后,英、法、俄强迫清政府签订了《北京条约》;三是1900年英、美、日、俄、法、德、意、奥八国组织联军侵入中国后,强迫清政府签订了《辛丑条约》;四是1997年中国香港从英国的管辖下回归祖国。这些事实只能作为评价英国社会核心价值社会影响的依据,揭示英国社会核心价值则必须从它本国存在和发生的历史事件中去寻找。

一、民主是英国社会的核心价值

1、英国民主传统已经有800年的历史

1258年,国王亨利因为干预意大利战争,不顾农业欠收和饥荒,要求贵族缴纳三分之一的收入作为军费,激起了贵族的不满。国王亨利三世的表兄弟、妹夫西蒙·德·孟福尔男爵带领武装士兵闯进王宫,迫使亨利同意召开会议签订限制王权的"牛津条例"。根据牛津条例,国家权力由贵族控制的十五人委员会掌握,为此引进了新的专用名词"议会"。牛津条例规定,国王非经议会同意不得做任何决定。当然,当时的议会还不能同近现代意义上的议会等同,更何况还有多次反复,但英国是议会制度的首倡国这是确定无疑的。作为一种具有普遍社会政治经济价值的事物,议会制得到现代世界上大多数国家的认可、采用和借鉴,成为现代行使民主权利的方式之一,因而有英国的议会制被称为"议会之母"的说法。

2、君主立宪制民主是英国的主流民意

君主立宪制就是将以前的以国王皇帝手中的立法权、行政权过渡到以宪法为中心的国会中但国家仍然保留君主。君主立宪可分为二元制君主立宪制和议会制君主立宪制,现在世界上大都为后者。二元制君主立宪制从政府结构来讲,君主交出了立法权但保留部分行政权,首相只是辅助君主治理国家,宪法和其他法律由议会制订,君主在制订的宪法和法律的范围内治理国家。议会制的君主立宪制,议会掌握立法权,内阁由议会产生并对议会负责,君主的实际权力减弱,其职责大多是礼仪性的。议会制的君主立宪制,则仍为现代不少资本主义国家所采用,如英国、荷兰、比利时、丹麦、挪威、瑞典、泰国、日本等。

英国人依然把君主看作是国民道德感情的表现,是国家的象征。为了充分体现这一点,《女王万岁》被定为英国国歌。英王的生日是英国法定的国庆日。英王的登基、加冕、结婚、寿辰等均视为全国、全民族的节日。英王代表英国主持对外对内重要庆典仪式。正由于此,1976年进行的一次盖洛普民意测验的结果表明,竟有81%的英国人情愿保留君主,而只有10%的人愿意要总统。显然,英王在英国宪政体制和政治统治中所起的精神支柱的作用是不可估量的。君主立宪制民主是英国的主流民意。

3、君主立宪制民主是统治阶级的工具

君主立宪制民主是统治阶级的工具,不是人民民主。1842年5月2日,宪章派全国协会的负责人向下院递交了全国宪章派第二次请愿书。这份有300万人(约占英国成年男子的一半)签名的请愿书写道:"尊敬的贵院就它现在的组成来说,既不是由人民选出来的,也不是由人民作主的。它只为少数人的利益服务,而对多数人的贫困、苦难和愿望置之不理。"请愿书还指出,在英国"统治者穷奢极欲,被统治者受苦挨饿"。例如,维多利亚女皇每天的收入是164镑17先令60便士,她的丈夫亚尔伯特亲王的收入是104镑20先令,而千百万工人每天每人的收入只有两三个便士。

这份请愿书再次要求把《人民宪章》定为法律。《人民宪章》提出年满21岁的男子都有普选权,选举投票应秘密进行,废除议会候选人的财产资格限制,国会每年举行一次改选,平均分配选区。1848年,在欧洲大陆革命风暴的推动下,宪章运动再度高涨。第三次全国请愿书进一步提出,劳动是一切财富的唯一来源,劳动者对于自己的劳动果实享有优先权。人民是权力的唯一来源。在请愿书上签名的有197万人。伦敦、曼彻斯特、伯明翰、利物浦、格拉斯哥等城市的工人举行了声势浩大的示威游行。4月10日,全国宪章派第3次代表大会的代表把请愿书装在四套华丽的马车上向国会驶去,途中遭到宪兵的镇压。国会拒绝接受请愿书。接着,政府下令解散全国宪章派协会。

二、简评英国式民主的社会影响

英国是第一个发生资产阶级革命和进行工业革命的国家。19世纪时英国被称为"世界工厂",又称为"日不落帝国"。这些成就与英国的民主传统和社会民主氛围有直接的关联。

1、结束独裁专制是英国民主制度最为杰出的历史贡献

英国资产阶级取得国家统治地位之后,继承了民族的民主传统,为现代社会的形成和发展提供了制度保证。资产阶级取得国家政权之后,实际上最有权力的人是首相,因此,最有可能走向专制,危害民主制度和人民权利的是首相。但英国首相行使的大部分权力名义上是国王的权力,首相要推行专制首先面临如何摆脱国王这个障碍以解决名实相符的问题。国王在英国地位最高,但在政

党政治和议会政治下,国王要恢复其原来的专制权力已经绝不可能了。但这样一个虚位的国王却能非常有效地屏蔽首相,遏止首相走向专制独裁。事实上,在现有的体制下,一个谋求专制独裁的首相必定危害国王的地位。在这种情况下,国王甚至有可能领导人民共同抵制一个专制首相。一直以来,人民摆脱专制统治的最顽固的敌人就是君主,而如今,经过英国式的改造,国王甚至可能成为捍卫民主制度的一个可靠力量。

毛泽东和邓小平在总结前苏联"肃反扩大化"和中国"文化大革命"的教训时说,"英、法、美这样的西方国家不可能发生",指的就是这种防止个人独裁专制的民主制度。

2、倡导科学反对愚昧是英国民主制度对人类的又一贡献

先看自然科学。

艾萨克·牛顿爵士(1642—1727)的命运。牛顿是一位英格兰物理学家、数学家、天文学家、自然哲学家和炼金术士。他在1687年发表的论文《自然哲学的数学原理》里,对万有引力和三大运动定律进行了描述。这些描述奠定了此后三个世纪里物理世界的科学观点,并成为了现代工程学的基础。他通过论证开普勒行星运动定律与他的引力理论间的一致性,展示了地面物体与天体的运动都遵循着相同的自然定律,从而消除了对太阳中心说的最后一丝疑虑,并推动了科学革命。

乔尔丹诺·布鲁诺(1548～1600)的命运。布鲁诺出生于意大利那不勒斯附近的诺拉镇。他家境贫寒,靠神甫们收养长大。由于自幼好学,15岁那年当了多米尼修道院的修道士。全凭顽强自学,终于成为当代知识渊博的学者。

布鲁诺信奉哥白尼学说,所以成了宗教的叛逆,被指控为异教徒并革除了他的教籍。公元1576年,年仅28岁的布鲁诺不得不逃出修道院,并且出国长期漂流在瑞士、法国、英国和德国等国家。他四海为家,在日内瓦、图卢兹、巴黎、伦敦、维登堡和其他许多城市都居住过。尽管如此,布鲁诺仍然始终不渝地宣传科学真理。

天主教会施展阴谋诡计,收买布鲁诺的朋友,将布鲁诺诱骗回国,并于1592年5月23日逮捕了他,把他囚禁在宗教判所的监狱里。接连不断地审讯和折磨竟达8年之久!1600年2月17日,布鲁诺在罗马的百花广场上被活活烧死了。

再看社会科学。

卡尔·马克思(1818—1883)的命运。1818年5月5日,马克思诞生于德国莱茵省特利尔城。1841年,马克思结束大学生活,获哲学博士学位。他本想在波恩大学讲授哲学,但因普鲁士政府加紧对进步知识界的迫害,不得不放弃这个打算。1842年初,他写了第一篇政论文章《评普鲁士的书报检查令》,通过对书报检查制度的批判,揭露整个普鲁士国家制度的反动本质。同年5月,他开始为自由主义反对派创办的《莱茵报》撰稿,10月担任了该报的主编。在马克思的影响下,这份报纸越来越鲜明地倾向于革命民主主义。1843年4月1日《莱茵报》被反动当局查封。

1843年秋,马克思迁居巴黎;1845年1月,马克思被法国政府驱逐出境,2月到了布鲁塞尔;1848年资产阶级革命风暴席卷欧洲大陆,3月初,马克思被比利时当局驱逐出境,到了巴黎;4月初,马克思返回德国,直接参加革命。6月他创办了《新莱茵报》。它是当时民主运动中唯一代表无产阶级观点的报纸。马克思通过报纸宣传无产阶级在民主革命中的纲领,指导德国人民同封建专制制度作斗争,揭露自由资产阶级的妥协和叛卖行为,还通过报纸同各国民主派建立广泛联系,声援各国人民的革命斗争。

1848年,革命失败后,马克思再次被他的祖国德国驱逐,去了巴黎。法国政府要求马克思离开巴黎。马克思流亡到伦敦,在这里长期定居,直到逝世。

科学的遭遇。

同样是自然科学家,牛顿在英国受到社会的尊敬,封为爵士,而布鲁诺因为信奉哥白尼学说,他的祖国意大利将其诱骗回国,在罗马百花广场被活活烧死。马克思一生的遭遇更加鲜明地展现了科学与民主的关系。德国是马克思的祖国,两次被驱逐出境,法国政府也容不下马克思,最后,马克思流亡到伦敦,在英国长期定居,直到逝世。

说句"大不敬"的话,全世界的马克思主义者,对英国的民主制度应该有感激之情。先感恩,再批判。

3、"日不落帝国"最终走向衰落与君主立宪制有内在关联

"日不落帝国"最终走向衰落是多种因素综合作用的结果。殖民地和半殖民地国家和人民，不甘心被剥削、被压迫、被奴役，要独立，要解放，要自由，这是任何杰出人物和社会制度也阻挡不住的历史潮流。中国香港回归，据说英国内部"鸽派"和"鹰派"争吵得很厉害，问香港为什么不采取新加坡模式，成为一个独立国家？他们不明白，已经觉醒并站起来的中国人民不答应，英国内部不管什么派都没有用。但这里的"日不落帝国"最终走向衰落指的不是殖民主义体系的崩溃和瓦解，而是说英国本身综合国力日渐衰颓，在国际舞台上的声望和影响也江河日下，才是我们讨论的议题。

前面讨论英国民主时涉及英国的"宪章运动"。列宁曾高度评价英国的"宪章运动"是"世界上第一次广泛的、真正群众性的、政治性的无产阶级革命运动"。"宪章运动"虽然镇压下去了，全国宪章协会也解散了，但"宪章运动"反映出来的问题镇压不下去，也解散不了。"劳动者对于自己的劳动果实享有优先权。""人民是权力的唯一来源。"这些具有永久魅力的真正的普世价值被藐视，这个国家走向衰落是只争早晚与来迟的问题了。

第二节　日本社会的核心价值评介

就人类文明贡献而言，日本民族确确实实没有多少可圈可点之处，但"日本现象"很值得研究。日本曾经也和中国一样，是一个闭关锁国的封建制国家。公元1868年"明治维新"后，日本迅速崛起成为亚洲和太平洋地区战争的策源地。"二次世界大战"日本被夷为平地，一片废墟。几十年时间过后，日本再次崛起成为仅次于美国的经济强国，开始对周边国家提出领土要求，并觊觎联合国常任理事国的席位。何况日本与中国还"一衣带水"呢，更应该好好研究"日本现象"。

一、危机意识是日本社会的核心价值

生存环境对一个民族文化或性格特点的铸就，CCTV组织的"原生态民歌大奖赛"表现得淋漓尽致。内蒙草原的"调"，西藏雪域的"俏"，广西壮族的

"歌",湖北土家族的"啸",这些各具民族特色的音乐,无不生动具体地展现了他们生存的自然环境。日本民族强烈的危机意识与他们的生存环境有直接的关联。

日本是一个矗立在地震带上的岛国,国土面积窄小,人口密度高,台风频繁,地震不断,随时都有生死抉择,使得日本民族能够及时觉察到自身面临的挑战和风险,也就能够忍辱负重地对这些挑战做出敏捷智慧的回应。新闻媒体对日本电影《日本沉没》讨论得很热烈。影片中山崩地裂、海啸翻滚、家毁人亡的日本,艺术地再现出恶劣的生存环境,片尾那个眼睛几乎半瞎的男主角,在被迫离开日本时的那种强悍旺盛生命力的眼神,讴歌了人类在严酷自然环境下不屈不挠、顽强奋斗的伟大精神。日本电影《日本沉没》同中国的"开除球籍"是一个意思,说的就是危机意识,只不过中国的危机意识没有日本的危机意识那么强烈罢了。

二、简评日本式危机意识的社会影响

日本式危机意识不等于危机意识,正好比英国式民主不等于民主一样。就民主而论,按照层次划分,浅层次的民主是民主作风,中国唐朝李世民是民主作风的典范;次一级的民主是民主制度或民主体制,即制度保证不能个人说了算从而导致独裁专制,英国式民主属于这个层次的民主,所以又叫议会民主;深层次的民主是民主权利,"宪章运动"提出的"人民是权力的唯一来源",这属于深层次的民主。自觉的危机意识是人类十分宝贵的品质,能鼓励人奋发有为,不屈不挠,积极向上,可日本式危机意识是另外一回事。日本式危机意识意味着不甘寂寞,侵略领土,野心勃勃。

日本式危机意识是天皇制度与盲目危机意识相结合的产物。自觉的积极向上的危机意识,不可能自发形成,是先进思想或先进文化长期培育的结果;盲目危机意识通俗讲就是趋利避害的动物本能。盲目危机意识如果在一种落后文化或邪恶势力的影响和煽动下,就会成为野蛮的失去理智的没有人性的疯狂意志。天皇制度就是一种落后文化或邪恶势力。

人们或许会有疑问,英国的女王制度也是封建制度,怎么就不像天皇制度那样邪恶呢？前面已经介绍了,800年前英国的封建制度就废除了个人独裁专制而实行民主制了,所以在伊丽莎白一世就涌现出了像莎士比亚、培根这样杰出的历史人物。天皇制度直到如今还在普通民众中保持着神秘色彩。天皇始终是日本的最高统治者,所谓的君主立宪制是美国搞的一个政治怪胎。日本"明治维新"之后,天皇不仅是最高的统治者,还掌握和控制着社会财富,日本天皇是战争的发动机。这种文化、这种制度煽动起来的危机意识在"二次世界大战"中的表演,我们可以不追究了,向前看嘛。"战后"崛起的危机意识又是什么思想文化在引导呢?甲级战犯被当成民族英雄供奉起来,而政客们还定期朝拜,对于曾遭受他们侵略和侮辱的国家和民族,仍然沉浸在"战胜"的荣光和优越感里;对于强大的曾用原子弹把他们意志摧毁了的美国,又极度自卑,愿意以战败者的身份屈辱地生活着!

日本式危机意识是一种特殊的精神文化现象,会向什么方向发展,并不完全决定于日本自身,同时还受国际环境的影响和制约。明白了这一点,我们就有理由坚信,日本式危机意识有脱胎换骨的那一天。

第三节 美国社会的核心价值评介

美国现在是单级的超级大国。美国正向全球不遗余力地推行他的民主、自由、平等、人权等所谓"普世价值"。中国对美国推行的"普世价值",存在着截然相反的两种立场和态度。

一、个人自由是美国人民对人类文明的无与伦比的杰出贡献

1776 年,美国 13 个州一致通过的《独立宣言》确认:人人生而平等,造物者赋予他们若干不可剥夺的权利,其中包括生命权、自由权和追求幸福的权利。为了保障这些权利,人类才在他们之间建立政府,而政府之正当权力,是经被治理者的同意而产生的。当任何形式的政府对这些目标具破坏作用时,人民便有权力改变或废除它,以建立一个新的政府;其赖以奠基的原则,其组织权力的方式,务使人民认为唯有这样才最可能获得他们的安全和幸福。

无产阶级革命导师马克思高度评价了它的历史地位,称它为"第一个人权宣言"。

1789年,受《独立宣言》影响,法国国民议会通过的《人权宣言》在相关条文中,对"个人自由"作了进一步的阐述:在权利方面,人们生来是而且始终是自由平等的,只有在公共利用上面才显出社会上的差别;任何政治结合的目的都在于保存人的自然的和不可动摇的权利,这些权利就是自由、财产、安全和反抗压迫;整个主权的本原主要是寄托于国民,任何团体、任何个人都不得行使主权所未明白授予的权力;自由就是指有权从事一切无害于他人的行为,因此,各人的自然权利的行使,只以保证社会上其他成员能享有同样权利为限制,此等限制仅得由法律规定之。

1848年,由马克思和恩格斯亲自起草的《共产党宣言》对"个人自由"是这样表述的:代替那存在着阶级和阶级对立的资产阶级旧社会的,将是这样一个联合体,在那里,每个人的自由发展是一切人的自由发展的条件。

马克思主义思想体系里,对资产阶级的人权理论和个人自由持肯定态度,而且还把"每个人的自由发展"作为共产党人的最终奋斗目标,所要批判和否定的东西是伤害人权和不利于个人自由的制度和理念。可我们在很长一段历史时期内,则把人权和个人自由通通当作资本主义的东西加以排斥和否定,这个教训是十分深刻的。比方,西方讲自由,我们就讲纪律;西方讲民主,我们就讲集中或专政;西方讲平等博爱,我们就讲斗争哲学;西方讲人权,我们就讲国权,如此等等。个人自由是反对封建特权的思想武器。我们过去存在着一个严重的思想误区是,认为个人自由离开集体或阶级的解放,个人不可能真正获得自由,这个观点本身没有错误,问题是我们不应该强调集体或阶级的作用而否定个人自由。强调集体或阶级的作用是为了更早和更好地实现个人自由,如果以牺牲个人自由为代价,那么这种集体主义和阶级利益同封建特权还有什么区别?

倡导个人自由是美国社会的核心价值,《独立宣言》所阐明的人权与政权的关系是普遍真理,是美国人民对人类文明的无与伦比的杰出贡献。

二、个人自由是美国走向强盛成为头号超级大国的原始动力

倡导个人自由容易引起误会,以为倡导个人自由就是社会容忍个人无所顾

忌，为所欲为，所以美国也是全世界社会问题比较多的国家之一，比如枪支泛滥，凶杀不断，性犯罪，吸毒贩毒等。但是，我们同时还得承认，美国社会倡导个人自由确实把每个人的积极性、创造性最大限度地调动起来了，使个人的潜能发挥到了极致。

蒸汽机的发明代来了工业革命，英国成为世界活动的中心。与现代文明相联系的一系列发明创造如电灯、电话、电视、电脑，发源地是美国，因此，世界活动中心就由英国转移到了美国。科学技术大本营的转移是世界活动中心转移的内在根据。

科学，不管是自然科学还是社会科学，其活动方式与其他社会活动方式的根本区别，除了内在所需要的言之有据、逻辑一贯、自成一体的限制和约束之外，不需要别的限制和约束，需要绝对的自由。如果实在要说需要什么规范的话，行为需要民主，思想需要自由，科学属于思想的范畴。自由是科学的摇篮和孵化器。当然，有了自由，不一定就有科学；没有自由，肯定没有科学；这是颠扑不破的真理。

美国人民在行为上继承和发扬了英国人的议会民主制度，不仅搞了两党制，而且还设计了三权制衡制度；在思想观念科学技术发展上，又创造性地设计出了一套起保障作用的自由制度；这样的国家，这样的民族，强盛起来是历史的必然归宿。

三、个人自由是解放的旗帜，不应是美国掠夺全球财富的借口

美国人民的先贤在《独立宣言》中，把人权归结为人人都平等地拥有"生命权、自由权和追求幸福的权利"，还阐明了人权高于政权的道理，在往后的发展中，突出并强调个人自由，这些都是人类文明史上极为宝贵的精神财富。但是，资产阶级及其他们的代言人，内部出于巩固剥削制度、外部出于掠夺别人财富的需要，把个人自由意识形态化为个人主义，人权高于政权蜕变为人权高于主权，这就不是人类的福音而是人类的灾难了。

个人自由意识形态化为个人主义，个人自由在物质生产活动过程就表现为资本家有无偿占有他人剩余劳动的自由。从行为规范角度看生产关系的选择，用邓小平的话来说，"群众愿意采取哪种形式，就应该采取哪种形式"。资本家

确实有权无偿占有他人剩余劳动的自由,正好比我们国家现在的资本家一样,有权无偿占有他人剩余劳动的自由。这样一来,就同《独立宣言》确认的"人人生而平等"原则顶起牛来了。"人人生而平等"原则也是社会经济学的基本原则。在社会经济学的视野里,提供劳动条件的人是投资者,有权参与对收益的分配,无权独霸收益,也就是无权无偿占有他人的剩余劳动。所以,就价值偏好而言,社会经济学赞赏个人自由而不取个人主义。

人权高于主权的一套观念,理论上十分荒谬,实践中非常有害。《独立宣言》诞生时的1776年,英国是殖民统治者,是宗主国,英国殖民统治者是美国人民的政府,美国人民面临人权、政权和主权三种复杂的权利关系。关于民族与民族之间的关系,《独立宣言》反对殖民统治,反对宗主国,主张"按照自然法则和上帝的旨意,以独立平等的身份立于世界列国之林","同我交战者,就是敌人;同我和好者,即为朋友"。人与人之间的关系,《独立宣言》主张"人人生而平等,造物主赋予他们若干不可让与的权利,其中包括生存权、自由权和追求幸福的权利。为了保障这些权利,人们才在他们中间建立政府,而政府的正当权利,则是经被统治者同意授予的"。这样才产生了人权高于政权的权利关系。如果世界上存在人权高于主权的权利关系,那么美国人民就有权要求他们的政府改变或推翻英国政府,反过来也是一样,英国人民就有权要求他们的政府改变或推翻美国政府,世界还有安宁日子可言吗?

人权高于主权的一套观念,实践中也造成了严重后果。2003年3月20日,美、英等国发动的"伊拉克战争",指导思想就是人权高于主权。五年过去了,世界人民见证了打着民主和自由旗帜的美英联军摧枯拉朽式地推翻了伊拉克政权,也见证了数千名伊拉克平民命殒于美英枪炮甚至是同胞的人体炸弹之下,更见证了这个千年文明古国是如何陷入全面混战的状态。民主、自由、和平、繁荣等美好承诺一项也没有兑现,伊拉克人民得到的只是满目疮痍和累累白骨。参加奥运会的伊拉克运动员,在国内连一个安全的训练场地也找不到,这应该是拜人权高于主权所赐。

个人自由被意识形态化为个人主义,资本家无偿占有他人剩余劳动披上了合情合理的外衣;人权高于主权的所谓个人自由使掠夺别国财富的侵略军队变成了正义之师。"伊拉克战争"的"正义性"就是因为伊拉克是世界上第二大产油国。个人自由是解放的旗帜,对内不应是掩饰剥削的工具,对外不应是掠夺全球财富的借口,美国人民的先贤们撰写和通过《独立宣言》时,不知道是不是这样想的?

第四节　西方核心价值对当代中国的影响

中华民族是一个有五千年传统的优秀民族。认清各个民族的核心价值,了解核心价值的融合和再生过程,明白历史发展的大趋势,开创国民财富研究的新篇章。

一、包容是中华民族的核心价值

确认中华民族的核心价值,至少应当包含以下三个本质特征:第一,中华民族是一个有着五千年历史的古老民族,民族的核心价值一定有几千年的悠久传统;第二,中华民族是一个由几十个民族组合起来的大家庭,民族的核心价值有"通约性";第三,中华民族既有辉煌的历史,也有苦难的经历,民族的核心价值既经受了血与火的考验,也经受了正反历史经验的检验。根据这三个特征,我们认为包容是中华民族的核心价值。

1、**中华民族包容特性是"和为贵"思想长期哺育的结果**

中华民族包容特性是"和为贵"思想长期哺育的结果,人们会立刻反问,为什么不确认"和为贵"思想是中华民族的核心价值?这是两件事情。包容是一个人或一个民族的品质,而"和为贵"是一种思想,是一种理论,两者是感性认识和理性认识的关系。"和为贵"是源于包容又高于包容的对于人与人之间关系的认知。"和为贵"是孔子创立的一种思想。孔子思想及学说不像宗教那样,创造出一个外在的全知全能的救世主来规范人们的思想和行为,而是根据实际经验对历史传统作当代诠释,达到实现价值的叠加和转换的目的,"和为贵"思想就是这样形成的。

孔子(前551～前479)生活在春秋与战国交替的时代,他作过高官,辞官后为民,晚年从事教育著书立说,并周游诸侯各国宣传他的主张,终其一生。孔子重视民生疾苦,面对春秋时期诸侯争战不休、人民困苦不堪的现实,孔子认为,"礼之用,和为贵。先王之道,斯为美。"翻译成白话就为,典章制度和道德规范的应用,以和为贵。尧、舜、禹、汤、文、武等古代帝王的治世之道,最可宝贵的地方就在这里。那么"和为贵"是什么意思呢?知识分子推崇南宋时期大儒家朱熹(1130—1200)的解释,"和为贵"就是做到自然和顺与从容不迫才最宝贵;普通百姓的理解,"和为贵"就是人与人之间做到彼此宽容、大度、和气才最宝贵。也许知识分子的理解最深刻,而普通百姓的理解比较浅显,人们可以去做深一步的研究,不争的事实是,宽容、大度、和气倡导的价值,已融入了我们民族的血液,沉淀在我们的生命中,铸成了我们民族的个性。

2、包容是连接中华民族大家庭的纽带和延续千年的法宝

中华民族是一个由几十个民族组合起来的大家庭,包容是连接中华民族大家庭的纽带,是延续数千年的法宝。人类社会发展史上,许多古老民族衰败了,有的还绝种了,重要原因之一就是人与人之间、民族与民族之间,缺乏包容性,相互争斗,相互掠夺,直至发展到灭绝人性的相互屠杀。再说欧洲,整个欧洲还没有一个中国的版图面积大,就大大小小分裂成为几十个国家,就跟中国春秋时代差不多。现在他们开始醒悟,要建立欧洲共同体了。中华民族由56个民族组成,如果没有"和为贵"思想和中庸之道理论一代又一代地传承,能以一个大家庭的方式延续几千年,就是不可思议的事情。

当然,孔子创立"和为贵"思想和中庸之道理论的时候,并没有估计到中华民族内部会有那么多民族,需要继承和发扬他所倡导的精神,更没有想到会有一个经济全球化,国与国之间更需要继承和发扬他所倡导的精神;关键是因为孔子观察问题的思想方法和角度具有永久的魅力和科学价值。不管是个人致富、政治家掌权,还是国家强盛,要顺其自然,凡事不可强求、不能走极端。出现矛盾要彼此包容,要宽宏大度,才是最高境界。但从那些好勇斗狠、野心勃勃、称霸一方、独霸全球的人或者国家看来,这些品质叫胆小怕事,叫软弱无能或别的贬义名称。不过,中华民族几千年的历史已经证明并将继续证明,包容是人类生存和繁衍极为宝贵的品格。

3、民族发展的正反经验和苦难历史证明包容品质的可贵

中华民族近代落后了。面对帝国主义的侵略,各民族之间,阶级与阶级之间,穷人和富人之间,彼此包容,放下血海深仇,以血肉之躯筑成新的长城,避免了种族灭绝的危险。

中华民族的鼎盛时期也是民族最和睦的时期。唐朝有唐太宗把文成公主嫁往吐蕃的佳话,清朝有康熙皇帝的"满汉一家"基本国策,民族和睦带来国家的兴旺发达。十年"文化大革命"把"和为贵"和中庸之道当作封建主义文化抛弃了,倡导"斗争哲学",反对包容,中华民族经历了一场空前的浩劫!

二、核心价值的融合和再生过程

包容是中华民族的核心价值。有容乃大。问题的另一面,泱泱大国长期闭关锁国,没有危机意识,缺乏民主、自由、平等观念,终于落后了。中西核心价值融合和再生经历了一个漫长的历史发展过程。

1、"五四"新文化运动与"打倒孔家店"

"五四"新文化运动有两大口号:一曰"科学与民主",一曰"打倒孔家店"。长期以来,有一种片面认识,认为"打倒孔家店"是"左"的过激主义倾向,似乎解放以后严重泛滥的"左"倾思潮,以至"文化大革命"的发生,都可以追溯到"打倒孔家店"口号,从而使一些人对整个中国革命的正义性和必要性产生怀疑。

主张"科学与民主"大家没有歧义,可是人们不明白,当时若不"打倒孔家店",若没有摧毁封建制度的革命运动,"科学与民主"就根本谈不上。新文化运动旗手鲁迅先生早就说清了"打倒孔家店"同革命运动的内在关联。"打倒孔家店"不是全盘否定儒学,更不是全盘否定民族的优秀文化传统,而是因为历代封建统治者包括那些军阀在内,把孔子当神仙一样敬奉,把儒学中的封建糟粕当宗教教义一样尊崇。"打倒孔家店",使禁锢的民众思想获得解放,无疑有利于冲破旧的以封建政治、伦理秩序为核心的文化格局,有利于"科学与民主"精神的引进与发扬。"打倒孔家店"的革命意义不可抹杀。"五四"新文化运动所开启的中国新民主主义革命,其正义性和必要性不容怀疑。

当然,"打倒孔家店"口号本身有片面性,但与"左"的文化专制主义却没有必然的联系。"左"的文化专制主义与封建文化专制主义一脉相传,都信守特

权,与"打倒孔家店"所倡导的解放思想、独立自由毫无共同之处。"打倒孔家店"的片面性,只能沿着"五四"新文化运动开辟的航向才能克服。正好比上世纪80年代改革开放初期,出现全盘否定马克思主义和毛泽东思想的过激倾向一样,不能因为有这些过激倾向,就否定改革开放的必要性和重要性。

2、中西核心价值融合的历史必然趋势与选择

几十年或几百年的革命与战争经历给人类造成了一种错觉,似乎各个国家各个民族的核心价值很难融合,所以就产生了民族自治和国家独立之类的问题。真实情况并不是这样。自治和独立不仅是一个民族和国家的要求,也是一个人的根本要求,这同核心价值能否融合没有直接的关联。各个国家各个民族的核心价值能否融合,决定性的因素就两条:一是其核心价值是否符合人性;二是其核心价值能否随着时代发展吸收新生事物。日本民族的危机意识曾在邪恶势力的引导下,只有兽性而没有人性,所以不能同其他国家和民族的核心价值融合。中华民族的包容性最能体现人的本性,可曾长期闭关自守拒绝新生事物,同样不能同其他国家和民族的核心价值融合。英美等国的民主、自由理念也体现了人的本性,可它们缺乏包容性,还做着征服世界的美梦,所以也很难同其他国家和民族的核心价值融合。

中华民族近代发展史表明,中西核心价值融合是历史发展的必然趋势。"五四"新文化运动提出的"科学与民主"口号,是中华民族融入世界并接受新生事物的标志。革命和战争把各个国家和各个民族的生死存亡命运放到高于一切的地位,所谓核心价值的融合未能提上议事日程。新中国成立进入和平建设的历史时期,却长期执行一条"左"倾机会主义路线,与"五四"新文化运动开辟的道路背道而驰,更加落后了。1978年十一届三中全会后,整个社会以比"五四"新文化运动更加开放的姿态迎接世界,取得了举世瞩目的成就,中西核心价值融合的历史功绩不可低估。

科学、民主、自由、平等和危机意识,已经和中华民族的包容性浑然一体了,这是各个国家各个民族核心价值可以也应该融合的经典范例。

3、当代国际社会核心价值与倡导构建和谐世界

经济全球化大背景下,西方资本主义发达国家提出了以人权为核心的普世价值,中国政府提出了和谐世界构想。我们的观点是,人权是当代国际社会核心价值的组成部分,但不是当代国际社会核心价值的全部,更不是干涉其他国家和民族内部事务的借口。和谐世界是远景目标,是战略构想,和谐世界转化为实践过程,就必须构建与经济全球化相适应的国际社会核心价值。

当代国际社会的核心价值,我们认为应包括以下四方面的内容:

第一,民主、自由、平等的人权观念。人权观念是资产阶级推翻封建专制主义的强大思想武器,当代国际社会核心价值要继承和发扬。有两种错误倾向不可取。一种以"人权卫士"自居,推行霸权主义;另外一种是把人权曲解为生存权和发展权,回避人的民主、自由、平等权。生存权和发展权是人作为自然物质的基本权利,作为社会人的权利恰恰是人的民主、自由、平等权。把生存权、发展权与民主、自由、平等权割裂开来的思维方法不可取。

第二,自觉的生存危机意识。盲目的生存危机意识和自觉的生存危机意识的根本区别在于,前者只顾自己的生存而不顾他人的死活,后者既顾自己生存也顾他人死活。人类当代的生存危机就是气候变暖。中国的长江、黄河发源地,现在除了两块石碑,很难看见水了,人类生存危机可见一斑。

第三,合作双赢的包容心态。合作双赢是这个时代出现频率最多的一组词汇。包容是中华民族的传统美德,世界上不少国家开办孔子学院,学习汉语成为时代潮流,这无疑有利于合作双赢的包容心态的形成。

第四,多元化的利益主体格局。多元化的利益主体格局,一种是"邓小平公式"的表达方式,群众愿意选择什么样的生产方式就选择什么样的生产方式,不合法的使它合法起来;另外一种表达方式是伏尔泰的格言:"我不同意你说的话,但我誓死捍卫你说话的权利。"伏尔泰的格言转译成利益主体格局可以这样表述:我不赞成你选择的生产方式,但也不反对你选择的生产方式。国内是这样,国际也应该是这样,这就是利益主体多元化格局。

三、核心价值与国民财富研究的关联

民主、自由、平等的人权观念,自觉的生存危机意识,合作双赢的包容心态,多元化的利益主体格局,这些当代国际社会的核心价值与社会经济学(市场竞争中的弱势群体)的价值诉求基本相同。是巧合?是必然联系?还是牵强附会的人为安排?

第四编 国民经济与政府职能

经济全球化就是社会资源在全球范围内配置,到目前为止,社会资源在全球范围内的配置方式有两种。一种是殖民主义时代的资源全球配置方式,殖民地和半殖民地的自然资源和金银财宝源源不断地配置到宗主国,包括地下挖出的千年文物也优化配置到宗主国的博物馆。就是到了"冷战"时代,还沿袭了这种资源配置方式,比如社会主义阵营的小兄小弟就把各种资源源源不断地配置到老大哥的怀里,不然怎么会神奇般地成为超级大国?另外一种是和平和发展成为时代主题的资源全球配置方式,殖民地和半殖民地国家和地区的人民独立了,这就是第三世界国家的来源。其资源全球配置方式的根本要求,就是时代发展和进步不能以牺牲第三世界国家人民的利益为代价。所以,开展"国民财富的代价和选择的研究",不仅是各个国家内部经济社会发展面临的重大课题,也是经济全球化面临的重大课题。

同时,我们还不得不承认,第三世界国家落后固然有殖民主义盘剥的外部因素,最根本的还是许多国家内部的制度太落后。这些国家眼前最需要做的事情恐怕不是建"孔子学院",而是"打倒孔家店"。人民获得民主自由,工人农民拥有人的尊严,社会只会发展得更快,国家也才会更快地强盛起来。把人的生存和发展与人的民主自由权对立起来,是第三世界国家普遍存在的一个认识误区,如果不是为了维护少数人的既得利益,这个问题是不难弄明白的。

生存危机不用分析了。社会经济学(市场竞争中的弱势群体)的价值诉求与当代国际社会的核心价值基本相同,是因为两个事物内部存在着必然联系,不同的是多元化的利益主体格局所指具体对象不一样,这是矛盾的特殊性所决定了的。

社会经济学的研究和重建置根于中国大地,多元化的利益主体格局特别强调工人的"三重身份",是因为中国是社会主义国家,执政党是马克思主义政党。中国共产党除了人民的根本利益没有自己的私利。中国共产党领导中国人民推翻"三座大山",建立了新中国,没有及时把劳动条件归还给工人和农民,改革开放不能再拖延了。社会经济学的这种价值诉求在中国应当畅行无阻,别的国家和地区就不知道了。

第二十章 经济社会发展综合评价体系

经济社会发展评价体系的产生和形成是人类创造的文明成果,它有利于激励、规范和约束政府的行为,并对经济社会发展起着导向的作用,是一项值得理论界研究的重大课题。特别是探讨如何建立符合科学发展观要求的经济社会发展综合评价体系,更有直接的现实意义。

第一节 建立符合科学发展观要求的经济社会发展综合评价体系的意义

要把科学发展观落到实处,必须建立体现科学发展观要求的、具有可操作性的经济社会发展综合评价体系。市场竞争中的弱势群体生存和发展过程理论上的表现并为之服务的社会经济学,也必须把经济社会发展综合评价体系的科学性和合理性纳入研究和探索的视野。

一、经济社会不断发展的现实需要不断修正评价体系

社会经济不断向前发展,新情况和新问题必然层出不穷,对社会评价体系进行适时的修正和补充是十分正常的事情。就以 GDP 为例。GDP 核算是三百多年来诸多经济学家、统计学家共同努力的结果,1953 年才初步成型,成为衡量一个国家国民经济发展程度的统一标准,但 GDP 的缺陷也十分明显。GDP 不能反映经济增长背后的环境污染和生态成本,不能准确地反映经济增长的质量和结构,不能反映财富分配是否公正,也不能反映人们实际享有的社会福利水平。随着环境保护运动的发展和可持续发展理念的兴起,一些经济学家和统计学家们,尝试将环境要素纳入国民经济核算体系,以发展新的国民经济核算体系,这便是绿色 GDP。同时,国际上也比较重视对经济社会发展综合评价体系的研究,比如英国,就提出一种新型的衡量社会全面发展的核算体系——国家进步指数 MDP。

我们这样提出问题,不等于说 GDP 就没有利用价值了,还必须看到,目前世界上还没有一个比 GDP 更好的、人们普遍认同的经济社会发展综合评价体系。我们要做的工作是在承认 GDP 价值的基础之上,既吸收国际上有关经济社会发展评价体系的最新研究成果,同时还要根据我国经济社会发展的实际情况,修正、补充和完善经济社会发展综合评价体系。

二、我国计划经济评价体系不适应经济社会发展要求

我国目前经济社会发展评价体系的严重缺陷不仅仅是上面所说的 GDP 的局限性,从根本上说来,我国的经济社会发展评价体系传承了计划经济评价体系的核心要件,以官(权力)为本,评价体系指向衍生出"官出数字,数字出官"的恶性循环,以及在数字掩盖下的无视群众生命安全的恶性案件。看看这些年来连续出现的"黑砖窑事件"、"煤矿垮塌、爆炸事件"、"毒牛奶事件",以及没有公开报道的各种"群体事件",从这些事件中反映出,许多所谓的政绩在重复上演着"一将(官)功成万骨枯"的人间悲剧。

经济社会发展评价体系必须否定以官(权力)为本的价值取向,不等于说经济社会发展评价工作不需要政府介入,但这里确实涉及经济社会发展评价体系

的一个最基本问题:经济社会发展评价体系评价谁?谁来评价?西方发达国家这个关系比较明确。民间老百姓是经济社会发展的活动主体,自然是经济社会发展评价体系的评价对象,由政府组织相关社会活动主体进行评价。中国不是这样。政府是经济社会发展评价体系的评价对象,然后由政府组织相关社会活动主体进行评价。自己评价自己,科学性和可信度会有多高?所以,不深化改革,不可能建立起符合科学发展观要求的经济社会发展综合评价体系。

三、树立和落实科学发展观需要建立新的综合评价体系

科学发展观,第一要义是发展,核心是以人为本,基本要求是全面协调可持续,根本方法是统筹兼顾。科学发展观是全新的世界观和方法论,既不赞成计划经济体制的以权为本,也不赞成西方原教旨市场经济体制的以钱为本,其核心是以人为本。协调和统筹兼顾的基本要求是社会经济发展,不能以牺牲一部分地区和一部分人的利益为代价、为成本,调动一切可以调动的因素,使人们世世代代在和谐社会的环境中生存和发展。

很显然,科学发展观对社会经济发展的全面性、公正性、协调性、可持续性提出了更高的要求。树立和落实科学发展观,需要实现一种崭新的制度设计和实践选择。因此,我们必须按照科学发展观的要求,研究设计一整套评价包括经济、社会、生态和人全面发展的指标体系,以此来引导政府和企业的行为,科学考核政府和干部政绩。力求将经济增长、社会发展、环境保护、资源节约、人民福祉等结合起来,作为地方政绩的综合考核指标,以便实践中有所遵循。

第二节 建立符合科学发展观要求的经济社会发展综合评价体系的原则

坚持以人为本,是建立符合科学发展观要求的经济社会发展综合评价体系的原则。具体会涉及三方面的问题:人与自然比较,自然是不是本?富人与穷

人比较、精英与凡夫俗子比较,穷人和凡夫俗子是不是本?人的自身发展,畸形发展与全面发展何者为本?

一、坚持以人为本,人与自然和谐发展

"人与自然谁为本?""在这里,我要尖锐地提出一个理论问题:我们在处理人和自然的关系时,奉行的应该是以人为本,还是以环境为本,以生态为本?这是个深刻的哲学问题。我认为,应该是以人为本。我绝不反对保护环境和保护生态,但需要弄清楚一个观念,保护环境和生态的目的是为了人。有些时候我们需要'破坏'一下环境、生态,改变一下环境和生态,但也是为了人。"这段自问自答的理论观点,是社会话语权比较高的中国科学院一位院士在2005年接受《环球》杂志采访时的谈话要点。我们试想一下,以人为本意味着自然、环境和生态可以"破坏"一下,那么对森林、草原、耕地、水源、石油及各种自然资源的保护,还能列入经济社会发展综合评价体系之中吗?

以人为本,以自然为本,以环境为本,以生态为本,是一致的,没有根本性的矛盾。把人与自然、环境、生态对立起来,让人们去选择,去寻找答案,这是一个"伪问题"。人是自然的一部分,以人为本就是以人的自然形态为本。中国有句警语:"不孝有三,无后为大。"作为自然物质,以人为本等于以"传宗接代"为本。保护自然、保护环境、保护生态,就是保护子孙的利益。人与自然和谐就是爷爷、父亲与子孙和谐。破坏自然、破坏环境、破坏生态,就是满足我们自身的享乐而牺牲子孙利益的行为。动物群体中有"虎毒不食子"的传统,难道我们人类还不如动物群种有觉悟?

其实,当我们在征服自然、破坏环境、践踏生态的喧嚣声中以胜利者自居的时候,自然、环境、生态的报复和反抗还没有等到子孙就降临到我们头上了。黄河断流,白洋淀干涸,大运河变成污水河,太湖蓝藻导致无锡地区自来水无法饮用,中西部山区的小河小溪,更是鱼虾绝迹,臭气熏天。就说北京奥运会,为了北京空气达标,周围省市又有多少工矿暂时关门,现在的空气还达标吗?这些触目惊心的事实提醒我们,科学发展观提出人与自然和谐相处,保护自然,保护生态,保护环境,这不是一个众说纷纭、仁者见仁、智者见智的纯学术问题,是一个关乎人的健康、生存和发展的实践问题,是一个行为准则问题,所以是设计经

济社会发展综合评价体系的一个原则问题。

二、坚持以人为本,人人拥有平等机会发展

坚持以人为本,是否包括穷人和凡夫俗子在内,不是我们故意提出的怪头怪脑问题。这是学界精英提出的问题。2006年,针对收容制度的废除,我国一位工程院院士十分尖锐地提出:"在设计法律制度方面,我们应以什么人为本?就是应以好人为本,而不是以坏人为本,对敌人的宽容就是对人民的残酷。"针对改革开放过程中出现的两极分化现象,我国经济学界的泰斗旗帜鲜明地表态:"为了达到改革的目标,必须牺牲一代人,这一代人就是3000万老工人。8亿多农民和下岗工人是中国巨大的财富,没有他们的辛苦哪有少数人的享乐,他们的存在和维持现在的状态是很有必要的。"难怪,2007年6月29日第十届全国人民代表大会常务委员会第二十八次会议通过的《中华人民共和国劳动合同法》,反响是那样地大,那样地强烈。我们再试想一下,以人为本意味着"坏人"即收容制度中的"三无人员"和工人、农民等穷人不包括在内,那么居民生活、劳动就业、社会保障、公共安全等指标,又有必要列入经济社会发展综合评价体系之中吗?西方经济学家探索多年的基尼系数还需要研究吗?

中国的一些精英在这个问题上存在着两个认识误区:

第一,他们以为以人为本的"人"不包括坏人。以人为本的思想来源之一是人道主义,人道主义视角下的人不分所谓的好人和坏人,即便是真正意义上的坏人,我们还是要如实地把他当人对待。把人不当人,是法西斯和日本军国主义的共同特性。我们不能这样,更何况收容制度中的"三无人员"还不是坏人。

把坏人当人一样地平等对待,不允许打骂,不允许侮辱,尊重他的人格,这是司法公安系统必须遵循的原则。"对敌人的宽容就是对人民的残酷"是"文化大革命"的座右铭。丢掉宽容,我们民族已经付出了沉重代价,不能再延续了。把坏人不当人,只会迫使坏人、坏人亲人和边缘人物仇恨社会、仇恨人类,铤而走险,人们生活就永无宁日,社会经济评价体系中的公共安全只会是纸上谈兵了。我们这样提出问题不是说不讲原则,不讲法律,把社会的公共安全建筑在满足坏人私欲的基础之上,而是说人们生活在和谐社会的氛围里面,这是让绝大多数坏人转变为好人的必备条件。好的制度,好的社会氛围,好人会做更多

的好事,坏人也会被迫做好事;不管是好人做的好事,还是坏人做的好事,只要是好事,就对人民大众有利,对社会发展有利,我们就应该加以肯定;如果一个坏人一辈子都没有机会做坏事,始终如一地做好事,这个人也就由坏人变为好人了。所以,以人为本的"人"不能把坏人排斥在外。

第二,他们以为以人为本的"人"不包括农民。为了掩盖社会发展进程中出现的两极分化现象,我国的经济学家在理论上进行了大胆的"探索和创新"。他们说,基尼系数以一个国家或民族总人口为考察对象不科学,结合中国实际,应该有两个基尼系数:一个是以城市人口为考察对象的基尼系数,另外一个就是以农村人口为考察对象的基尼系数,这样,基尼系数就不会达到国际警戒线了。他们这样具体建议:在单独衡量农村居民内部或城镇居民内部的收入分配差距时,可以将各自的基尼系数警戒线定为 0.4;而在衡量全国居民之间的收入分配差距时,可以将警戒线上限定为 0.5,实际工作中按 0.45 操作。果不其然,2007年当《政府工作报告》庄严宣告"让全体人民共享改革开放的成果"的时候,一些精英跑到美国请诺贝尔经济学奖得主贝克尔出来助威壮胆。贝克尔说,中国目前收入差距太小,还必须进一步扩大。这就是说基尼系数没有超过 0.5,或者说还没有达到 1.0。当然,从现实来看,世界各国对基尼系数的运用并不完全一致。很多国家都是把它与其他因素结合起来,综合判断收入差距。但是,像中国这样用双重标准来掌握和处理不同人群对不公平、不合理社会现象的忍耐限度,应该看成是中国人的"发明创造"。

统计基尼系数或落实以人为本战略,不包括农民在内或忽视农民的存在,归根到底是他们认为,农民在社会发展中的作用无足轻重,可以忽略不计。中国的一些精英和泰斗把以人为本思想纳入发展的研究范畴,这本身没有什么问题,关键是看问题的方法有问题。在他们的视野中,农民或穷人是社会经济发展的累赘,所以以人为本的"人"不包括农民了。若用孤立和静止的眼光看问题,单个农民与单个资本家、社会精英相比较,能量小得多,其社会贡献确实可以忽略不计,如果转换几个角度看问题,结论恐怕就不一样了。

首先,农民作为一个集合体,其社会贡献无可比拟。就以水稻之父袁隆平教授为例,他的贡献不用说单个农民不能相比,就是众多的所谓社会精英也不能相比。在生产力诸要素中,袁隆平教授无疑是第一生产力,农民是第二生产力。但是,没有千百万第二生产力的实践活动,第一生产力只会是典型、是榜样、是标准,而不是新增的千百亿斤粮食。推而广之,第二产业和第三产业情况也是这样,没有千百万第二生产力的实践活动,第一生产力只会是典型、是榜样、是标准或者是设计图纸,而不是数以千万计的国民财富。

至于搞纯理论研究的社会精英,就更没有理由把自己看得高人一等了,那个理论是对还是错还是一个未知数。探索的理论即便是科学真理,没有通过实践验证以前,社会精英则还必须由第二生产力养活着。伟大科学家爱因斯坦就曾用十分歉疚的心情说道,如果所有的人都像他那样,尽搞一些不知结果的研究,人类早就绝种了。所以,爱因斯坦总是用十分崇敬的心态看待普通人或"下等人"。农民等社会下层民众的社会贡献是大还是小,爱因斯坦看问题的方法和结论恐怕才符合实际。

其次,农民作为社会发展的牺牲品,现代文明社会应该感恩。这里以自身经历说明此种关系。本人不是社会精英,但应当属于现代文明社会的专家教授。以什么为据?本人已连续三次被四川省哲学社会科学评奖委员会聘为学科评审组的评审员。我家祖祖辈辈是农民。1962年,我在达县石桥中学读高中,距家达县江陵80里路。妹妹在达县碑庙中学读初中,距家30里路。那时读书要自带口粮。我的哥哥一个星期给妹妹送口粮,另外一个星期就给我送口粮。从达县江陵到达县石桥途经落车河,落车河到石桥有20多里路程。记得有一次,我哥哥误把明亮的月光当天亮了,背着近百斤的红薯从落车河走到石桥中学,我们还没有起床。这就是我读大学变为城市居民并最终"出人头地",一个农民付出的代价。

原来以为只自己的经历才这么凄苦,进大学后才知道多数同学跟我的经历大同小异。所以当时校方给我们的第一堂道德教育课,就是告诫我们不要成为"一年土、二年洋、三年不认爹和娘"的忘恩负义之徒。其实,那些社会精英如果不是感觉出身贫寒很没有面子的话,不防去调查一番,很多人"出人头地"的代价同样是农民默默无闻的奉献和牺牲。所以,体现现代文明社会的专家、教授、精英和泰斗应该以感恩的心情,看待农民的贫穷、愚昧和落后,而不应该因为贫穷、愚昧和落后,就作为他们被社会发展所抛弃的理由。说直白一点,农民把发展的机会给了我们,反过来,农民因落后成为被社会抛弃的依据,这叫过河拆桥;过河拆桥是人伦所不齿的思想和行为,文明人不应该这样吧!

再次,中国农民创造新的生产方式,注定社会发展轨迹需要重新描述。社会精英有个固定的思维模式:农业社会过渡到工业社会,城市人口在总人口中要占90%以上的比重;小农生产是落后的生产方式,大生产必然代替小生产;农民破产失业,颠沛流离,无家可归,充实了产业后备军,加速了工业化进程,农民的悲惨和痛苦是社会发展必不可少的代价。所以,同情农民的遭遇是"妇人之仁",为农民的呐喊就变成了在滚滚历史车轮后面的怯懦哀鸣!

中国农民在创造家庭联产承包责任制之后,又创造了农民专业合作经济组织。这种新的生产方式适应市场化和社会化的发展要求,注定了社会发展轨迹需要重新描述。农民的命运要重新安排和改写。"穷过渡"由政府强行组织起来搞大生产,没有必要;"富过渡"由农业资本家从事雇佣生产,可以避免;"自然过渡"由农民创造的组合生产方式,形成的范围经济同规模经济一样,能节约创新成本和交易成本。农民破产失业、颠沛流离、无家可归的群体命运结束了。农民有了新的生产方式支撑,再加上政府城乡一视同仁的基础建设投资和公共政策服务,农民同市民一样地享受现代文明,90%以上的居民还挤到城市来干什么呢?

所以,坚持以人为本的"人"不仅包括农民,基尼系数应该取消双重标准。而且,城乡统筹和社会主义新农村建设的发展状态,还必须量化为具体指标,纳入经济社会发展综合评价体系。

三、坚持以人为本,实现人的全面发展

人的自身发展,畸形发展与全面发展何者为本?毫无疑问,人的全面发展为本。一样的逻辑,社会经济发展,以经济发展为本或者以 GDP 为本,还是以经济社会全面发展为本?答案十分明确,以经济社会全面发展为本。我们在关心人的物质利益、注重经济增长或者关注 GDP 数字的同时,要一样地关注社会进步。比如,公共卫生事业的发展状况,民众的就医条件和健康情况纳入经济社会发展评价体系的基本指标;教育的普及程度和民众的受教育程度,特别是政府对教育的投入及其效果纳入经济社会发展评价体系的基本指标;科学技术进步,研发能力和科技转化能力纳入经济社会发展评价体系的基本指标;各项

文化事业和体育运动,特别国民身体素质状况纳入经济社会发展评价体系的基本指标;等等。自从科学发展观(2004)提出之后,经济社会发展的主流认识已经转移到以经济社会全面发展为本的轨道上来了,可在实际操作中,却仍然是以经济发展或者以 GDP 为本,值得深思。

一是中国人穷怕了,特别注重经济的发展是本能的反映。鲁迅先生说过,人的需求由低向高发展,一是生存,二是繁衍,三才是自我价值的实现。1978 年前,邓小平说,人民贫苦生活几十年基本没有什么改变。发展经济,改变生存状况,成为压倒一切的中心任务。国民经济总量和人均 GDP"翻两番"(1980～2000)宏伟目标的提出,真实地反映了中国人求生的欲望和本能。国民经济总量(GDP)"翻两番"已经实现,人均 GDP"翻两番"指标是到 2020 年才完成。

现在,人们越来越清醒地意识到,经济社会发展目标,过分突出和重视 GDP 指标,负效应太大。随着社会经济的发展,人民物质文化生活水平的不断提高,这种认识上和操作上的片面性,不难克服和纠正。

二是一些官员出于利己的动机和目的,只会关心经济的增长,不会重视社会的进步。其表现形式多种多样。买官卖官需要大量的金钱,会推动官员注重经济发展;官员公开或暗中参股公司,红利分配直接影响收入多少,特别关注经济发展自然在情理之中;发展经济需要招商引资,招商引资到位之后,官员将获得数目可观的钞票,这又是发展经济的动力;发展经济要上项目,要扩大投资,审批项目和投资过程中,官员权力"租金"收入更是需要大力发展经济才有保障;等等。

官员出于利己的动机和目的,只关心经济的增长,不重视社会的进步,毕竟是少数。通过加强法制,强化监督,不换思想就换人,如果触犯刑律就春绳之以法,会逐步得到抑制。

三是制度设计的缺陷,迫使地方政府只关心经济的增长,不重视社会的进步。因制度设计缺陷,迫使地方政府不以经济社会全面发展为本,而以经济发展或者以 GDP 为本,这是一个带普遍性的社会问题,影响国民经济的全局。

第一,舆论导向。每一年国家统计部门都要对各地的 GDP 进行排序,公之于众,其社会影响不言而喻。

第二,官场游戏规则。GDP 升得快,官位升得快,关联关系十分明显。

第四编　国民经济与政府职能

第三，财政体制。谁都清楚，"吃皇粮"的地方官员、司法公安干警、中小学教师等的工资收入，由两部分组成：一部分是国家明确规定的统一标准，另外一部分就是比统一标准高得多的奖金。奖金由地方财政保证。地方政府别无选择，只能以经济发展或者以 GDP 为本。

第四，法律制度。"物权法"公布了，这是好事。因为不管是国家，还是私人，那个"物"是谁的就是谁的，应该受法律保护。其进步意义和社会影响一点也不比"物权法"差的"职工持股会"，到现在也没有合法地位。我们的法律制度是以物为本呢，还是以人为本？

建立符合科学发展观要求的经济社会发展综合评价体系的原则，我们按照以人为本的含义，理出综合评价体系的三条原则：一是人与自然和谐发展的原则；二是人人拥有平等机会发展的原则；三是实现人的全面发展的原则。我们这样解读和分析问题，不一定科学和准确，只表示我们对人生和世界的一种新的看法。一个人，一个企业，一个国家，归纳起来无非就这么三种关系：一是活动主体同自然的关系；二是活动主体之间的关系；三是活动主体自己跟自己的关系。

第三节　建立符合科学发展观要求的经济社会发展综合评价体系的机制

经济社会发展综合评价体系有导向功能，必然涉及利益的调整，同时，经济社会发展综合评价体系是个动态系统，不会一成不变，需要在实践中修改、补充和完善。

一、改革是建立经济社会发展综合评价体系的动力机制

上一节我们从习惯势力、私利动机和制度障碍三个方面寻找原因，发现旧的计划经济体制，仍然是建立符合科学发展观要求的经济社会发展综合评价体

系的最大障碍,所以,建立经济社会发展综合评价体系的首要工作是深化改革。

(一)政府不能靠自己挣钱养活自己

建立经济社会发展综合评价体系内含的根本指向是综合指向,经济社会发展不能以经济发展或者以 GDP 为本。综合指向要求政府超脱。政府不能靠自己挣钱养活自己,政府只能靠纳税人养活。

这是一个很浅显的道理。政府要一样地重视经济、教育、科技、文化、体育和卫生的发展,就不能是某一方面的当事人。政府要靠自己发展经济解决自己的经济问题,不但会凭借手中的权力与民争利,同时也没有时间和精力顾及其他方面的生存和发展。这是制度设计和安排方面的问题,与个人的觉悟和能力没有直接的关系。因此,建立符合科学发展观要求的经济社会发展综合评价体系,必须深化改革,综合评价体系才有可能建立起来。

(二)政府不能自己设计评价自己

这个问题与第一个问题有联系,但不是一回事情。政府是社会公共机关,经济社会发展综合评价体系只能由政府操作。如果政府是直接的当事人,自己评价自己的科学性和可信度就成为问题,所以与第一个问题有联系。另一方面,政府作为公共机关,与社会任何一方面的发展状态都有关联,所以政府承担经济社会发展综合评价体系责任,还必须接受其他社会机构的监督和约束。

一般情况下,政府与社会任何一方面的发展状态,是相关关系而不是因果关系,出现问题是间接责任而不是直接责任。比如,经济社会发展出现 5% 以上的失业率,政府有责任,但不是直接责任;学校教育质量不高,政府有责任,但不是直接责任;等等。但是,问题不能绝对化,比方上世纪 90 年代,四川部分地区中小学校教师半年不发工资,政府就要承担直接责任,相关责任人就应该受到惩处。弄清这种关系的目的是使经济社会发展综合评价体系的设计者和操作者,有责任感而不是恐惧感,一心一意把事情做好。

(三)政府不能自己盲目支解自己

经济全球化不仅要求国内市场是个统一市场,而且要求全球市场也必须是个统一市场,科学发展观的"五个统筹"是市场统一性在政策上的表现。统一市场需要统一的游戏规则,需要统一高效的协调机构,否则,统一市场只能是一个美丽的愿望。动荡不安的国际市场充分证明了这一点。当然,国际市场与国内市场不能相提并论,但内含的真理是一样的,那就是权力的扩张或收缩决定于经济实力的强大或弱小。一个国家内部地方政府的权力必须科学规范,既不能无理扩张,也不能无理收缩,前提条件就是地方经济实力与地方政府权力是间接的相关关系,而不是直接的因果关系。这样就可能建立统一高效的协调机构,而国内统一市场才有可靠保障。

中国有句俗话叫"家长多了打烂船",讲的就是集权(权威)在组织系统中的极端重要性,管理科学把这叫做管理铁则。中央集权(权威)是政府系统统一高效的前提和保证,自然也是国内市场统一的保障。维护中央集权(权威),政府不能盲目自己支解自己,必须从理论与实践的结合上划清下面三种界限:一是区域经济与诸侯经济不能混为一谈;二是政府还权与政党分权不能混为一谈;三是中央集权与专制独裁不能混为一谈。

二、透明是建立经济社会发展综合评价体系的矫正机制

社会经济学主张起点机会公平,过程操作公开,结果分配公正,"公开"讲的就是事物的透明机制。透明是建立经济社会发展综合评价体系的矫正机制。我们以2008年8月1日山西省娄烦尖山铁矿发生排土场连同山体垮塌事故作为案例,分析透明机制的作用和实现途径。

据介绍,2008年8月1日凌晨1时左右,山西省娄烦尖山铁矿发生排土场连同山体垮塌事故。至8月8日,共搜寻到11具遇难者遗体,直到9月17日死亡人数未有变化,失踪人数未有核清。9月17日,国务院领导同志在"有博客刊登举报信反映8月1日山西娄烦县山体滑坡事故瞒报死亡人数"有关材料上作了重要批示,要求山西省政府和国务院"9.8"特别重大事故调查组调查核实。

按照国务院领导的重要批示,国务院山西省襄汾县新塔矿业公司"9.8"特别重大事故调查组立即连夜与山西省政府研究,决定由山西省政府组成调查组,对山西省娄烦县"8.1"山体滑坡事故的有关问题进行核查。同时,成立由国务院山西省襄汾县新塔矿业公司"9.8"特别重大事故调查组派员组成的"8.1"事故核查指导组,会同省政府调查组共同开展工作。

从9月22日至29日,核查指导组和山西省政府调查组核清了死亡、失踪人数,累计找到了41具遇难人员遗体,另有6件残肢。同时,对发生事故的原

因得出初步结论,即:一是在这起事故中,遇难和失踪人员共计45人。二是初步查明了造成该事故的原因。

直接原因是:一、排土场地基为第四系上更新统(Q3)黄土,承载能力较差;二、尖山铁矿违规超能力排放;三、排土场设计依据不充分,缺少地勘资料,没有施工图;四、没有对排土场进行认真监测、监控;五、对周边(坡脚下)群众未组织搬迁撤离。

间接原因是:一、太钢尖山铁矿对安全生产工作不重视,安全责任不落实;二、4月份发现裂隙,采取措施不力;三、隐患排查治理不认真,走过场;四、当地政府及相关部门安全监管不力,没有督促企业整改重大隐患、撤离排土场坡脚下的群众。

三是初步分析认为这是一起责任事故。

这个案例本身至少能说明这样几个问题:

第一,凡事故责任者都会有意无地隐瞒事实真相。山西娄烦县山体滑坡事故瞒报死亡人数,是因为山西娄烦县要承担直接责任。我们一再强调,建立经济社会发展综合评价体系,政府不能是直接责任人,道理就在这里。

第二,透明才能展现事物的本来面貌。暗箱操作是藏污纳垢的防空洞,保密是贪赃枉法之徒的最好借口。前台湾地区领导人陈水扁为掩盖贪污罪行,就以"国务机要费"的保密性质对抗司法调查。保密范围必须严格界定。山西娄烦县山体滑坡事故瞒报死亡人数,如果没有新华社记者在博客上公开举报,恐怕到现在事故真相还没有揭发出来。经济社会发展综合评价体系直接涉及千家万户老百姓的切身利益,没有什么保密可言,公开透明,不仅能避免"官出数字、数字出官"的弄虚作假现象,而且还能矫正调查统计过程中的无心之过。

第三,新闻舆论监督的独特意义。新闻舆论监督与其他监督相比较,其独特意义主要表现在三个方面:一是范围广,二是速度快,三是影响大;存在的问题是准确度不高。我们常常因为新闻舆论监督准确度不高的缺陷而对新闻舆论监督进行种种限制,这是典型的形而上学思想方法。新闻舆论监督的长处和短处相伴而生,社会要发挥其长处,就一定要接受其短处,只要长处,不要短处,就等于扼杀了事物本身。山西娄烦县山体滑坡事故瞒报死亡人数,记者最初就是想通过平面媒体揭发事件的真相,却受到种种封锁,后来是不得不"铤而走险"在因特网上公开举报。

经济社会发展综合评价体系自觉接受新闻舆论监督是透明的标志,也是充分发挥矫正机制作用的不二选择。

三、量化是建立经济社会发展综合评价体系的完善机制

量化就是对事物进行数学处理。量化(数学处理)在理论研究中的地位和作用有两种评价视角,一种是从学科建设视角,认为量化(数学处理)是一门学科成熟的标志,这似乎已成为经济学学科建设的主流意识;另外一种是管理学的目标管理视角,认为目标如果不能量化(数学处理)就是口号而不是目标。

量化(数学处理)是一门学科成熟的标志,这种认识有一定道理,只不过有点太极端化了一点。数学和哲学都是思维工具,学科建设数学处理和哲学处理都可以,关键是看我们研究什么问题。比如,西方经济学只研究资源的有效配置,要素关系如果不能量化(数学处理),西方经济学这门学科真就立不起来。观点极端化了就不可取。比如,美国政府右手开动战争机器,进攻阿富汗,占领伊拉克;左手开动印钞机器,以次级贷款的方式滥发美元,制造"次贷危机"让世界人民为其全球战略买单。请问,世界上有什么样的数学模型能预测并精确描述美国政府的全球战略?

笔者以为,目标如果不能量化(数学处理)就是口号而不是目标,这个命题是科学真理,是至理名言。新中国是经历了几十年战争的洗礼建立起来的,建国后又长期坚持以阶级斗争为纲,所以,我们比较善于提出鼓舞人心的口号发动群众、组织群众,却不太懂得用目标管理去组织群众和训练群众,对干部的任用考核一般也是泛泛而论的定性语言,缺少具体事实和数字的描述。比如,某某人立场坚定,旗帜鲜明,坚持原则,能力强,工作积极,踏实肯干,等等。显然,这种评价干部的方法不适应经济建设的需要,必须有具体的事实和数字才服人,也才便于群众监督。

建立经济社会发展综合评价体系,同样地不能只满足于经济增长、社会发展、环境保护、资源节约、人民福祉等大目标的提出和制定,目标必须量化(数学处理)才能落到实处,建立经济社会发展综合评价体系必须量化(数学处理)才可能日臻完善。比如,环境保护,就要建立综合环境与经济的核算理论体系及

基本框架,核算环境污染物实物量,核算环境损失价值量,测算经环境损失调整后的 GDP 等;再比如,人民福祉,就要定期公布农民和城市居民收入增长率,普通民众三大保障覆盖率,学龄儿童入学率,人均拥有公益性文化设施面积,卫生服务体系健全率等;还比如,可持续发展,就必须掌握人口出生率,人均耕地面积增减率,森林和草原面积增减率,主要污染物排放控制率,等等。

经济社会发展综合评价体系量化(数学处理)之后,然后就根据事权的大小进行划分,哪些指标属于中央政府承担的责任,哪些指标又属于各级地方政府的责任,并明确法纪,以人为本的科学发展观就有可能落实。

主要参考资料

1、《马克思恩格斯全集》,第23、24、25、46(下册)卷,人民出版社,1980。
2、《马克思恩格斯选集》,第1、2、3、4卷,人民出版社,1977。
3、《邓小平文选》,第2卷,人民出版社,1994。
4、《邓小平文选》,第3卷,人民出版社,1993。
5、胡锦涛:《高举中国特色社会主义伟大旗帜为夺取全面建设小康社会新胜利而奋斗》,人民出版社,2007。
6、王珏:《劳者有其股》,广西人民出版社,1997。
7、于光远 董辅礽主编:《中国经济学向何处去》,经济科学出版社,1998。
8、蒋一苇:《我对经济体制的构想(一)(二)(三)》,《改革》杂志 1988.1.2.3。
9、刘诗白:《现代财富论》,三联书店,2005。
10、吴敬琏:《计划经济还是市场经济》,中国经济出版社,1993。
11、厉以宁:《宏观经济学的产生和发展》,湖南人民出版社,1999。
12、张培纲:《微观经济学的产生和发展》,湖南人民出版社,1999。
13、林凌:《转型期的中国经济》,四川人民出版社,2000。
14、鲁友章、李宗正主编:《经济学说史》,人民出版社,1984。
15、何炼成:《中国经济学向何处去》,《经济学动态》,2006.9。
16、沈立人:《中国弱势群体》,民主与建设出版社,2005。
17、刘树成 李实:《对美国"新经济"的考察和研究》,《经济研究》,2000.8。
18、魏杰:《崛起中的磨合(中国现实经济问题)》,中国发展出版社,2008。

19、樊纲:《"苏联范式"批判》,《经济研究》1995.10。

20、洪银兴:《转轨阶段的经济运行和经济发展》,江苏人民出版社,1997。

21、王振中主编:《政治经济学研究报告》(第一卷),社会科学文献出版社,2001。

22、程恩富主编:《当代中国经济理论探索》,上海财经大学出版社,2000。

23、汤敏:《孟加拉"乡村银行"的小额信贷扶贫模式》,《改革》1996.4。

24、贝多广:《宏观金融论》,上海三联书店,1988。

25、中国科学技术培训中心编:《迎接交叉科学的时代》,光明日报出版社,1986。

26、陆学艺主编:《当代中国社会阶层研究报告》,社会科学文献出版社,2002。

27、《爱因斯坦文集》,第一卷,商务印书馆,1983。

28、N.维纳:《控制论》,科学出版社,1963。

29、W.R.艾仕比:《控制论导轮》,科学出版社,1965。

30、冯·贝塔朗菲:《一般系统论:基础、发展和应用》,清华大学出版社,1987。

31、J.D.贝尔纳:《科学的社会功能》,商务印书馆,1985。

32、H.A.西蒙:《管理决策新科学》,中国社会科学出版社,1982。

33、各国《百科全书》社会学条目释文集:《社会学的由来与发展》,商务印书馆,1987。

34、亚当·斯密:《国民财富的性质和原因的研究(上、下卷)》,商务印书馆,1997。

35、西斯蒙第:《政治经济学新原理》,商务印书馆,1983。

36、马歇尔:《经济学原理(上、下卷)》商务印书馆,1991。

37、斯蒂格利茨:《经济学(上、下册)》,中国人民大学出版社,1997。

38、约瑟夫·熊彼特:《经济分析史(第1、2、3卷)》,商务印书馆,1996。

39、凯恩斯:《就业利息和货币通论》,商务印书馆,1983。

40、米尔顿·弗里德曼:《资本主义与自由》,商务印书馆,1986。

41、马克·A.卢兹:《经济学的人本化溯源与发展》,西南财经大学出版社,2003。

42、A.哈耶克:《个人主义与经济秩序》,北京经济学院出版社,1989。

43、科斯等著:《财产权利与制度变迁》,上海三联书店、上海人民出版社,1995。

44、布坎南:《自由 市场和国家》,北京经济学院出版社,1988。

45、迈克尔·波特:《国家竞争优势》,华夏出版社,2005。

46、道格拉斯·C.诺斯:《经济史中的结构与变迁》,上海三联书店、上海人民出版社,1995。

后 记

十五年了,心愿总算了了。市场竞争中的弱势群体研究系列终于完成了。如果没有合适机会,本人今生学术生涯恐怕就此打住,需要交代几件事情。

一、"研究系列"是团队合作的结果

我们是一个松散的研究团队,前后参加的研究人员有:

原四川省直机关工委常务副书记、四川省人大常委、四川省级机关党校熊兴苹校长,原四川省级机关党校经济学教研部主任周维松教授,四川仪陇县政协副主席、仪陇县乡村发展协会高向军秘书长。四川省级机关党校在职研究人员有:

助理巡视员邓曼丽副教授,哲学社会学教研部主任邓光汉副教授、讲师李绍华博士,科研处处长陈学明副教授、刘彦武副教授,经济学教研部讲师周红芳老师、讲师王喜梅博士、讲师刘军老师,教务处讲师王世凤老师。

市场竞争中的弱势群体研究系列,已经出版了《市场竞争中的弱势群体研究》(经济日报出版社,2007.5)、《中国新的生产方式研究》(经济日报出版社,2007.12)、《组合生产方式的理论与实践》(已完稿)。没有团队是不可思议的事情。借此机会,向我的同伙表示谢意和敬意。

二、本书与前面三本著作的关系

本书的主要任务是把前面三本著作的基本观点系统化和规范化,形成一个自圆其说的理论体系,新的观点就是主张开创国民财富研究新篇章,开展"国民财富的代价和选择的研究"。

《社会经济学》一书是市场竞争中的弱势群体研究系列的"学科篇",首先面对的问题是社会经济学边界划分。看学说史,要明确社会经济学与古典经济学和新古典经济学的关系;看学科建设,要明确社会经济学与政治经济学和经济学的关系;看中国经济理论界动态,要明确社会经济学与中国经济学的关系,即同主张研究过渡经济学和转轨经济学的关系;看当代思潮,要明确社会经济学与所谓同国际接轨的关系。分析思考的结果,把全部关系锁定在亚当·斯密开辟的国民财富研究平台上,问题就迎刃而解了。这就是在"国民财富的性质和原因的研究"和"国民财富的增长和办法的研究"两项已有成就的基础之上,开展"国民财富的代价和选择的研究"。"代价"研究回答过渡经济学提出的问题,"选择"研究回答转轨经济学提出的问题。这同社会经济学是什么关系?社会经济学是研究市场竞争中的弱势群体及其转化机制的一门学问。市场竞争中的弱势群体是农业社会向工业社会过渡的代价和成本,市场竞争中的弱势群体在中国改革开放大背景下,创造出的适应市场化和社会化发展要求的组合生产方式,是抛弃计划经济体制选择市场经济体制、抛弃生产方式一元化选择生产方式多元化的结果,这样一看理论边界就清晰了:

如果说 18 世纪开展"国民财富的性质和原因的研究"后的知识体系是政治经济学,19—20 世纪开展"国民财富的增长和办法的研究"后的知识体系是经济学,那么社会经济学就是 21 世纪开展"国民财富的代价和选择的研究"后的知识体系了。而中国经济学则同古典经济学和新古典经济学一样,是带地域色彩的时代符号。所谓同国际接轨,不是把各国国民财富的生产和交换过程纳入现存的秩序和轨道,而是朝着新的方向架桥铺路,修筑新的轨道。

开创国民财富研究新篇章,开展"国民财富的代价和选择的研究",就是修筑新的轨道。

三、感念的人和事

感谢四川省级机关党校领导和同事,感谢四川省社科联规划办的领导,感谢北京人文在线文化艺术有限公司的同仁,感谢家人我的夫人和两个儿子,没

后 记

有这些外部条件,恐怕很难了却心愿。感念的人和事当中,特别需要提及的是原国家经委主任袁宝华同志。

1984年,我还在贵州省委党校工作。我走上学术生涯动笔写作的第一篇论文是《社会经济管理学研究对象初探》(后刊于《上海社科院学术季刊》1986.1)。前言中已说明,看了十几套外国管理名著之后有两点感受:一是这些著作确实好,二是我们也能撰写。所以就从探索研究对象开始,打算撰写管理理论著作。我就把"初探"手稿和书稿大纲送教研室主任征求意见,后来教研室主任又把这些东西送校长了。当时有三个背景并派生出三种后果。一是大陆正播放香港电视连续剧《霍元甲》,本人可能是入了戏,有感于"东亚病夫"的侮辱性称呼,就反其意而用之,想把书名取为《东亚经济管理学》(后来由中国经济出版社正式出版叫《当代经济管理学概论》)。校方一看书名,联想到的却是日本"二战"时的"大东亚共荣圈",就认定此书存在严重的政治性错误。二是当时正搞"清除精神污染",校方认为这是精神污染的典型事件。三是管理理论研究在中国刚刚起步,他们不相信我会写什么学术论文。我回到寝室关起门把论文抄写了五份,寄给学界泰斗征求意见,其中一份就寄给了原国家经济委员会主任袁宝华同志。袁宝华同志在回信中说论文"独辟蹊径,十分难能可贵",并题写"博采众长,融会贯通,为我所用,自成一家"四句话,勉励我在治学道路上勤奋学习、勇于探索。

当我决心把市场竞争中的弱势群体作为研究课题之后,一方面尽可能做到"博采众长,融会贯通,为我所用,自成一家",另外一方面则是千百次地不断问自己,是"独辟蹊径"还是"误入歧途"? 如履薄冰,一点也不敢懈怠。

但愿我没有辜负袁宝华同志的期盼。

2008年11月14日

补 记

书稿在2008年脱手,后因西南财经大学名誉校长刘诗白教授在给本书的"序言"中说:"2008年爆发的美国与世界金融、经济危机表明,必须调整生产方式,改革制度结构,完善运行机制,选择新的经济社会发展道路。我国的科学发展和和谐社会构建,更需要社会主义市场经济体制的完善。这样,开展'国民财富的代价和选择的研究'就提上了经济科学研究的议事日程。"为此差不多又延后了半年。

我们在重建社会经济学过程中已经认识到,资产阶级主导的只讲经济增长、不讲道德的经济社会发展道路难以为继了。中国以人为本的科学发展观将开辟新的经济社会发展道路,可是,对全球金融危机这种标志性的历史事件却缺乏分析。所以,看到刘诗白教授撰写的"序言",一方面很激动,生平第一次感受到"画龙点睛"的意味,另外一方面十分的汗颜和自责:怎么会是这样子呢?

我带着自责和反省的心态,对全书从头到尾认真仔细地再检查了一遍,并调整、重写了有关章节。现在,仍然不敢说书稿很完善了,主观动机是希望不要有太大的遗憾和太多的漏洞,水平所限,没有办法了。

2009年6月15日